De la guerre

Collection dirigée par Lidia Breda

Carl von Clausewitz

De la guerre

Édition abrégée

Traduit de l'allemand et présenté
par Nicolas Waquet

Rivages poche
Petite Bibliothèque

Retrouvez l'ensemble des parutions
des Éditions Payot & Rivages sur

payot-rivages.fr

Titre original : *Vom Kriege*

106, boulevard Saint-Germain - 75006 Paris

ISBN : 978-2-7436-1516-1

Préface

Rédigé entre 1818 et 1830, le célèbre traité du général prussien Carl von Clausewitz représente une tentative unique en Occident pour penser le phénomène de la guerre. Passant minutieusement en revue ses différentes composantes, ce grand stratège propose une théorisation de l'acte militaire compris comme instrument de la politique. C'est cet instrument qu'il analyse sous tous les angles – à l'exception toutefois de la guerre navale et de l'économie – car la théorie de la guerre ne se limite pas à la stricte théorie militaire.

Clausewitz estime en effet que les conflits armés ne sont pas simplement des actes de stratégie au service d'un dessein politique, mais la mobilisation d'une multitude de forces intellectuelles et morales qui trouvent dans la guerre leur plein épanouissement ou exercent sur elle une *friction* qui perturbe et ralentit le déroulement des opérations. C'est à Clausewitz que l'on doit l'exploration de ce concept absolument fondamental. La friction, selon lui, fait partie du conflit au même titre que le hasard. Il leur laisse donc une place considérable dans la mesure où ces facteurs distinguent la guerre réelle de la guerre théorique.

*

Édifiant une théorie de la guerre, Clausewitz ne cesse de saper les fondations sur lesquelles repose une guerre purement théorique. Il commence par en donner une représentation abstraite au début du livre I en s'appuyant sur des définitions remarquables – comme la comparaison initiale avec le duel – plaçant d'emblée la réalité complexe de la guerre dans la pure lumière du concept. Les conséquences logiques de cette réflexion conceptuelle aboutissent à des extrêmes qui constitueraient l'acte de guerre si cette dernière n'était pas justement le lieu où règne le hasard, où l'incertitude et l'imprévu éclipsent la logique. Il était par conséquent tout à fait naturel de cerner cette guerre absolue afin de pouvoir appréhender ensuite avec exactitude la guerre réelle en s'attachant aux sources de friction matérielles et humaines. Clausewitz effectue pour ce faire une véritable plongée dans la psychologie. Il examine les différentes vertus martiales (le courage, la résolution, l'audace), les définit et décrit leurs effets. La crainte, par exemple, fait beaucoup plus de ravages que l'intrépidité. Cet aspect de *Vom Kriege* est d'autant plus marquant que son auteur est le premier stratège à accorder une telle importance au facteur psychologique.

Cette psychologie que l'on découvre dès le troisième chapitre obéit, comme le combat, au principe de contrepoids. Clausewitz le fait jouer lorsqu'il décrit comment un sentiment vient équilibrer la passion, permettant ainsi la domination de l'esprit et la maîtrise de soi nécessaire à l'action. Ce motif lui permet également d'aiguiser ses définitions. Ainsi le courage n'est pas un simple contrepoids du danger. Parlant de l'essence de la guerre, Clausewitz se réfère à ce principe quand le conflit génère une « vaine dépense de forces qui devrait trouver un contrepoids dans d'autres principes de l'art de gouverner ». On lit de même dans le développement sur la guerre absolue, objet du chapitre liminaire, que les belligérants « se poussent ainsi mutuellement jusqu'à une extrémité qui ne connaît pas d'autre limite que le contrepoids exercé par l'adversaire ». Nous avons cherché, dans la présente traduction, à respecter autant que possible l'omniprésence de cette idée à travers les notions de poids, de poussée, de prépondérance, d'équilibre et de déséquilibre. Il ne s'agit pas de simples images, mais de la clé de voûte de la pensée de Clausewitz. Ce principe bien réel assure la cohésion de sa théorie ; il permet à la psychologie, à la tactique, à la stratégie de s'appuyer l'une sur l'autre pour former le tout actif et dynamique d'une bataille, d'une campagne ou d'un conflit entier.

*

Clausewitz a composé son traité dans le style de l'idéalisme allemand du XIXe siècle, comme en témoignent son vocabulaire, la marche méthodique de sa pensée, sa volonté de clarifier et de conceptualiser. Mais les notions qu'il mobilise sont parfois difficiles à saisir du fait de la simplicité lapidaire de la formulation. C'est le cas du concept essentiel de *décision*, présent dès les premiers paragraphes de l'ouvrage. Il faut le comprendre à la fois comme l'acte de décider et l'accomplissement de cette décision, l'opération qui actualise une décision et n'existe que par elle. Or Clausewitz utilise le même terme (*Entscheidung*) pour dénoter le résultat de cette décision, réalisée dans l'opération ; nous l'avons alors traduit par « issue ». Le recours à cet unique substantif montre bien la cohésion de ces trois actes distincts dans le temps (décision, opération, résultat) qui n'en restent pas moins un seul fait stratégique. On observe ici une sorte de raccourci, comme si la volonté était immédiatement acte et portait en elle-même la conséquence de cet acte. Notons enfin qu'en allemand, comme en français, le verbe « décider » (*entscheiden*) permet de dire qu'une bataille a décidé de l'issue du conflit. On se fera donc une meilleure idée de la décision en la rapprochant de l'acte décisif.

*

Loin de se borner à établir des concepts, ce traité constitue en lui-même une réflexion sur les rapports entre les notions abstraites et l'expérience concrète de la guerre. Face à cette dernière, Clausewitz place sa propre entreprise sous le signe du questionnement conceptuel en s'interrogeant sur la notion même de théorie, sur la possibilité et la validité d'une théorie de la guerre, réalité toujours changeante. Cette dimension évolutive imprègne d'autant plus la pensée du général prussien que la rédaction de son ouvrage s'étend sur une douzaine d'années marquées par une profonde mutation des conflits. Avec la levée en masse de la Révolution et les grandes batailles napoléoniennes, la guerre prend un caractère absolu. Celle-ci devient le théâtre d'une violence décuplée par les progrès de l'artillerie et ne doit cesser qu'une fois l'ennemi anéanti. Si Clausewitz est ainsi amené à se concentrer sur la stratégie d'anéantissement, la théorie qu'il élabore dépasse pourtant les cadres de son époque en s'articulant autour des principes invariants que voici.

La guerre, nous l'avons vu, est un instrument de la politique. Mais c'est aussi une forme de politique recourant à d'autres moyens, une manière spéciale de régler les questions diplomatiques par le feu et le sang. Fondamentalement soumise à la pensée politique, à l'art de la stratégie et à l'intelligence supérieure du général le plus clairvoyant, la guerre n'en demeure pas moins un acte de violence, une violence nourrie par la haine ou l'animosité. Il s'agit toujours de contraindre l'adversaire à se plier à notre volonté par la destruction de ses forces armées, la conquête de son territoire ou l'annihilation de sa volonté. C'est un duel à grande échelle où interviennent à la fois le hasard, la friction et le génie militaire du stratège.

Clausewitz établit également deux distinctions majeures. Il discerne les guerres d'anéantissement – visant à détruire politiquement l'adversaire et à obtenir sa reddition sans condition – des guerres menées pour acquérir un certain espace en vue d'une extension territoriale ou de négociations avantageuses. D'autre part, il différencie très nettement la tactique de la stratégie. La première est l'usage des forces militaires pour le combat, tandis que la seconde est l'usage des combats pour la finalité de la guerre. Ainsi, le but stratégique consiste à déterminer le centre de gravité de l'ennemi, le point contre lequel il faut faire porter ses efforts ; il peut s'agir des armées, de la capitale ou de l'opinion publique.

L'auteur veille enfin à démontrer la supériorité de la défensive sur l'offensive. Il prend un soin particulier à déterminer le point crucial – ce qu'il nomme « le point culminant de l'offensive » – où le défenseur, fort de ses victoires défensives et profitant de l'essoufflement de l'assaillant, doit passer à l'attaque. Clausewitz, cependant, ne prétend pas que l'on puisse gagner une guerre en appliquant certains principes ou certaines règles, comme le pensaient ses contemporains Antoine Jomini, auteur d'un *Précis de l'art de la guerre* publié en 1838, et Heinrich von

Bülow, qui signa en 1799 *L'Esprit du système de guerre moderne*.

*

Considérons maintenant brièvement la structure d'ensemble du traité qui nous occupe. Il faut signaler que les passages militairement caducs et les références historiques relatives à des événements peu connus du lecteur non spécialiste n'ont pas été retenus dans cette édition. Le livre I, portant *Sur la nature de la guerre*, est le seul achevé. Écrit en 1818, il fut révisé en 1829 au moment de la rédaction du livre VIII. Clausewitz y définit l'essence et la finalité du conflit dans les sociétés humaines. Il établit la primauté du domaine politique, le rapport entre les moyens et les fins, les facteurs moraux et la friction. L'auteur se penche dans le second livre *Sur la théorie de la guerre*. Il s'interroge sur les possibilités d'une telle théorie et en fixe les limites dans une démarche épistémologique. Le livre III, traitant *De la stratégie en général*, explore les rapports entre les facteurs physiques et les facteurs moraux, la psychologie, l'énergie des forces et le caractère de la guerre moderne. Clausewitz consacre le livre IV, *L'engagement*, à l'analyse du combat lui-même. Le livre V, concernant *Les forces militaires*, a été écarté de cette édition en raison de son caractère obsolète et extrêmement technique. *La défense* fait l'objet du livre VI. Le stratège allemand étudie dans ces pages l'offensive et la défensive en prenant également en compte la guérilla et les soulèvements populaires. Le livre VII, *L'attaque*, est resté à l'état d'ébauche. Cette section purement militaire aborde le problème du « pivot » que constitue le point culminant de l'attaque. Le huitième et dernier livre,

Le plan de guerre, reprend les concepts exposés dans le premier ; il revient à la formulation théorique en approfondissant les rapports entre guerre et politique, guerre absolue et guerre réelle.

*

La réalité des combats était loin d'être étrangère au théoricien prussien. Clausewitz a en effet passé la majeure partie de sa carrière à combattre les armées françaises de la Révolution et de l'Empire. Ce n'est qu'après la chute de Napoléon qu'il se consacre à *Vom Kriege* tout en dirigeant à Berlin l'École de guerre. Clausewitz meurt du choléra en 1831, à cinquante et un ans, laissant le traité largement inachevé. Marie von Clausewitz, sa femme, s'est chargée de la première publication. Trois volumes paraissent alors entre 1832 et 1834. Les mille cinq cents exemplaires de ce premier tirage ne seront épuisés que trente ans plus tard. Clausewitz, dont la pensée est complexe, la langue tortueuse et souvent difficile, est peu lu et parfois mal compris. Les guerres menées par Moltke, Schlieffen, Ludendorff et Hitler en sont la preuve. Car la portée de *Vom Kriege* est immense, et la pluralité des vues, des stratégies et des conflits que cet ouvrage a engendrée n'a d'autre origine que celle des lectures, des traductions, des perspectives qu'il suscite, cette diversité inépuisable à laquelle on reconnaît l'œuvre de génie.

Nicolas WAQUET

De la guerre

LIVRE PREMIER

Sur la nature de la guerre

Chapitre 1
Qu'est-ce que la guerre ?

1. Introduction

Nous comptons envisager les différents *éléments* de notre sujet, puis ses *diverses parties* ou *membres*, et enfin *l'ensemble* dans sa cohésion interne. Nous irons ainsi du simple au complexe. Mais il faut dès l'abord jeter un regard sur la nature de l'ensemble, car, plus qu'en tout autre sujet, la pensée doit toujours y appréhender en même temps le tout et la partie.

2. Définition

Nous n'allons pas commencer par une définition pédante de la guerre mais nous nous en tiendrons à son élément essentiel : le duel. La guerre n'est rien d'autre qu'un duel amplifié. Si nous voulons saisir comme une unité l'infinité des duels particuliers dont elle se compose, représentons-nous deux combattants : chacun cherche, en employant sa force physique, à ce que l'autre exécute sa volonté ; son but *immédiat* est de *terrasser* l'adversaire et de le rendre ainsi incapable de toute résistance.

La guerre est un acte de violence engagé pour contraindre l'adversaire à se soumettre à notre volonté.

Pour affronter la violence, la violence s'arme des inventions des arts et des sciences. Elle se fixe elle-même, sous le nom de lois du droit naturel, des restrictions imperceptibles, à peine notables, qui l'accompagnent sans affaiblir fondamentalement sa force. La violence, c'est-à-dire la violence physique (car il n'en existe pas de morale en dehors des notions d'État et de loi), est donc *le moyen*. Imposer notre volonté à l'ennemi en constitue *la fin*. Pour atteindre cette fin avec certitude nous devons désarmer l'ennemi. Lui ôter tout moyen de se défendre est, par définition, le véritable objectif de l'action militaire. Il remplace la fin et l'écarte en quelque sorte comme n'appartenant pas à la guerre elle-même.

3. *Emploi extrême de la violence*

Ainsi les âmes philanthropiques pourraient-elles facilement s'imaginer qu'il existe une manière artificielle de désarmer ou de terrasser l'adversaire sans causer trop de blessures, et que c'est là la véritable tendance de l'art de la guerre. Il faut pourtant dissiper cette erreur, aussi belle soit-elle. Car, dans une entreprise aussi dangereuse que la guerre, les erreurs engendrées par la bonté sont précisément les pires. Puisque l'utilisation de la violence physique dans toute son ampleur n'exclut en aucune manière la coopération de l'intelligence, celui qui se sert de cette violence avec brutalité, sans épargner le sang, l'emportera forcément sur l'adversaire qui n'agit pas de même. Il dicte par là sa loi à l'autre. Tous deux se poussent ainsi mutuellement jusqu'à une extrémité qui ne connaît d'autre limite que le contrepoids exercé par l'adversaire.

C'est ainsi qu'il faut envisager les choses, et c'est un effort vain, absurde même, que d'écarter la nature de l'élément brutal en raison de la répugnance qu'il inspire. Si les guerres des peuples cultivés sont bien moins cruelles et destructrices que celles des peuples incultes, cela tient à la situation sociale de ces États, aussi bien entre eux que chez chacun d'entre eux. La guerre résulte de cette situation et des conditions qu'elle impose : celle-ci la détermine, la limite et la modère. Mais ces aspects ne font pas essentiellement partie de la guerre, ils n'en sont que les données. Il est donc impossible d'introduire dans la philosophie de la guerre un principe de modération sans commettre une absurdité.

Le combat entre les hommes se compose en réalité de deux éléments distincts : le *sentiment hostile* et l'*intention hostile*. Nous avons choisi le dernier de ces deux éléments comme caractéristique de notre définition car il est le plus général. Même l'emportement de haine le plus sauvage, le plus proche de l'instinct, n'est pas concevable sans intention hostile. En revanche, la plupart des intentions hostiles ne sont jamais, ou rarement, dominées par l'hostilité des sentiments. Chez les peuples sauvages prédominent les intentions appartenant au domaine du cœur, chez les peuples civilisés, celles qui relèvent de l'entendement. Cette différence ne tient cependant pas à la sauvagerie et à la civilisation en elles-mêmes, mais aux circonstances concomitantes, aux institutions, etc. Elle n'est donc pas nécessairement présente dans chaque cas particulier, mais elle l'emporte dans la majorité d'entre eux. En un mot, même les peuples les plus civilisés peuvent se déchaîner l'un contre l'autre, enflammés par la haine.

On voit par là combien il serait faux de ramener la guerre entre les nations civilisées uniquement à un acte rationnel de leurs gouvernements, et d'imaginer qu'elle se libère toujours davantage des passions ; au point d'en arriver à se passer des masses physiques des forces armées au profit de leurs seuls rapports théoriques, en une sorte d'algèbre de l'action.

La théorie commençait à s'engager dans cette direction lorsque les événements des dernières guerres[1] lui en montrèrent une meilleure. Si la guerre est un acte de violence, la passion en fait aussi nécessairement partie. Si la guerre n'en procède pas, elle y ramène pourtant plus ou moins. Et ce plus ou moins ne dépend pas du degré de culture, mais de l'importance et de la durée des intérêts antagonistes.

Lorsque nous voyons que les peuples civilisés ne mettent pas leurs prisonniers à mort et ne ravagent pas villes et campagnes, cela est dû à la place croissante que prend l'intelligence dans leur conduite de la guerre. Elle leur a appris un emploi de la violence plus efficace que cette manifestation sauvage de l'instinct.

L'invention de la poudre, le développement continu des armes à feu montrent suffisamment qu'en progressant la civilisation n'a absolument pas entravé ou détourné la tendance sur laquelle repose le concept de la guerre, celle d'anéantir l'ennemi.

Nous réitérons notre thèse : la guerre est un acte de violence, et l'emploi de celle-ci ne connaît pas de limites. Chacun des adversaires impose sa loi à l'autre. Il en résulte une interaction qui, selon la nature même de son concept, doit

1. Les guerres napoléoniennes et révolutionnaires. *(N.d.T.)*

forcément conduire aux extrêmes. Voici *la première interaction* et *le premier extrême* que nous rencontrons.

(Première interaction.)

4. L'objectif est d'ôter à l'ennemi tout moyen de se défendre

Nous avons dit que le but de l'acte militaire est d'ôter à l'ennemi *tout moyen de se défendre.* Nous voulons à présent montrer que cela est au moins théoriquement nécessaire. Pour soumettre l'adversaire à notre volonté, nous devons le placer dans une position plus défavorable que le sacrifice que nous exigeons de lui. Mais, naturellement, les désavantages de cette position ne doivent pas être temporaires, en apparence du moins, car l'adversaire n'aurait sinon qu'à attendre un moment plus propice, sans céder. Toute modification de cette position, engendrée par la poursuite de l'activité militaire, doit donc conduire à une position *encore plus défavorable*, tout au moins dans l'idée. Il n'y a pas de pire position pour un belligérant que de se trouver dans l'incapacité complète de se défendre. S'il faut donc contraindre l'adversaire à se soumettre à notre volonté par l'acte militaire, nous devons soit le priver effectivement de tout moyen de défense, soit le placer dans une situation où cette menace lui paraît vraisemblable. Par conséquent, quel que soit le nom qu'on lui donne, désarmer ou terrasser l'ennemi doit toujours être l'objectif de l'acte militaire.

Or la guerre n'est pas l'action d'une force vive sur une masse morte. Puisqu'une absolue passivité ne saurait être guerre, celle-ci est toujours le choc de deux forces vives l'une contre l'autre. Comme ce que nous avons dit de l'objectif ultime de l'action militaire s'applique nécessairement aux deux parties, il y a donc ici encore interaction. Tant que je n'ai pas écrasé l'adversaire, je dois craindre qu'il ne m'écrase. Je ne suis donc plus mon propre maître, car il m'impose sa loi comme je lui impose la mienne. Cela constitue *la deuxième interaction qui conduit au deuxième extrême.*

(Deuxième interaction.)

5. Poussée extrême des forces

Si nous voulons terrasser l'adversaire, nous devons doser notre effort en fonction de sa force de résistance. Celle-ci est le produit de deux facteurs indissociables : *l'ampleur des moyens dont il dispose* et *la vigueur de sa force de volonté.*

Il est possible de déterminer l'ampleur des moyens dont il dispose, vu qu'elle repose sur des chiffres (quoique pas totalement). Mais il est beaucoup plus difficile d'évaluer la vigueur de sa force de volonté, car on ne peut l'estimer que d'après la vigueur de ses motifs, donc seulement de façon approximative. À supposer que nous obtenions de la sorte une estimation vraisemblable de la force de résistance de l'adversaire, nous pourrions doser nos efforts en conséquence : soit les augmenter pour qu'ils l'emportent par leur prépondérance, soit, au cas où nos capacités ne seraient pas suffisantes, les pousser jusqu'au bout de nos possibilités. Mais l'adversaire fait de même. D'où cette nouvelle surenchère mutuelle qui, en pure théorie, doit ici encore porter l'effort jusqu'aux extrêmes. Il s'agit là d'une *troisième interaction* et d'un *troisième extrême.*

(Troisième interaction.)

6. Modifications dans la réalité

Ainsi, dans le domaine abstrait du pur concept, la pensée réflexive ne connaît le repos qu'en étant parvenue aux extrêmes. Car elle a précisément affaire à un extrême, à un conflit de forces livrées à elles-mêmes, qui ne suivent pas d'autre loi que leurs lois propres. Si nous voulions donc extraire du pur concept de la guerre un point absolu, commun à l'objectif fixé et aux moyens à employer, les interactions constantes conduiraient à des extrêmes qui ne seraient rien d'autre qu'un jeu de l'entendement, conduit par le fil à peine visible de l'argutie logique. Si d'un trait de plume on voulait – en se cramponnant à l'absolu – éluder toutes les difficultés et s'entêter avec une rigueur toute logique à être toujours prêt à l'extrême et à s'y ruer à chaque fois dans un extrême effort, un tel trait de plume ne signerait alors qu'un pur décret livresque, qui dans le monde réel ne signifierait rien.

À supposer même que ce point extrême de l'effort soit un absolu – ce qui le rendrait aisé à découvrir – il faut toutefois avouer que l'esprit humain se soumettrait difficilement à cette rêverie logique. Il en résulterait dans bien des cas une vaine dépense de forces que d'autres principes de l'art de gouverner devraient contrebalancer. Cela exigerait un effort de la volonté disproportionné par rapport à la fin visée, donc impossible à susciter. Car la volonté humaine ne puise jamais sa force dans les arguties logiques.

Mais tout prend un autre aspect si nous passons de l'abstraction à la réalité. Dans le domaine de l'abstraction, tout devait obéir à l'optimisme et il fallait nous figurer que l'un et l'autre camps ne tendaient pas seulement vers la perfection, mais l'atteignaient. Peut-il en être ainsi dans la réalité ? Ce serait le cas :

1. si la guerre était un acte totalement isolé, surgissant subitement sans aucun rapport avec la vie antérieure de l'État ;
2. si elle consistait en une seule décision ou en une série de décisions simultanées ;
3. si elle contenait un résultat fini en lui-même, et qu'on ne prenait pas en compte la situation politique qui en découle ainsi que l'effet qu'elle exerce sur elle.

7. La guerre n'est jamais un acte isolé

En ce qui concerne le premier point, aucun des deux adversaires n'est pour l'autre une personne abstraite. Même pour ce facteur de résistance qui ne dépend pas de principes extérieurs : la volonté. Cette volonté n'est pas quelque chose de complètement inconnu ; elle annonce ce qu'elle sera demain par ce qu'elle fut aujourd'hui. La guerre n'éclate pas subitement. Sa propagation n'est pas l'œuvre d'un instant. Chacun des deux adversaires peut donc en grande partie estimer l'autre sur ce qu'il est et ce qu'il fait, et non sur ce qu'il devrait théoriquement être et faire. Or l'homme, avec son organisation imparfaite, demeure toujours en deçà de la ligne de la perfection absolue. Entrant ainsi en action des deux côtés, ces déficiences deviennent un principe modérateur.

8. La guerre ne consiste pas en une frappe unique et sans durée

Le second point donne lieu aux observations suivantes. Si la guerre n'était le théâtre que d'une seule décision ou bien d'une série de décisions simultanées, alors tous les préparatifs pour les faire exécuter devraient naturellement tendre à l'extrême. Une occasion perdue, en effet, ne se retrouve jamais. Les préparatifs de l'adversaire seraient donc, pour autant que nous les connaissions, la seule indication que le monde réel nous fournirait pour proportionner nos efforts. Tout le reste, une fois encore, échoirait à l'abstraction. Mais si la décision se compose de plusieurs actes successifs, l'acte qui précède, avec tous ses phénomènes, peut naturellement devenir la mesure de celui qui le suit. De cette manière, le monde réel remplace bien ici celui de l'abstraction, et modère ainsi la tension vers l'extrême.

Toute guerre cependant se réduirait nécessairement à une seule décision ou à une série de décisions simultanées si les moyens destinés au combat étaient tous, ou pouvaient tous être déployés en même temps. Comme une issue *défavorable* diminue nécessairement ces moyens, s'ils ont *tous* été engagés dans la première décision, une seconde décision devient donc proprement impensable. Tous les actes militaires qui pourraient suivre feraient substantiellement partie du premier et ne constitueraient en fait que sa prolongation.

Mais nous avons vu que dès les préparatifs de guerre, le monde réel prend la place du pur concept et qu'une mesure réelle remplace les hypothèses extrêmes. C'est pourquoi les deux adversaires, dans leur interaction, resteront en deçà de la ligne d'extrême effort, et leurs forces ne seront donc pas toutes aussitôt déployées.

Cependant, la nature même de ces forces et de leur emploi fait qu'elles ne *peuvent* entrer en action toutes en même temps. Ces forces sont : *les forces armées proprement dites*, *le territoire* avec sa superficie et sa population, et *les alliés*.

Le territoire, avec sa superficie et sa population, est non seulement la source de toutes les forces armées proprement dites, mais il fait aussi en lui-même partie intégrante des facteurs agissant sur la guerre ; ne serait-ce que parce qu'il compte au nombre des théâtres d'opérations ou qu'il exerce sur eux une influence sensible.

Il est certes possible de faire manœuvrer simultanément toutes les forces armées mobiles, mais pas toutes les forteresses, les fleuves, les montagnes, les habitants, etc., bref le pays tout entier, sauf s'il est petit au point d'être totalement englobé par le premier acte de guerre. Ensuite, la participation des alliés ne dépend pas de la volonté des belligérants. La nature même des relations entre les États fait qu'elle intervient souvent plus tard, ou qu'elle se renforce pour rétablir l'équilibre perdu.

Nous présenterons par la suite de façon plus précise comment cette partie des forces de résistance impossible à mettre en action sur-le-champ constitue, en bien des cas, une part de la totalité des forces beaucoup plus importante que ce que l'on pourrait croire à première vue. Nous verrons qu'elle permet par conséquent de rétablir l'équilibre des forces, cet équilibre que l'exécution très violente de la première décision avait considérablement bouleversé. Pour l'instant, il nous suffit de montrer que la nature de la guerre s'oppose à *une réunion parfaite des forces à un même moment*. Ceci ne saurait être en soi une raison pour réduire l'accroissement des efforts destinés à la première décision. Car une issue défavorable est toujours un désavantage auquel personne ne s'exposera intentionnellement ; et parce que la première décision, même si elle ne demeure pas la seule, aura d'autant plus d'influence sur les suivantes qu'elle aura été grande. La seule possibilité d'une décision ultérieure fait que l'esprit humain, dans sa crainte des efforts excessifs, s'y réfugie. La concentration et la tension de ses forces pour la première décision seront donc inférieures à ce qu'elles auraient été sinon. Ce dont chacun des deux adversaires se dispense par faiblesse, cela, quelle qu'en soit la nature, devient pour l'autre un motif véritable et *objectif* de modération. Ainsi, par cette interaction, la tendance aux extrêmes est à nouveau réduite à une mesure déterminée de l'effort.

9. Le résultat de la guerre n'est jamais quelque chose d'absolu

En définitive, il ne faut pas toujours considérer l'issue générale d'une guerre comme un absolu. L'État vaincu n'y voit souvent au contraire qu'un mal momentané, auquel les relations politiques ultérieures pourront encore trouver un remède. Il va de soi que *cela* aussi doit largement modérer la violence de la tension et l'intensité de l'effort.

→ provisoir

10. Les probabilités de la vie réelle remplacent l'extrême et l'absolu du concept

De la sorte, la loi rigoureuse de la poussée des forces jusqu'aux extrêmes ne régira plus l'ensemble de l'acte militaire. Si l'extrême n'est désormais ni redouté ni recherché, il revient alors au jugement de déterminer les limites imposées aux efforts. Et ceci, à partir des données qu'offrent les phénomènes du monde réel, ne peut se calculer que selon les *lois de la probabilité*. Comme les deux adversaires ne sont plus de purs concepts mais des États et des gouvernements individuels, la guerre n'est plus un déroulement idéal de l'action mais une action qui suit son propre déroulement. C'est alors à la réalité présente de fournir les données qui permettront d'estimer l'inconnu et de prévoir l'avenir.

En utilisant les lois de la probabilité, chacune des deux parties tâchera de déduire du caractère, des institutions, de la situation et des conditions de l'adversaire l'action de l'autre et fixera la sienne en conséquence.

11. *C'est alors que les fins politiques réapparaissent*

Voici qu'un objet que nous avions écarté de notre réflexion (depuis le paragraphe 2) revient ici de lui-même en considération : *la fin politique de la guerre*. Jusqu'à présent la loi des extrêmes, le dessein d'ôter à l'ennemi tout moyen de se défendre, de le terrasser, ont en quelque sorte englouti cette fin. Dès que la force de cette loi se relâche, que ce dessein ne parvient pas à son but et s'en éloigne, la fin politique de la guerre refait inévitablement surface. Si l'ensemble des considérations revient à un calcul de probabilités résultant de personnes et de circonstances déterminées, la *fin politique*, qui est bien le *mobile initial* de la guerre, devient un facteur absolument essentiel de ce produit. Plus le sacrifice que nous exigeons de notre adversaire est petit, plus nous pouvons nous attendre à ce que ses efforts pour nous le refuser soient minces. Mais plus ceux-ci sont minces, plus les nôtres pourront l'être également. En outre, moins notre fin politique est grande, moins nous lui accorderons de valeur, et plus nous nous résignerons facilement à l'abandonner : *nos efforts seront donc pour cette raison d'autant plus restreints*. En tant que *mobile initial* de la guerre, la *fin politique* sera donc la mesure aussi bien de l'objectif à atteindre par l'acte militaire, que des efforts nécessaires. Cette fin ne pourra cependant être une mesure *en soi*. Mais, puisque nous avons affaire à des choses réelles et non à de purs concepts, elle sera une mesure *relative aux deux États antagonistes*. Une seule et même fin politique peut produire chez des peuples différents, ou chez le même peuple à différentes époques, des effets complètement *différents*. La fin politique ne peut donc servir de mesure que si nous tenons compte de *son influence sur les masses qu'elle doit mettre en branle*. Il faut par conséquent prendre en considération la nature de ces masses. On comprend aisément que le résultat peut être tout autre selon que ces masses présentent des principes de renforcement ou d'affaiblissement de l'action. Il peut s'accumuler entre deux peuples et deux États de telles tensions, une telle somme d'éléments hostiles, que d'un mince mobile de guerre, d'un motif politique en lui-même insignifiant peut surgir un effet disproportionné, une véritable déflagration.

Ceci est valable pour les efforts que la fin politique suscite dans les deux États ainsi que pour l'objectif qu'elle doit assigner à l'action militaire. Elle peut parfois devenir elle-même cet objectif, lorsqu'il s'agit par exemple de la conquête d'une province déterminée. D'autres fois, sa nature l'empêche de fournir en elle-même l'objectif de l'action militaire. Il faut alors en choisir un qui lui soit équivalent et puisse la remplacer lors des négociations de paix. Mais on présuppose ici aussi qu'on a toujours tenu compte de la particularité de chacun des États impliqués dans l'action. Certaines situations exigent que l'équivalent surpasse considérablement la fin politique, s'il faut atteindre celle-ci au moyen de celui-là. La fin politique sera, en tant que mesure, d'autant plus prédominante et même décisive que les masses seront indifférentes et que moindres seront les tensions s'exerçant aussi dans d'autres domaines, à l'intérieur des deux États et dans leurs relations mutuelles. Ainsi en certains cas décide-t-elle de tout presque à elle seule.

Si l'objectif de l'acte militaire est un équivalent de la fin politique, l'importance de l'acte décroît en général avec celle de la fin, et à la vérité d'autant plus que cette fin prédomine. Ceci explique, sans aucune contradiction, qu'il peut y avoir des guerres de tous degrés d'importance et d'intensité, depuis la guerre d'extermination jusqu'à la simple observation armée. Mais cela nous conduit à une question d'une autre nature, qu'il nous faut encore développer et à laquelle nous devons répondre.

12. *Cela n'élucide pas encore la cessation de l'acte militaire*

Aussi insignifiantes que soient les revendications politiques des deux adversaires, aussi faibles les moyens mobilisés, aussi minime l'objectif qu'ils fixent à l'acte militaire, cet acte peut-il cesser ne serait-ce qu'un instant ? Cette question s'enracine profondément dans la substance même du sujet.

Toute action nécessite pour son accomplissement un temps déterminé : nous l'appelons sa durée. Celle-ci peut être plus ou moins longue selon que l'acteur fait plus ou moins diligence.

Nous n'allons pas ici nous en préoccuper. Chacun fait les choses à sa façon ; celui qui est lent les fait plus lentement, non parce qu'il veut y passer plus de temps, mais parce que selon sa nature il lui en faut davantage et qu'il les ferait moins bien en se hâtant. Ce temps dépend donc de raisons internes et appartient à la *durée* propre de l'action.

Si dans la guerre nous laissons sa durée à chaque action, il nous faut admettre – au moins à première vue – que tout laps de temps qui n'appartient pas à cette durée, c'est-à-dire toute cessation momentanée dans la poursuite de l'acte militaire, paraît absurde. Nous ne devons jamais oublier à ce propos qu'il ne s'agit pas de la progression de l'un ou de l'autre des deux adversaires, mais de la progression de l'acte militaire dans sa totalité.

13. Il n'y a qu'une seule raison qui puisse arrêter l'action, et elle semble ne pouvoir être qu'unilatérale

Si deux parties se sont armées pour combattre, c'est qu'elles y furent poussées par un principe d'hostilité. Aussi longtemps qu'elles restent en armes, c'est-à-dire tant qu'elles ne concluent pas la paix, ce principe existe. Il ne peut cesser d'agir chez l'un des deux adversaires qu'à une seule condition : *qu'il veuille attendre un moment plus favorable pour l'action*. Or il semble au premier coup d'œil que cette condition ne peut jamais être remplie que d'un seul côté, puisque *eo ipso* elle se posera pour l'autre en sens contraire. Si l'un a intérêt à agir, l'autre doit avoir intérêt à attendre.

Un équilibre parfait des forces ne peut susciter une cessation de l'action, car celui qui poursuit l'objectif positif (l'assaillant) en profiterait pour garder l'initiative.

Il est également possible de concevoir un équilibre où celui qui poursuit l'objectif positif, qui est donc mû par un mobile plus fort, dispose en même temps de forces plus faibles : l'égalité résulterait du produit des mobiles et des forces. On pourrait cependant toujours dire que les deux parties seraient obligées de faire la paix si aucun changement prévisible ne devait modifier cet équilibre. Mais si une modification est à prévoir, elle ne favorisera que l'un des camps et déterminera nécessairement l'autre à agir. Nous voyons que le concept de l'équilibre ne peut expliquer la cessation des hostilités, mais qu'il revient toujours à l'attente d'une conjoncture plus favorable. Supposons donc que, parmi deux États, l'un poursuive un objectif positif : il veut conquérir une province de l'adversaire, pour s'en prévaloir au moment de la paix. Après cette conquête, son objectif politique est atteint, la nécessité de l'action prend fin, pour lui vient le temps du repos. Si l'adversaire veut lui aussi s'apaiser en reconnaissant ce succès, il signera la paix ; s'il ne le reconnaît pas, il agira. À supposer qu'un délai de quatre semaines lui permette d'être mieux organisé, il possède alors une raison suffisante pour ajourner son action.

À partir de ce moment, *semble-t-il*, l'action incombe logiquement au vainqueur, afin de ne pas laisser au vaincu le temps de s'armer pour repasser à l'action. Il va de soi que les deux côtés sont censés avoir ici une connaissance parfaite de la situation.

14. Une continuité s'établirait ainsi dans l'action militaire, qui à nouveau exacerberait tout

Si cette continuité de l'acte militaire existait réellement, elle pousserait tout de nouveau à l'extrême. En effet, une telle activité ininterrompue enflammerait encore plus les passions, exaspérerait dans la guerre le degré de fureur, multiplierait sa force élémentaire. Abstraction faite de cela, la continuité de l'action produirait une succession plus rigoureuse des événements, un lien causal limpide qui rendrait chaque action plus importante et donc plus dangereuse.

Mais nous savons que l'action militaire ne possède jamais ou rarement cette continuité. Dans nombre de guerres, l'action occupe de loin la part de temps la plus mince, et l'inaction tout le reste. Il est impossible qu'il s'agisse là chaque fois d'une anomalie. Par conséquent, la cessation de l'acte militaire doit être possible, c'est-à-dire ne pas être en soi une contradiction. Nous allons maintenant montrer comment il en est effectivement ainsi.

15. On a donc ici recours à un principe de polarité

En posant le postulat que l'intérêt d'un général est toujours de taille inverse à celui du général adverse, nous avons admis une vraie *polarité*. Nous réserverons par la suite un chapitre entier à ce principe ; mais il nous faut ici dire à son sujet ce qui suit.

Le principe de polarité n'est valable que si celle-ci s'applique à un seul et même objet, où la grandeur positive et son contraire, la négative, s'annihilent exactement. Dans une bataille, chacune des deux parties veut vaincre ; voilà une véritable polarité, car la victoire de l'une annihile celle de l'autre. Mais s'il est question de deux choses différentes, qui ont un rapport commun à une troisième qui leur est extérieure, alors la polarité ne concerne pas *ces choses*, mais leurs rapports.

16. Attaque et défense sont deux choses de nature différente et de force inégale, la polarité ne peut donc s'y appliquer

S'il n'existait qu'une seule forme de guerre, à savoir assaillir l'adversaire, sans qu'il y ait par conséquent de défense, ou en d'autres termes, si l'attaque ne se distinguait simplement de la défense que par le motif positif qu'elle possède et dont l'autre est privée, la nature du combat reviendrait encore toujours au même : dans cette lutte, chaque avantage de l'un équivaudrait pour l'autre à un désavantage de même ampleur, et une polarité existerait.

Cependant, l'activité militaire se divise en deux formes : l'attaque et la défense, qui sont, comme nous le prouverons objectivement plus loin, très différentes et de force inégale. La polarité réside donc dans ce qu'elles recouvrent toutes les deux, dans la décision et non dans l'attaque ou la défense en elles-mêmes. Si un général veut retarder la décision, l'autre voudra l'avancer, à condition bien sûr qu'il s'agisse de la même forme de combat. Si A a intérêt à attaquer son adversaire non pas maintenant, mais dans quatre semaines, alors B a intérêt à subir son attaque maintenant et non dans quatre semaines. Ceci est une opposition immédiate ; il ne s'ensuit pas que B ait intérêt à attaquer A tout de suite, ce qui est évidemment quelque chose de complètement différent.

17. L'effet de la polarité est souvent annihilé par la supériorité de la défense sur l'attaque, et ainsi s'explique la cessation de l'acte militaire

Si la défense en tant que forme de combat l'emporte sur l'attaque, comme nous le montrerons par la suite, la question se pose alors de savoir si l'avantage de la *décision différée* est aussi grand pour l'un des camps que l'avantage de la *défense* pour l'autre. Si ce n'est pas le cas, l'avantage de l'attaque ne peut alors contrebalancer celui de la défense, et il n'aura donc pas d'effet sur la progression de l'acte militaire. Ceci nous montre que la force d'impulsion propre à la polarité des intérêts peut se perdre dans la différence entre la force de l'attaque et celle de la défense, et devenir par là inopérante.

Si donc celui pour lequel le présent est favorable se trouve être trop faible pour pouvoir se passer de l'avantage de la défense, il doit se résoudre à affronter un avenir moins favorable. Car il peut se révéler préférable de combattre défensivement dans ce futur défavorable, plutôt que de livrer maintenant une bataille offensive ou de conclure la paix. Puisque, selon notre conviction, la supériorité de la défense (justement comprise) est considérable et bien supérieure à ce que l'on imagine à première vue, une très grande partie des périodes d'inaction en temps de guerre s'explique sans que l'on soit contraint à une contradiction interne. Plus les motifs de l'action sont faibles, plus ils seront engloutis et neutralisés par cette différence entre l'attaque et la défense, et donc plus l'acte militaire sera fréquemment interrompu, comme nous l'enseigne l'expérience.

18. *Une seconde raison réside dans l'examen imparfait de la situation*

Il existe cependant une autre raison qui peut enrayer l'acte militaire : l'examen imparfait de la situation. Chaque général ne possède une vue précise que de sa propre situation. Il ne connaît celle de l'adversaire que par des renseignements incertains. Il peut donc se tromper dans le jugement qu'il porte sur elle et, en conséquence, croire que l'action revient à l'adversaire alors que c'est en réalité à lui d'agir. Cette imperfection dans l'examen pourrait certes provoquer tout autant une action intempestive qu'une interruption intempestive. En soi, elle ne contribuerait alors pas plus à un ralentissement qu'à une accélération de l'acte militaire ; mais elle devra toujours être considérée comme l'une des causes naturelles *capables d'enrayer l'acte militaire sans contradiction interne*. Si l'on songe cependant que l'on est toujours beaucoup plus enclin et contraint à surestimer les forces de son adversaire et à sous-estimer les siennes – car c'est un trait de la nature humaine – on conviendra alors que l'examen imparfait de la situation doit, en général, énormément contribuer à entraver l'action militaire et à modérer son principe.

La possibilité d'une cessation introduit une nouvelle modération dans l'acte militaire, car elle le dilue en quelque sorte dans le temps, elle ralentit la marche du danger et elle multiplie les moyens de rétablir un équilibre perdu. Plus fortes sont les tensions qui firent naître la guerre, plus puissante est donc son énergie, et plus brèves seront ces périodes d'inaction. Plus le principe belliqueux est faible, plus elles seront longues. Car les motifs plus puissants augmentent la force de volonté, et celle-ci, comme nous le savons, est toujours un facteur, un produit des forces.

19. La cessation fréquente de l'acte militaire éloigne encore plus la guerre de l'absolu, et en fait toujours plus un calcul de probabilités

Plus l'acte militaire se déroule lentement, plus les cessations sont longues et fréquentes, plus vite alors pourra-t-on réparer une erreur, plus le général sera donc assuré dans les hypothèses qui guident son action, et plus il demeurera de ce fait en deçà de la ligne des extrêmes, bâtissant tout son plan sur des probabilités et des conjectures. La nature du fait concret exige un *calcul des probabilités* en fonction des circonstances données, calcul pour lequel le cours plus ou moins lent de l'acte militaire laisse plus ou moins de temps.

20. Il ne manque donc plus que le hasard pour faire de la guerre un jeu, or c'est dans la guerre qu'il est le plus présent

Cela nous montre combien la nature objective de la guerre en fait un calcul de probabilités. Il ne lui faut alors plus qu'un seul élément pour devenir un *jeu*, et cet élément ne fait assurément pas défaut : c'est le *hasard*. Nulle autre activité humaine que la guerre n'épouse le hasard aussi constamment et aussi complètement. Et avec le hasard, l'imprévisible et la chance viennent y prendre une place considérable.

21. *Comme par sa nature objective, la guerre devient aussi un jeu par sa nature subjective*

Si nous jetons un regard sur la nature *subjective* de la guerre, c'est-à-dire sur les forces nécessaires pour la mener, elle nous apparaîtra encore davantage comme un jeu. L'élément dans lequel l'activité militaire se meut est le danger ; et quelle est parmi les forces de l'âme celle qui prime dans le danger ? *Le courage.* Or le courage peut très bien s'accorder avec le calcul avisé, mais ce sont deux qualités de nature différente, qui relèvent de deux facultés distinctes de l'âme. En revanche, *l'audace*, *la confiance en la fortune*, *la témérité*, *la hardiesse* ne sont que des manifestations du courage. Toutes ces tendances de l'âme recherchent l'imprévisible, car c'est leur élément.

Nous voyons donc que, dans le fond, l'absolu, la prétendue mathématique, ne trouve aucune base ferme pour les calculs de l'art de la guerre. Dès le début s'y mêle un jeu de possibilités, de probabilités, de chance et de malchance qui court dans tous les fils fins ou épais de sa trame ; de toutes les ramifications de l'activité humaine c'est du jeu de cartes que la guerre se rapproche le plus.

22. *C'est ce qui convient le plus à l'esprit humain en général*

Bien que notre entendement se sente toujours poussé vers la clarté et la certitude, notre esprit est souvent attiré par l'incertitude. Plutôt que de se faufiler avec l'entendement dans les méandres étroits de l'investigation philosophique et des déductions logiques pour gagner des domaines où – à peine conscient de lui-même – il se sent étranger et où tous les objets connus semblent l'abandonner, il préfère s'attarder avec l'imagination dans le règne du hasard et de la chance. Au lieu de la maigre nécessité, il festoie ici au royaume des possibles. Ainsi exalté, le courage prend son essor, et le risque et le danger deviennent l'élément dans lequel il se jette, comme le nageur courageux dans le courant.

La théorie doit-elle l'abandonner là, se mouvoir dans sa propre satisfaction à travers des conclusions et des règles absolues ? Elle ne serait alors d'aucune utilité pour la vie. La théorie doit prendre en compte l'humain, et donner aussi leur place au courage, à la hardiesse, et même à la témérité. L'art de la guerre manie des forces vivantes et morales ; il ne peut donc jamais atteindre à l'absolu et au certain. L'imprévisible conserve partout une latitude, aussi large dans les plus grandes que dans les plus petites circonstances. Celui-ci se tenant d'un côté, le courage et l'assurance doivent agir de l'autre et combler le vide creusé par l'imprévu. Plus ces deux qualités sont éminentes, plus on peut donner latitude à l'imprévisible. Le courage et la confiance en soi sont donc des principes absolument essentiels à la guerre. Par conséquent, la théorie ne doit pas établir de lois qui ne donnent libre cours à tous les degrés et à toutes les métamorphoses de ces vertus guerrières les plus nécessaires et les plus nobles. L'audace elle-même n'est pas dénuée de sagesse ni même de prudence ; mais elles sont évaluées selon des critères différents.

23. Mais la guerre demeure un moyen sérieux en vue d'une fin sérieuse. Définitions plus précises

Telle est la guerre, tel est le général qui la commande, telle est la théorie qui la régit. Mais la guerre n'est pas un passe-temps, ni une simple soif de risque et de victoire, ni l'œuvre d'un enthousiasme déchaîné ; elle est un moyen sérieux au service d'une fin sérieuse. Tout le chatoiement de la fortune qui la pare, toutes les vibrations des passions, du courage, de l'imagination, de l'enthousiasme qui l'habitent ne sont que des particularités de ce moyen.

La guerre d'une communauté – de peuples entiers et notamment des nations civilisées – surgit toujours d'une situation politique et n'éclatera que pour un motif politique. Elle est donc un acte politique. Si elle était une manifestation parfaite, limpide, absolue de la violence, comme nous pouvions le déduire de son concept pur, la guerre prendrait la place de la politique dès l'instant où celle-ci la suscite. Comme si elle en était complètement indépendante, elle la supplanterait et ne suivrait plus que ses propres lois, telle une mine qui éclate et qui ne peut suivre d'autre direction que celle qui lui fut donnée par son installation préalable[1]. C'est ainsi en fait que l'on s'est représenté la chose jusqu'à maintenant, chaque fois qu'une disharmonie entre la politique et la conduite de la guerre engendrait des distinctions théoriques de ce genre. Mais il n'en est pas ainsi, et cette représentation est absolument fausse. Comme nous l'avons vu, la guerre dans le monde

1. La guerre de mines reposait sur un système complexe de constructions de galeries souterraines, orientées dans des directions très précises pour détruire un ouvrage au moyen d'explosifs placés à leur extrémité. *(N.d.T.)*

réel n'est pas un extrême qui relâche sa tension en une seule décharge. Elle agit au contraire comme l'effet de forces qui ne se déploient pas de manière parfaitement égale et similaire, mais qui tantôt se dilatent suffisamment pour surmonter la résistance que leur opposent l'inertie et les frictions, et tantôt sont trop faibles pour produire le moindre effet. La guerre est donc en quelque sorte une pulsation plus ou moins vive de violence, relâchant ses tensions et épuisant ses forces plus ou moins vite. En d'autres termes : elle mène plus ou moins vite à l'objectif, mais elle dure toujours assez longtemps pour qu'on puisse exercer une influence sur son déroulement, pour qu'on puisse lui imprimer telle ou telle direction, bref, pour rester soumise à la volonté d'une intelligence conductrice. Puisque nous considérons que la guerre procède d'une fin politique, il est donc naturel que ce premier mobile qui lui donna naissance demeure aussi dans sa conduite la considération première et suprême. Mais la fin politique n'est pas pour autant un législateur despotique, elle doit s'adapter à la nature de son moyen. Elle en sera par conséquent souvent complètement transformée, même si elle reste toujours au premier rang des considérations. La politique traversera donc l'acte militaire tout entier et exercera sur lui une influence constante, pour autant que le permette la nature des forces explosives qui s'y déchaînent.

24. La guerre est une simple continuation de la politique par d'autres moyens

Nous voyons donc que la guerre n'est pas seulement un acte politique, mais un véritable instrument politique, une continuation des relations politiques, un accomplissement de celles-ci par d'autres moyens. Ce qui demeure propre à la guerre relève purement de la nature singulière de ses moyens. L'art de la guerre en général, et le commandant dans chaque cas particulier, peut exiger que les orientations et les desseins de la politique n'entrent pas en contradiction avec ces moyens, ce qui n'est certes pas une mince exigence. Mais si forte que soit en certains cas la réaction de cette exigence sur le dessein politique, il faut toujours la considérer uniquement comme une modification de celui-ci ; car le dessein politique est la fin, la guerre est le moyen, et jamais le moyen ne peut être conçu sans la fin.

25. Diverses natures de guerres

Plus les motifs de guerre sont grandioses et puissants, plus ils embrassent l'existence entière des peuples, plus la tension qui précède la guerre est violente, alors plus la guerre se rapprochera de sa forme abstraite, plus il s'agira de terrasser l'ennemi, plus l'objectif militaire et la fin politique coïncideront ; la guerre enfin semblera d'autant plus purement militaire et d'autant moins politique. Mais plus les motifs et les tensions sont faibles, moins l'orientation naturelle de l'élément militaire – c'est-à-dire la violence – suivra la ligne tracée par la politique, plus la guerre sera alors détournée de son orientation naturelle, plus la fin politique se distinguera de l'objectif d'une guerre idéale ; et la guerre semblera d'autant plus être de nature *politique*.

Mais nous devons noter ici, pour éviter au lecteur toute représentation erronée, qu'en parlant de cette *tendance naturelle* de la guerre nous pensons seulement à la tendance philosophique, *logique*, et nullement à la tendance des forces réellement engagées dans le conflit, qui engloberaient par exemple les passions et la fureur des combattants. Il est vrai qu'en bien des cas celles-ci peuvent être excitées dans une mesure telle qu'il devient difficile de les contenir dans la voie politique. Mais dans la plupart des cas une telle contradiction ne se produira pas, car l'existence d'aspirations si puissantes implique un plan grandiose qui s'accorde avec elles. Lorsque ce plan ne vise qu'un objet modeste, les forces émotives de la masse sont si faibles que cette dernière doit toujours être plutôt poussée que retenue.

26. Toutes les guerres peuvent être envisagées comme des actions politiques

Pour en revenir à l'essentiel, s'il est vrai que dans un certain genre de guerre la politique semble s'éclipser complètement, tandis qu'elle revient très nettement au premier plan dans un autre, on peut néanmoins affirmer que l'une est tout aussi politique que l'autre. Car si l'on envisage la politique comme l'intelligence de l'État personnifié, parmi toutes les constellations que son calcul doit comprendre il faut aussi inclure celles où la nature de toutes les circonstances provoque une guerre du premier genre. Si, au lieu d'entendre par politique une intelligence générale, on la comprend – selon la conception *conventionnelle* – comme une sagacité se détournant de la violence, à la fois circonspecte et rusée, voire déloyale, c'est alors seulement que le second genre de guerre pourrait plus en relever que le premier.

27. Conséquences de cette vue pour la compréhension de l'histoire de la guerre et pour les fondements de la théorie

Nous voyons donc *en premier lieu* qu'en toutes circonstances nous devons penser la guerre non comme une *réalité autonome*, mais comme un instrument politique. Seule cette représentation permet de ne pas entrer en contradiction avec toute l'histoire militaire ; elle seule ouvre le grand livre à une compréhension intelligente. *En second lieu*, cette vue nous montre aussi à quel point les guerres peuvent différer selon la nature de leurs motifs et des circonstances dont elles résultent.

Le premier acte de jugement, le plus important, le plus décisif, que l'homme d'État ou le général exécute, consiste à discerner exactement selon ces critères le genre de guerre qu'il entreprend : ne pas la prendre pour ce qu'elle n'est pas, ou ne pas vouloir en faire ce qu'elle ne peut pas être en raison de la nature de la situation. C'est donc la première, la plus vaste de toutes les questions stratégiques ; nous l'examinerons plus précisément par la suite en traitant du plan de guerre.

Contentons-nous pour le moment d'avoir conduit notre sujet jusqu'ici, et d'avoir par là établi le point de vue général à partir duquel la guerre et sa théorie doivent être observées.

28. Résultat pour la théorie

La guerre n'est donc pas seulement un vrai caméléon, changeant de nature dans chaque cas concret. Lorsqu'on embrasse l'ensemble de ses manifestations et qu'on se rapporte aux tendances qui y règnent, elle est aussi une étonnante trinité. On y retrouve la violence originelle de son élément, la haine et l'hostilité, qu'il faut considérer comme un *instinct naturel aveugle* ; le jeu des probabilités et du hasard qui en font une *libre activité de l'âme* ; et sa nature subordonnée d'instrument politique, par laquelle elle échoit *à l'entendement pur*.

La première de ces trois composantes se rapporte davantage au peuple, la deuxième au général et à son armée, la troisième au gouvernement. Les passions qui s'enflamment dans la guerre doivent déjà exister dans les peuples. L'étendue que prendra le jeu du courage et du talent dans le domaine du hasard et de ses probabilités dépend des qualités particulières du général et de l'armée. Les fins politiques quant à elles n'appartiennent qu'au gouvernement.

Ces trois tendances, qui apparaissent comme autant de systèmes de lois différents, sont profondément enracinées dans la nature du sujet tout en étant de grandeur variable. Une théorie qui voudrait négliger l'une d'elles ou qui chercherait à établir entre elles un rapport arbitraire, entrerait immédiatement dans une telle contradiction avec la réalité qu'il faudrait pour cette seule raison la considérer comme nulle.

La tâche consiste donc à faire en sorte que la théorie se maintienne entre ces trois tendances comme en suspension entre trois pôles d'attraction.

Par quel moyen cette tâche difficile peut être accomplie au mieux, nous l'examinerons dans le livre consacré à la théorie de la guerre. En tout cas, le concept de la guerre établi ici est le premier rayon de lumière qui éclaire les fondements de la théorie, qui en sépare d'abord les éléments majeurs et nous permet de les distinguer.

Chapitre 2
Fin et moyen dans la guerre

Après avoir pris connaissance dans le chapitre précédent de la nature composite et variable de la guerre, nous allons examiner l'influence que cette nature exerce sur la fin et le moyen dans la guerre.

Interrogeons-nous d'abord sur l'objectif que doit viser la guerre tout entière pour être le moyen approprié à la fin politique. Nous découvrons alors que cet objectif est tout aussi variable que la fin politique et les circonstances propres à la guerre.

Si, pour commencer, nous nous en tenons à nouveau au pur concept de la guerre, il nous faut dire alors que la fin politique de celle-ci se situe en fait à l'extérieur de son domaine. Car si la guerre est un acte de violence engagé pour contraindre l'adversaire à se soumettre à notre volonté, elle devrait donc *toujours* et *uniquement* aboutir à défaire l'adversaire, c'est-à-dire à le rendre incapable de se défendre. C'est *cette* fin, qui découle du concept mais dont se rapprochent étroitement une multitude de cas dans la réalité, que nous allons d'abord examiner à la lumière de cette réalité.

Nous verrons plus précisément par la suite, lorsque nous traiterons du plan de guerre, ce que signifie *ôter à un État tout moyen de se défendre*. Mais nous devons dès maintenant distinguer trois choses, trois objets généraux qui renferment en eux-mêmes tout le reste : *les forces armées*, le *territoire* et la *volonté de l'ennemi*.

Les forces armées doivent être *détruites, c'est-à-dire placées dans une position telle qu'elles ne peuvent plus poursuivre le combat*. Notons à cette occasion que l'expression « destruction des forces armées ennemies » ne sera entendue par la suite qu'en ce sens.

Le territoire doit être conquis, car de nouvelles forces armées pourraient s'y former.

Mais ces deux choses faites, la guerre – c'est-à-dire la tension et l'action ennemies des forces hostiles – n'est pas achevée si la *volonté* de l'ennemi n'est pas également jugulée, c'est-à-dire si son gouvernement et ses alliés ne sont pas contraints à signer la paix ou le peuple forcé à se soumettre. Car même si l'un est en pleine possession du territoire, le combat peut reprendre de l'intérieur ou par l'intervention des alliés de l'autre. À vrai dire, cela peut aussi se produire *après* que la paix a été conclue ; ce qui prouve seulement qu'une guerre ne comporte pas toujours une issue et un règlement parfaits. Même lorsque c'est le cas, la conclusion de la paix en elle-même éteint toujours une multitude de braises qui seraient restées secrètement ardentes. Les tensions se relâchent, car tous les cœurs tournés vers la paix – toujours très nombreux quels que soient le peuple et les circonstances – se détournent de la voie de la résistance. Quoi qu'il en soit, il faut toujours considérer qu'avec la paix la fin est atteinte et que la guerre a achevé sa tâche.

Parmi les trois objets que nous avons énumérés, les forces armées sont destinées à défendre le territoire. L'ordre naturel veut donc qu'elles soient détruites en premier, puis que le territoire soit conquis, et enfin – du fait de ces deux succès comme de la situation ainsi acquise – que l'adversaire soit contraint à faire la paix. D'habitude, la destruction des forces armées ennemies s'effectue peu à peu, et la conquête du territoire la suit pas à pas au même rythme. Les deux choses entrent généralement ainsi en interaction, puisque la perte des provinces agit en retour sur la faiblesse des forces armées. Mais cet ordre n'est nullement nécessaire, et pour cette raison il ne prévaut pas toujours. Avant d'être sensiblement affaiblie, la puissance armée ennemie peut se replier à l'autre extrémité du pays et même passer entièrement à l'étranger. Dans ce cas, la majeure partie du territoire sera conquise, voire le territoire entier.

Mais cet objectif de la *guerre abstraite*, ce moyen ultime d'atteindre la fin politique qui regroupe tous les autres, le fait de *priver l'adversaire de tout moyen de défense*, ne se produit pas toujours dans la réalité. Il ne constitue pas la condition nécessaire de la paix et ne peut donc en aucune manière être érigé en loi par la théorie. D'innombrables traités de paix furent conclus avant que l'une des deux parties pût être considérée dans l'impossibilité de se défendre, et avant même que l'équilibre ne fût visiblement altéré. Qui plus est, l'étude des cas concrets nous montre qu'il en existe toute une catégorie où *terrasser l'adversaire* serait un jeu stérile de l'imagination, lorsque l'adversaire est en effet considérablement plus puissant.

La raison pour laquelle l'objectif de la guerre, déduit de son concept, ne convient généralement pas à la guerre réelle réside dans la différence entre les deux, différence que nous avons analysée dans le chapitre précédent. Si la guerre était ce que veut son pur concept, un conflit entre deux États de forces notablement inégales apparaîtrait alors comme une absurdité, et serait donc impossible.

L'inégalité des forces physiques poussée à son degré suprême devrait pouvoir être équilibrée par les forces morales, ce qui dans la situation sociale actuelle de l'Europe n'irait pas très loin. Si nous constatons donc qu'il y eut des guerres entre des États *de puissance très inégale, c'est parce que la guerre dans la réalité est souvent très éloignée de son concept originel.*

Deux choses dans la réalité peuvent remplacer l'incapacité de résister plus avant et devenir des motifs de paix. La première est l'improbabilité du succès, la seconde son prix trop élevé.

Comme nous l'avons vu dans le chapitre précédent, la guerre tout entière doit se libérer de la loi rigoureuse de sa nécessité interne et s'en remettre au calcul des probabilités. Plus les motifs et les tensions sont infimes, plus les circonstances dont elle émane font qu'elle se prête à ce calcul, et plus la guerre ira dans le sens de cette libération. Il est ainsi tout à fait concevable que le motif de paix puisse naître de ce calcul de probabilités. La guerre n'exige donc pas toujours que l'on se batte jusqu'à l'anéantissement de l'un des deux camps. Dans une conjoncture de motifs et de tensions très faibles, on peut imaginer qu'une probabilité légère, à peine perceptible, suffise pour pousser à capituler celui auquel elle est défavorable. Or, si l'autre camp en est à l'avance persuadé, il est naturel qu'il concentre tout son effort sur la réalisation de *cette probabilité,* sans même chercher à emprunter le détour d'une défaite complète de l'ennemi.

L'évaluation de l'énergie déjà dépensée et de celle qu'il faudra encore déployer pèse d'un poids encore supérieur sur la décision de conclure la paix. Comme la guerre n'est pas un acte de fureur aveugle, mais un acte dominé par la fin politique, la valeur de cette fin politique doit décider de l'ampleur des sacrifices aux prix desquels nous voulons l'acquérir. Cela ne vaut pas seulement pour leur *étendue*, mais aussi pour leur *durée*. Donc, dès que la dépense d'énergie devient trop importante pour être équilibrée par la valeur de la fin politique, cette dernière doit être abandonnée et la paix doit s'ensuivre.

On voit donc que dans les guerres où l'un des adversaires est impuissant à désarmer totalement l'autre, les motifs de paix fluctueront selon les probabilités du succès à venir et de la dépense d'énergie qu'il exige. Si ces motifs avaient la même vigueur chez les deux parties, elles se rencontreraient alors à mi-chemin de leurs différends politiques. Quand la force des motifs s'accroît d'un côté, il est possible qu'elle décroisse de l'autre, et si leur somme est suffisante, la paix sera conclue ; en faveur naturellement de celui dont les motifs de paix sont les plus faibles.

Nous laissons pour le moment volontairement de côté la différence que la nature *positive* ou *négative* de la fin politique produit nécessairement dans l'action. Bien qu'elle soit de la plus haute importance, comme nous le montrerons par la suite, nous devons cependant nous en tenir encore à un point de vue plus général. Car les intentions politiques originelles peuvent, au cours de la guerre, changer considérablement et devenir radicalement autres, *précisément parce qu'elles sont définies par les succès des armes et par les résultats probables des opérations*.

La question se pose maintenant de savoir comment on peut exercer une influence sur les probabilités de succès. Tout d'abord, naturellement par les mêmes moyens que ceux qui mènent à défaire l'adversaire : *la destruction de ses forces armées et la conquête de ses provinces*. Mais ni l'une ni l'autre n'est exactement la même selon la fin qu'elle sert. L'attaque contre les forces armées ennemies est tout à fait différente selon que nous voulons faire suivre la première frappe de toute une série d'autres jusqu'à l'anéantissement total, ou que nous souhaitons nous contenter d'une seule victoire afin de briser chez l'adversaire le sentiment de sécurité, lui faire sentir notre supériorité et lui inspirer des craintes pour l'avenir. Si telle est la fin, nous ne pousserons pas la destruction de ses forces armées au-delà de ce que cette fin requiert. De même, la conquête des provinces obéit à une autre mesure si elle ne vise pas la défaite de l'ennemi. Dans le cas où nous chercherions à le terrasser, la destruction de sa force armée serait la seule action efficace et l'occupation des provinces n'en serait que la conséquence. Les occuper avant d'avoir renversé les forces armées ne serait jamais qu'un mal nécessaire. En revanche, si notre intention n'est pas de vaincre les forces armées ennemies, et si nous sommes persuadés que l'ennemi ne cherche pas la voie de la décision sanglante, mais qu'il la *redoute*, l'occupation d'une province faiblement ou nullement défendue est déjà *en soi un avantage*. Et si cet avantage est suffisant pour que l'adversaire nourrisse des craintes quant à l'issue générale, on peut alors l'envisager comme un chemin plus court vers la paix.

Nous en arrivons à présent à un moyen singulier d'agir sur la probabilité du succès sans terrasser les forces armées ennemies, c'est-à-dire aux opérations qui sont en *relation immédiate avec la politique*. Il s'agit là des entreprises particulièrement aptes à rompre les alliances de l'adversaire ou à les rendre inefficaces, à s'adjoindre d'autres alliés, à soulever des mouvements politiques favorables, etc. On conçoit aisément combien ces moyens peuvent grandement accroître la probabilité du succès et mener vers la paix par un chemin bien plus court que la défaite des forces armées ennemies.

La seconde question concerne le moyen d'agir sur la dépense de force de l'ennemi, c'est-à-dire de lui faire payer plus chèrement son succès.

La dépense de force de l'adversaire consiste dans la *consommation de ses forces armées*, donc dans leur *destruction* par notre camp ; et dans *la perte des provinces*, donc dans leur conquête par nos troupes.

Une réflexion plus précise fera apparaître d'elle-même que ces deux instruments n'ont pas toujours la même signification selon les fins qu'ils visent, en raison du sens différent de ces fins. Le fait que les différences seront généralement minimes ne doit pas nous déconcerter. Car dans la réalité, lorsque les motifs sont faibles, les nuances les plus fines décident souvent de la modalité d'emploi de la force. Pour l'instant, il nous importe seulement de montrer que, dans certaines conditions, d'autres voies vers le but sont *possibles*, qu'elles ne relèvent *pas d'une contradiction interne*, et qu'elles ne sont pas des *absurdités* ni même des *erreurs*.

En plus de ces deux méthodes, il existe encore *trois* autres voies directes, propres à accroître la dépense de force de l'adversaire. La première est *l'invasion*, *c'est-à-dire la conquête de provinces ennemies sans intention de les conserver*, mais pour y lever des contributions de guerre ou pour les ravager. Le but immédiat ici n'est ni de conquérir le pays de l'ennemi ni d'écraser ses forces armées, mais simplement de lui *infliger un dommage général*. La seconde voie est de diriger *de préférence* nos opérations sur des objectifs qui aggraveront le dommage ennemi. Rien n'est plus facile que de concevoir deux directions différentes pour notre force armée, dont l'une est de loin la meilleure lorsqu'il importe de terrasser l'ennemi, tandis que l'autre est plus profitable lorsqu'il n'est absolument pas question de le défaire. On considère couramment la première comme la plus militaire, et la deuxième plutôt comme la voie politique. Mais d'un point de vue supérieur, l'une est tout aussi militaire que l'autre, et chacune n'est appropriée à sa fin que si elle s'accorde aux conditions données. La troisième voie, de loin la plus importante par le nombre de cas qui en relèvent, consiste à *user* l'adversaire. Ce terme n'est pas choisi simplement pour définir l'objet par un mot, mais parce qu'il exprime parfaitement la chose et qu'il n'est pas aussi figuré qu'il y paraît à première vue. Le concept d'usure par le combat comprend un *épuisement progressif des forces physiques et de la volonté, produit par la durée de l'action*.

Si nous voulons pouvoir nous battre plus longtemps que l'adversaire, nous devons nous contenter de fins aussi modestes que possible. Car, par nature, une fin ambitieuse exige une plus grande dépense de forces qu'une fin modeste. Or la fin la plus modeste que nous puissions nous fixer est *la résistance pure*, c'est-à-dire le combat sans intention positive. Nos moyens y seront relativement plus importants et le résultat sera donc mieux assuré. Jusqu'où peut aller cette démarche négative ? Évidemment pas jusqu'à la passivité absolue, car purement subir ne serait plus combattre. La résistance est une activité qui consiste à détruire les forces de l'ennemi au point qu'il soit contraint à abandonner son dessein. C'est là l'unique but recherché dans chacun de nos actes, et c'est en cela que consiste la nature négative de notre intention.

Il est incontestable que cette intention négative, traduite par un acte unique, n'est pas aussi efficace que le serait une action positive engagée dans la même direction, à supposer qu'elle réussisse. Mais la différence consiste précisément en ce que la première réussit plus facilement, et assure donc davantage de sécurité. Or, ce qu'elle perd en efficacité du fait de son acte unique, elle le récupère dans le temps, donc dans la durée du combat. Ainsi cette intention négative, d'où résulte le principe de résistance pure, est-elle aussi le moyen naturel de surpasser l'adversaire dans la durée du combat, c'est-à-dire de l'user.

Telle est la source de la distinction qui domine toute la sphère de la guerre : la différence entre *offensive* et *défensive*. Cependant nous ne pouvons ici poursuivre plus avant. Nous devons nous contenter de dire que c'est de cette intention négative elle-même que découlent tous les avantages et toutes les formes plus sévères de combat qui sont en sa faveur et où se réalise par conséquent cette relation philosophico-dynamique entre l'ampleur et l'assurance du succès. Nous examinerons tout cela par la suite.

Si donc l'intention négative, c'est-à-dire la concentration de tous les moyens dans une pure résistance, procure une supériorité dans le combat, et si celle-ci est suffisante pour *contrebalancer* une prépondérance éventuelle de l'adversaire, alors la simple *durée* du combat suffira pour mener peu à peu la dépense de force de l'adversaire au point où sa fin politique ne pourra plus l'équilibrer et où il devra y renoncer. On voit donc que cette voie, l'usure de l'adversaire, inclut le grand nombre des cas où le plus faible résiste au plus fort.

Durant la guerre de Sept Ans, Frédéric le Grand n'aurait jamais été en mesure de défaire la monarchie autrichienne ; et eût-il cherché à le faire, à la manière d'un Charles XII, qu'il serait allé immanquablement à sa perte. Mais lorsqu'une sage économie de ses forces, et le talent avec lequel il sut les employer, eut montré pendant sept ans aux puissances liguées contre lui que leur dépense de force excédait largement leurs prévisions initiales, elles conclurent la paix.

Nous constatons donc qu'il y a dans la guerre bien des voies pour parvenir au but et qu'elles n'engagent pas toujours à terrasser l'adversaire ; que *la destruction de ses forces armées, la conquête de ses provinces, leur simple occupation, leur seule invasion, les entreprises visant directement les relations politiques, enfin l'attente passive de l'attaque ennemie – que toutes sont des moyens* qui, chacun à sa manière, peuvent amener à triompher de la volonté ennemie, la particularité de la situation dictant l'emploi de l'un ou l'autre. On peut encore y ajouter toute une classe d'usages qui raccourcissent le chemin vers le but, et que l'on pourrait nommer arguments *ad hominem*. Dans quel autre domaine les étincelles jaillies des relations personnelles surpassent-elles toutes les conditions pratiques comme c'est le cas dans la guerre, où la personnalité des combattants joue un rôle si grand à la fois dans le cabinet ministériel et sur le champ de bataille ? Nous nous contenterons ici de faire allusion à ces facteurs, car vouloir les classer serait faire preuve de pédantisme. Avec eux, le nombre des voies possibles vers l'objectif croît jusqu'à l'infini.

Afin de ne pas sous-estimer la valeur de ces diverses voies plus courtes, de ne pas les compter simplement pour de rares exceptions, ni de tenir pour accessoire la différence qu'elles induisent dans la conduite de la guerre, il suffit d'être conscient de la diversité des fins politiques qui peuvent provoquer un conflit. Il faut savoir mesurer d'un regard l'écart qui sépare une guerre d'anéantissement, où l'on se bat pour l'existence de la nation, d'une guerre où l'on obéit aux exigences désagréables d'une alliance conclue de force ou devenue caduque. Dans la réalité, il existe entre les deux d'innombrables nuances. Si la théorie voulait en rejeter une seule, on pourrait au même titre les rejeter toutes, ce qui reviendrait à tourner radicalement le dos au monde réel.

Telles sont les considérations générales sur le but poursuivi par la guerre ; venons-en maintenant aux moyens.

Il n'en existe qu'un seul : le *combat*. Aussi multiples qu'en soient les formes, aussi éloigné qu'il puisse être de la décharge sauvage de haine et d'hostilité du pugilat, quel que soit le nombre d'éléments qui s'y mêlent sans lui être propres, le concept de la guerre implique toujours que toutes les actions qui s'y manifestent *procèdent nécessairement et originellement du combat*.

Il est très simple de prouver qu'il en est toujours ainsi, même dans la réalité la plus variée et la plus complexe. Tout ce qui se produit dans la guerre passe par les forces armées ; or l'emploi des *forces armées*, c'est-à-dire *d'hommes en armes*, repose nécessairement sur l'idée de combat.

Ainsi, tout ce qui a trait aux forces armées appartient à l'activité guerrière, et par conséquent tout ce qui concerne leur levée, leur entretien et leur emploi.

La levée et l'entretien ne sont évidemment que les moyens, tandis que l'emploi est la fin.

Le combat dans la guerre n'est pas le combat d'un individu contre un autre, mais un tout organisé et multiple. Dans ce tout immense nous pouvons distinguer deux sortes d'unités : l'une déterminée par le sujet du combat, l'autre par son objet. Dans une armée, les effectifs combattants se regroupent toujours en de nouvelles unités, qui à leur tour constituent les membres d'un ordre supérieur. Le combat de l'un de ces membres constitue donc également une unité plus ou moins distincte. En outre, le but du combat, par conséquent son *objet*, constitue lui-même une unité.

À chacune de ces unités que l'on distingue dans le combat on donne le nom *d'engagement*.

Si tout emploi des forces armées repose sur l'idée de combat, utiliser celles-ci n'est donc rien d'autre que déterminer et organiser un certain nombre d'engagements.

Toute activité militaire est nécessairement liée à l'engagement, de façon directe ou indirecte. Le soldat est recruté, habillé, armé, formé, il dort, boit, mange et marche, *tout cela uniquement pour se battre au bon endroit et au bon moment*.

Si donc tous les fils de l'activité militaire aboutissent à l'engagement, c'est au moment de la préparation de cet engagement qu'on les saisit tous. Seuls cet agencement et son exécution produisent des effets ; ceux-ci ne proviennent jamais des conditions qui les précèdent immédiatement. Or, dans l'engagement, toute activité est dirigée vers la destruction de l'adversaire, ou plutôt de ses *forces armées* ; cela constitue le concept même de l'engagement. La destruction de la force armée ennemie est donc toujours le moyen d'atteindre le but de l'engagement.

Ce but peut aussi résider dans la destruction pure et simple des forces armées ennemies, mais ce n'est absolument pas nécessaire ; il peut être totalement différent. En effet, puisque nous avons montré que l'anéantissement de l'adversaire n'est pas l'unique moyen d'atteindre la fin politique, puisque la guerre peut viser d'autres objectifs, il va de soi que ces objectifs peuvent devenir le but d'un acte militaire unique, et donc également le but de l'engagement.

Cependant, même ces engagements qui, en tant que membres subordonnés, sont strictement consacrés à l'anéantissement de la force armée ennemie, n'ont pas forcément comme fin immédiate la destruction de cette force.

Lorsque l'on pense à la structure complexe d'une grande force armée, à la multitude de détails qui surgissent avec son déploiement dans la réalité, on conçoit que le combat d'une telle force armée suppose lui aussi une structure, une subdivision et une combinaison complexes. Tout membre peut et doit naturellement recevoir une grande quantité d'objectifs, qui ne visent pas en eux-mêmes la destruction de la force armée ennemie, même s'ils y contribuent de manière indirecte. Quand un bataillon reçoit l'ordre de déloger l'ennemi d'une colline, d'un pont, etc., l'occupation de cette position est en règle générale la véritable fin ; la destruction des forces ennemies n'est ici qu'un pur moyen ou une tâche secondaire. S'il suffit d'une simple démonstration de force pour déloger l'ennemi, la fin est également atteinte. Mais, le plus souvent, cette colline ou ce pont seront pris afin de mieux détruire la force armée ennemie. S'il en est déjà ainsi sur le champ de bataille, quelle dimension cela prend-il sur l'ensemble du théâtre de guerre, où ce ne sont pas simplement deux armées qui se dressent l'une contre l'autre, mais deux États, deux peuples, deux pays ! Alors, le nombre de relations (et par conséquent de combinaisons) possibles augmente, la multiplicité des dispositions s'accroît et, du fait de la gradation des objectifs qui subordonne chacun à l'autre, le moyen initial s'éloigne davantage de la fin ultime.

Il est donc possible, pour maintes raisons, que l'objectif d'un engagement ne soit pas la destruction de la force armée ennemie, mais que cette destruction ne soit qu'un simple moyen. Dans de tels cas, il n'importe plus de la réaliser. Car l'engagement n'est alors qu'une *épreuve de force*, il n'a en soi aucune valeur, seul compte le résultat, c'est-à-dire son issue.

L'épreuve de force, dans les cas où cette dernière est très inégalement répartie, peut tenir en une simple évaluation. L'engagement n'aura alors pas lieu, et le plus faible cédera aussitôt.

Si l'objectif des engagements n'est pas toujours la destruction des forces armées qui y prennent part, et s'il peut même souvent être atteint sans que l'engagement ait effectivement lieu – par la simple constatation des forces et l'établissement de leur rapport – on comprend que des campagnes entières puissent être conduites très activement sans que l'engagement effectif y joue un rôle notable.

L'histoire militaire le prouve par des centaines d'exemples. Dans combien de ces cas la décision dont l'issue ne fut pas sanglante fut-elle justifiée, c'est-à-dire *dénuée de contradiction interne* ? Certaines renommées ainsi acquises résisteront-elles à la critique ? Autant de questions sur lesquelles nous passerons, car il nous importe uniquement de montrer la *possibilité* d'un tel déroulement de l'acte militaire.

Il n'y a dans la guerre qu'*un seul* moyen, *l'engagement*. Mais par la multiplicité de ses emplois, il nous introduit dans toutes les voies différentes permises par la multiplicité des fins. Si bien qu'il nous semble ne pas avoir avancé d'un pas. Cependant il n'en est rien, car de cette unicité du moyen part un fil que notre réflexion suivra à travers toute la trame de l'activité militaire, fil qui la tisse et en assure la cohésion.

Nous avons considéré la destruction de la force armée ennemie comme l'une des fins que l'on peut poursuivre dans la guerre, mais nous n'avons pas examiné l'importance que l'on doit lui donner par rapport aux autres. Dans les cas particuliers, cela dépend des circonstances, en revanche nous n'avons pas encore déterminé cette importance d'un point de vue général. Nous y voilà de nouveau amenés, et il nous faut donc maintenant voir quelle valeur doit lui être attribuée.

L'engagement est la seule action efficace dans la guerre. Dans celui-ci, la destruction de la force armée adverse est le moyen d'atteindre la fin ; et ce même dans les cas où l'engagement n'est pas effectif. Car la décision repose toujours sur l'hypothèse que l'un des deux belligérants serait indubitablement anéanti si cet engagement avait lieu. La destruction de la force armée ennemie est donc le fondement de toute action militaire, l'ultime point d'appui de toutes les combinaisons, qui reposent sur elle comme l'arc sur ses piédroits. Toute action est engagée en supposant que le verdict des armes, qui en dépend fondamentalement, sera *favorable* si l'affrontement doit réellement avoir lieu. Le règlement par les armes est aux opérations de guerre, grandes et petites, ce que le paiement comptant est aux transactions commerciales. Ces relations peuvent être espacées, le versement être rare, il devra pourtant toujours être effectué.

Si le règlement par les armes est le fondement de toutes les combinaisons, il s'ensuit que l'adversaire *peut rendre l'une d'elles inopérante par un affrontement victorieux* : que ce soit celui sur lequel notre combinaison repose directement, ou un autre, pourvu qu'il ait suffisamment d'importance. Car tout règlement par les armes important – c'est-à-dire toute destruction des forces armées ennemies – se répercute sur l'ensemble des autres ; puisque, comme un liquide, ils se mettent à niveau.

Ainsi la destruction de la force armée ennemie apparaît-elle toujours comme le moyen le plus efficace, le moyen suprême devant lequel tous les autres doivent céder.

Mais, à vrai dire, nous ne pouvons lui attribuer une efficacité supérieure qu'en supposant une égalité dans tous les autres domaines. Ce serait donc une grave erreur d'en conclure qu'une charge aveugle triompherait toujours d'une prudente habileté. Une charge maladroite conduirait à la destruction de notre propre force armée, et non à celle de l'ennemi ; il est donc hors de question d'y recourir. L'efficacité supérieure n'appartient pas à la *voie*, mais à la *fin*, et l'on ne fait ici que comparer l'effet d'une fin atteinte avec une autre.

Lorsque nous parlons de destruction de la puissance armée ennemie, nous devons ici expressément attirer l'attention sur le fait que rien ne nous oblige à restreindre ce concept à la simple force armée physique. Il faut au contraire y intégrer nécessairement la force morale. Car les deux s'interpénètrent jusque dans les moindres détails et sont donc inséparables. Référons-nous ici à l'influence inéluctable qu'exerce un grand acte de destruction (une grande victoire) sur tous les autres affrontements : c'est précisément là que l'élément moral, celui qui est le plus fluide, si l'on peut dire, se répand le plus facilement dans tous les membres de l'armée. Le coût et le danger que comporte la destruction des forces armées ennemies s'opposent à la valeur prépondérante de ce moyen sur tous les autres, et c'est uniquement pour les éviter que l'on s'engage dans d'autres voies.

Que le moyen soit coûteux, cela est en soi compréhensible. Car, toutes choses étant égales par ailleurs, la dépense de nos propres forces armées est toujours d'autant plus grande que notre intention est d'anéantir celles de l'ennemi.

Quant au danger de ce moyen, il réside en ce que l'efficacité supérieure que nous recherchons retombe sur nous en cas d'insuccès ; il entraîne donc de plus grands inconvénients.

Les autres voies sont moins coûteuses en cas de réussite et moins dangereuses en cas d'échec ; à la condition cependant de n'être confrontées qu'à des méthodes identiques, c'est-à-dire à condition que l'ennemi emprunte la même voie. Car si l'ennemi choisissait la voie d'un règlement par les armes de grande envergure, *notre choix tactique deviendrait le sien contre notre volonté*. Tout dépend alors de l'issue de l'acte de destruction. Or il est clair à présent que, toutes choses étant par ailleurs encore égales, cet acte tournera à notre désavantage à tous égards. Car nos desseins et nos moyens étaient en partie dirigés vers d'autres objectifs, ce qui n'est pas le cas pour l'ennemi. Deux fins différentes, qui ne font pas partie l'une de l'autre, s'excluent mutuellement. La force qui est employée pour atteindre l'une ne peut donc pas servir en même temps pour l'autre. Si, par conséquent, l'un des deux belligérants a décidé de prendre la voie du grand affrontement, il jouit déjà d'une probabilité de succès considérable dès l'instant où il a la certitude que l'autre ne désire pas s'engager sur cette voie mais cherche à atteindre un autre objectif. Et quiconque se propose de poursuivre l'un de ces autres objectifs ne peut le faire raisonnablement que s'il présume que son adversaire cherche tout aussi peu que lui les grands affrontements.

Mais ce que nous avons dit ici des desseins et des forces orientés dans une autre direction ne se rapporte qu'aux *fins positives*, que l'on peut encore se fixer dans la guerre en dehors de la destruction des forces ennemies. Cela *ne concerne nullement la pure résistance* à laquelle on recourt dans l'intention d'épuiser la force ennemie. Dans la résistance pure, l'intention *positive* fait défaut. Par conséquent, nos forces ne peuvent être dirigées vers d'autres objectifs, elles ne sont destinées qu'à annihiler les desseins de l'adversaire.

C'est à présent le moment d'examiner le pôle négatif de la destruction de la force armée ennemie, c'est-à-dire la préservation de la nôtre. Ces deux volontés vont constamment de pair, car elles exercent une interaction l'une sur l'autre. Elles sont les parties intégrantes d'un seul et même dessein, et il nous suffit d'examiner l'effet produit par la prépondérance de l'une ou de l'autre. La volonté de détruire les forces armées ennemies vise une fin positive et conduit à des succès positifs dont l'objectif final est de terrasser l'adversaire. La préservation de nos propres forces armées vise une fin négative, et conduit donc à l'échec total du dessein ennemi, c'est-à-dire à la résistance pure, dont l'objectif final est uniquement de prolonger la durée de l'action pour épuiser l'adversaire.

La volonté dirigée vers une fin positive engendre l'acte de destruction ; la volonté dirigée vers une fin négative l'attend.

Combien de temps cette attente peut-elle et doit-elle durer ? C'est ce que nous verrons de façon plus précise lorsque nous traiterons de la théorie de l'offensive et de la défensive, dont nous effleurons ici une fois de plus l'origine. Contentons-nous pour le moment de dire que l'attente ne doit pas devenir passivité absolue ; le but de l'action qui lui est associée peut être la destruction de la force armée ennemie engagée dans le conflit, aussi bien que n'importe quel autre objectif. Ce serait donc une grave erreur de croire que la volonté négative devrait préférer à la destruction de la force armée ennemie une décision qui ne fera pas couler le sang. La prépondérance de la volonté négative peut certes y inciter, mais c'est toujours au risque de ne pas être la voie adaptée, car cela dépend de conditions complètement différentes qui ne sont pas de notre fait mais de celui de l'adversaire. Il est donc absolument impossible de considérer cette voie qui évite l'effusion de sang comme le moyen naturel de répondre au souci prépondérant de la préservation de nos forces armées. Au contraire, dans les cas où cette voie ne correspond pas aux circonstances, elle conduirait à notre total anéantissement. De très nombreux généraux ont commis cette erreur et en ont péri. La prépondérance de la volonté négative a pour seul effet certain l'ajournement de la décision, si bien que le belligérant se réfugie en quelque sorte dans l'attente de l'instant décisif. Cela a pour conséquence habituelle le *déplacement de l'action* dans le temps, et – dans la mesure où l'espace est en rapport avec lui – également le déplacement dans l'espace, pour autant que les circonstances le permettent. Lorsque vient le moment où l'on ne peut plus tenir cette position négative sans inconvénient grave, ses avantages sont épuisés. Resurgit alors, inchangée, la volonté de détruire les forces ennemies, volonté seulement retenue par un contrepoids, mais jamais abandonnée.

Les considérations qui nous ont menés jusqu'ici ont bien montré qu'il existe dans la guerre toutes sortes de voies pour parvenir au but, c'est-à-dire à la réalisation de la fin politique, mais que l'engagement en est l'unique moyen ; par conséquent, tout est soumis à une loi suprême : celle du *règlement par les armes*. Lorsque l'adversaire y a effectivement recours, on ne peut jamais s'y dérober ; le belligérant qui veut emprunter une autre voie doit donc être sûr que l'adversaire n'aura pas recours à ce règlement sous peine de perdre son procès devant cette cour suprême. En un mot, de toutes les fins qui peuvent être poursuivies dans la guerre, la destruction de la force armée ennemie apparaît toujours comme celle qui domine tout.

Quant à ce que peuvent offrir dans la guerre les combinaisons d'une autre sorte, nous en prendrons connaissance par la suite et peu à peu, naturellement. Contentons-nous ici d'en admettre *la possibilité* en général, comme une indication du décalage entre la réalité et le concept, et de l'influence des circonstances individuelles. Mais nous ne devons pas omettre de reconnaître dès à présent *l'explosion sanglante de la crise*, la volonté de détruire la force armée ennemie, comme la fille aînée de la guerre. Quand les fins politiques sont modestes, les motifs faibles, les tensions des forces minimes, un général circonspect et adroit cherchera tous les moyens d'éviter une grande crise et une résolution sanglante, pour se frayer un passage vers la paix en utilisant les faiblesses de son adversaire dans les domaines diplomatique et militaire. Nul n'a le droit de lui en faire grief, si ses hypothèses sont parfaitement fondées et aptes à mener au succès. Mais il doit toujours avoir conscience qu'il emprunte là une voie hasardeuse, sur laquelle le dieu de la guerre risque de le surprendre ; il doit toujours garder un œil sur l'adversaire, afin de ne pas l'affronter au fleuret moucheté quand l'autre l'attaquera avec un sabre tranchant.

Ce qu'est la guerre, comment fin et moyen y agissent, comment dans la réalité elle s'écarte plus ou moins de son rigoureux concept originel en fluctuations diverses, tout en demeurant cependant toujours soumise à ce concept rigoureux comme à une loi suprême – tous ces acquis doivent s'ancrer dans notre esprit et y demeurer quand nous examinerons chacun de nos prochains objets d'étude. Cela est indispensable si nous voulons comprendre correctement leurs véritables rapports, leur signification propre, sans tomber dans la plus criante contradiction avec la réalité et en définitive avec nous-mêmes.

Chapitre 3
Le génie martial

Chaque activité particulière exige, pour être exercée avec une certaine virtuosité, des dispositions particulières d'esprit et de cœur. Lorsque celles-ci atteignent un degré supérieur et se manifestent par des actes hors du commun, on désigne l'esprit qui les possède du nom de génie.

Nous savons bien que ce mot s'emploie dans des acceptions de sens et d'extension très divers, dans lesquelles il est souvent extrêmement difficile de discerner l'essence du génie. Mais comme nous ne prétendons être ni philosophe ni grammairien, il nous sera permis de nous en tenir à la signification usuelle et d'entendre par « génie » une puissance intellectuelle exceptionnellement développée dans l'exercice d'une activité déterminée.

Attardons-nous quelques instants sur cette faculté, cette majesté de l'esprit, afin de justifier ce titre et de pénétrer plus avant la teneur du concept. Nous ne pouvons cependant nous arrêter au génie qui a acquis son titre grâce à un talent exceptionnel, au *génie* proprement dit, car ce concept est immensurable. Considérons plutôt de manière générale la convergence des forces de l'âme dans l'activité militaire, que nous pouvons alors envisager comme *l'essence du génie martial*. Nous disons la *convergence*, car le génie martial consiste précisément en cela.

Il n'est pas constitué d'une vertu guerrière unique, comme le courage par exemple, tandis que d'autres qualités de l'esprit ou du cœur seraient absentes ou inadaptées à la guerre ; *il est une union harmonieuse des forces*, où l'une ou l'autre peut prédominer, mais où aucune ne doit s'opposer aux autres.

Si chaque combattant devait être plus ou moins doué de génie martial, nos armées seraient vraiment très faibles. Car il faut précisément entendre dans ce terme une tendance *particulière* des forces de l'âme, et de ce fait elle ne peut apparaître que de façon singulière dans un peuple où ces forces sont mobilisées et développées dans de nombreuses directions. Moins un peuple a d'activités différentes, plus l'activité militaire y domine, plus le génie martial y sera alors répandu. Cela ne détermine cependant que son étendue, et nullement son élévation, car celle-ci dépend du *développement intellectuel général* de ce peuple. Si nous considérons un peuple sauvage et belliqueux, l'esprit martial y est bien plus courant que chez les peuples civilisés, car il anime chaque guerrier ou presque. Chez les seconds, en revanche, ce n'est que par nécessité et nullement par penchant personnel qu'il entraîne une large masse. Mais on ne trouve jamais chez les peuples sauvages de vrai grand général, et fort rarement ce que l'on peut nommer un génie militaire, car cela requiert un développement des capacités intellectuelles dont le niveau est inaccessible à un peuple primitif. Il va de soi que les peuples civilisés peuvent également avoir un sens guerrier plus ou moins développé ; plus c'est le cas, et plus les individus à l'esprit martial seront fréquents dans leurs armées. Comme cela coïncide avec le degré supérieur de civilisation, ces peuples produisent donc toujours les plus brillantes manifestations de l'art militaire, comme les Romains et les Français l'ont prouvé. Leurs plus grands noms, comme ceux de tous les peuples qui se sont illustrés dans la guerre, sont toujours justement apparus à des époques de haute culture.

Cela nous laisse soupçonner l'importance de la part que prennent les forces intellectuelles dans le génie martial supérieur ; ce que nous allons à présent examiner de plus près.

La guerre est le domaine du danger ; le *courage* est donc, avant toute autre chose, la qualité première du guerrier.

Il y a deux sortes de courage : d'abord le courage face au danger personnel, ensuite le courage de faire face à la responsabilité devant le tribunal d'une instance extérieure ou de l'instance intérieure qu'est la conscience. Nous ne parlerons que de la première.

Le courage face au danger personnel est lui aussi de deux sortes. En premier lieu, il peut s'agir de l'indifférence face au danger ; qu'elle provienne de la constitution de l'individu, du dédain de la vie ou de l'habitude, c'est en tout cas un *état* permanent.

En second lieu, le courage peut provenir de motifs positifs, comme l'ambition, le patriotisme, l'enthousiasme de toutes sortes. En ce cas, le courage n'est pas tant un état qu'un mouvement de l'âme, un sentiment.

On comprend que ces deux catégories engendrent des effets différents. La première est plus sûre car, étant devenue une seconde nature, elle n'abandonne jamais l'homme ; la seconde mène souvent plus loin. La première relève davantage de la constance, la seconde plus de la témérité. La première ne grise pas l'entendement, la seconde accroît parfois sa puissance, mais l'aveugle souvent. *L'union des deux produit la forme la plus parfaite du courage.*

La guerre est le domaine des efforts et des souffrances physiques. Pour ne pas y succomber, il faut une certaine force du corps et de l'âme qui, innée ou acquise, permet d'y être indifférent. Muni de ces qualités, guidé par le simple bon sens, l'homme est déjà un solide instrument de guerre. Ce sont ces qualités-là que l'on voit si généralement répandues chez les peuples sauvages ou à demi civilisés. Si nous allons plus loin dans ce que la guerre exige de ceux qui s'y consacrent, nous rencontrons, dominante, *la puissance intellectuelle*. La guerre est le domaine de l'incertitude. Les trois quarts des éléments sur lesquels se fonde l'action flottent dans le brouillard d'une incertitude plus ou moins épaisse. C'est donc dans ce domaine plus qu'en tout autre qu'une intelligence fine et pénétrante est requise, pour discerner la vérité à la seule mesure de son jugement.

Une intelligence ordinaire peut, une fois, trouver cette vérité par hasard ; une autre fois, un courage extraordinaire pourra compenser une erreur de jugement ; mais, dans la plupart des cas, la moyenne des résultats fera toujours apparaître le défaut d'intelligence.

La guerre est le domaine du hasard. Nulle autre activité humaine ne laisse à cet intrus un telle latitude, car aucune n'entretient avec lui un contact aussi constant et aussi diffus. Il accroît l'incertitude dans toutes les circonstances et trouble le cours des événements.

Aucun renseignement n'est sûr, aucune hypothèse n'est solide du fait de ces immixtions constantes du hasard, si bien que le combattant se trouve continuellement devant des réalités qui ne sont pas celles qu'il avait prévues. Cela ne peut manquer d'avoir une influence sur ses plans, ou au moins sur les idées qui y contribuent. Si cette influence est assez forte pour abolir les projets fermement décidés, il faut alors généralement en concevoir d'autres. Mais les données pour ce faire font souvent défaut dans l'instant car, dans le feu de l'action, les circonstances pressent la décision et ne laissent pas le temps de faire un nouveau tour d'horizon, ni même parfois de réfléchir mûrement. Bien plus souvent encore, la rectification de nos idées et la connaissance des faits fortuits ne suffisent pas à renverser notre projet, mais le font seulement vaciller. Notre connaissance des circonstances s'est accrue, et cependant notre incertitude n'en est pas amoindrie, mais renforcée. En effet, nous ne faisons pas toutes ces expériences d'un coup, mais peu à peu, car nos résolutions subissent continuellement l'assaut des circonstances et notre esprit doit toujours être, si l'on peut dire, sous les armes.

Si ce dernier veut sortir victorieux de ce combat constant avec l'imprévu, deux qualités lui sont indispensables : *d'abord, une intelligence qui, même dans cette obscurité plus intense, garde quelque vestige de cette lumière intérieure qui le guide vers la vérité ; ensuite, le courage de suivre cette faible lueur.* La première a été désignée au sens figuré par l'expression française *coup d'œil*[1] ; la seconde est la *résolution*.

L'engagement est, dans la guerre, l'élément qui a d'abord et le plus souvent attiré l'attention. Le temps et l'espace y sont des facteurs importants, et c'était d'autant plus vrai à l'époque où la cavalerie, avec ses charges aux issues rapides, en constituait l'essentiel. La notion de *décision rapide et précise* est née d'abord de l'appréciation de ces deux facteurs, puis elle a été traduite par une expression qui ne prend en compte que sa composante visuelle. Pour

1. En français dans le texte, comme dans les occurrences suivantes. (*N.d.T.*)

cette raison, beaucoup de professeurs d'art militaire ont défini cette notion dans cette acception restreinte. Mais il est indéniable que l'on désigna bientôt par là toute décision précise prise dans l'instant de l'exécution, comme la reconnaissance du meilleur point d'attaque, etc. Ce n'est donc pas seulement à l'œil du corps, mais plus souvent à l'œil de l'esprit que l'on pense en parlant du *coup d'œil*. Naturellement, l'expression, comme la chose, a plutôt sa place dans le domaine de la tactique ; mais on ne peut l'exclure de la stratégie, dans la mesure où celle-ci exige aussi des décisions rapides. Cette idée, une fois dépouillée de ce que l'expression lui a donné de trop figuré et de limité, ne traduit rien d'autre que la rapidité avec laquelle on parvient à une vérité ; vérité que le regard d'un esprit ordinaire ne verra absolument pas, ou alors seulement au terme d'une longue observation et d'une profonde réflexion.

La résolution est un acte de courage dans chaque situation particulière ; si elle devient un trait de caractère, elle est une habitude de l'âme. Il ne s'agit pas ici du courage face au danger physique mais face à la responsabilité, donc, en quelque sorte, au danger moral. On l'a souvent nommé *courage d'esprit*[1], car il provient de l'esprit bien qu'il ne soit pas pour autant un acte purement intellectuel mais plutôt un produit du tempérament. La pure intelligence n'est pas courage, car nous voyons souvent les gens les plus intelligents demeurer sans aucune résolution. L'esprit doit donc tout d'abord éveiller le sentiment du courage afin que ce dernier le maintienne et le soutienne car, dans la fièvre de l'instant, les hommes obéissent davantage à leurs sentiments qu'à leur intellect.

1. En français dans le texte. *(N.d.T.)*

Nous avons ici assigné à la résolution la fonction de lever les souffrances du doute et les dangers de l'hésitation, lorsque les motifs ne sont pas assez puissants pour pousser à l'action. Le langage courant, aussi libre que peu scrupuleux, englobe sous le terme de résolution le simple goût du risque, le penchant pour l'audace, la témérité, la hardiesse. Mais lorsqu'un homme est mû par des motifs dominants, qu'ils soient subjectifs ou objectifs, valables ou fallacieux, il n'y a aucune raison de parler de résolution ; car cela reviendrait à se mettre à sa place et poser dans le plateau de la balance des doutes qu'il n'a jamais éprouvés.

On ne peut parler ici que de force ou de faiblesse. Nous ne sommes pas pédants au point de contester l'usage et de vouloir corriger cette petite erreur de langage ; notre observation ne vise qu'à écarter les objections qui ne seraient pas fondées.

Cette résolution qui triomphe de l'état de doute ne peut être suscitée que par l'entendement, et à vrai dire par une orientation toute particulière de celui-ci. Nous affirmons que la simple réunion d'un discernement supérieur et des sentiments requis ne suffit pas à créer la résolution. Certaines personnes possèdent un esprit des plus pénétrants, appliqué aux tâches les plus difficiles, et ne manquent pas du courage nécessaire pour assumer de lourdes responsabilités ; pourtant, dans les situations difficiles, elles ne parviennent pas à prendre une décision. Leur courage et leur discernement demeurent séparés, ces deux vertus ne se tendent pas la main et n'engendrent donc pas cette troisième qualité qu'est la résolution. Celle-ci n'existe que par *un acte de l'esprit*, qui porte à la conscience la nécessité de l'audace et par là détermine la volonté. Cette orientation très particulière de l'entendement qui, avec la peur de *l'indécision* et de *l'hésitation*, maîtrise toute autre peur en l'homme, constitue la résolution dans les âmes puissantes. Par conséquent, des hommes d'intelligence médiocre ne peuvent être des hommes résolus, au sens où nous entendons cette notion. Ils peuvent, dans des situations difficiles, agir sans hésitation, mais ils le font *sans réflexion* ; et celui qui agit sans réfléchir ne peut évidemment pas être écartelé par le doute. Une telle façon d'agir peut aussi de temps à autre tomber juste, mais nous répétons ici que c'est *la moyenne des résultats* qui révèle l'existence du génie martial. Notre affirmation pourrait sembler surprenante à ceux qui connaissent beaucoup d'officiers de hussards résolus, sans être pour autant de grands penseurs. Nous devons leur rappeler qu'il n'est question ici que d'une orientation particulière de l'entendement et non d'une puissante force de méditation.

Nous croyons donc que la résolution doit son existence à une orientation particulière de l'esprit, orientation qui appartient certes à une intelligence plus puissante que brillante. Pour justifier cette généalogie de la résolution nous pouvons mentionner, à titre d'exemple, un grand nombre d'hommes qui ont fait preuve de la plus grande résolution dans des rangs inférieurs et l'ont perdue en accédant à un poste supérieur. Bien qu'ils soient dans la nécessité de prendre les décisions, ils repèrent les dangers inhérents à une décision *erronée*, et comme les problèmes auxquels ils sont maintenant confrontés ne leur sont pas familiers, leur esprit perd alors la puissance qu'il avait à l'origine. Ils deviennent d'autant plus irrésolus qu'ils connaissent les dangers de l'irrésolution qui les subjugue, et d'autant plus hésitants qu'ils avaient jadis l'habitude d'agir sous la force de l'impulsion.

Le *coup d'œil* et la résolution nous conduisent directement à parler de la *présence d'esprit* qui leur est apparentée. Cette qualité joue un rôle majeur dans le royaume de l'imprévu qu'est la guerre, car elle n'est rien d'autre qu'une capacité supérieure à vaincre l'imprévisible. On admire la présence d'esprit dans la pertinence d'une repartie à une apostrophe inattendue, comme on l'admire dans la rapidité d'une parade à un danger soudain. La repartie et la parade n'ont pas besoin d'être extraordinaires, pourvu qu'elles portent juste. Car le fruit d'une mûre et calme réflexion qui n'a rien d'exceptionnel et nous laisse donc indifférents peut exciter notre plaisir s'il jaillit d'un acte instantané de l'intelligence. L'expression *présence d'esprit* définit précisément et de façon très appropriée la justesse et la promptitude avec lesquelles l'intelligence offre son aide.

Cette qualité magnifique chez un homme doit-elle être attribuée à la particularité de son esprit ou plutôt à l'équilibre de son tempérament ? Cela dépend des cas ; mais aucun des deux ne doit faire complètement défaut. Une repartie pertinente est davantage l'œuvre d'un esprit spirituel ; un moyen approprié à un péril soudain suppose avant tout un tempérament équilibré.

Si l'on embrasse du regard les quatre composantes qui constituent l'atmosphère dans laquelle évolue la guerre, à savoir *le danger*, *l'effort physique*, *l'incertitude* et *le hasard*, on conçoit alors aisément qu'il faut une grande force d'âme et d'esprit pour avancer avec sûreté et succès dans cet élément compliqué. Au gré des modifications dues aux circonstances, cette force apparaît sous la plume des historiens et des chroniqueurs militaires sous les noms d'*énergie*, de *fermeté*, de *persévérance*, et de *force d'âme et de caractère*. On pourrait considérer toutes ces manifestations de la nature héroïque comme une seule et même force de volonté, qui se modifierait selon les circonstances. Mais si étroitement apparentées qu'elles soient, ces qualités ne sont toutefois pas une seule réalité ; nous avons donc tout intérêt à distinguer de manière relativement précise le jeu des forces de l'âme.

Il faut dire tout d'abord, pour établir des notions claires, que le poids, la charge, la résistance – ou quel que soit le nom qu'on veuille lui donner –, ce qui exige cette force d'âme de la part de l'officier, n'est que pour une part infime le résultat *immédiat* de *l'activité ennemie,* de *la résistance ennemie,* des *opérations ennemies.* L'action directe de l'activité ennemie sur l'officier ne touche d'abord que sa propre personne, sans affecter son activité de chef. Si l'ennemi résiste quatre heures au lieu de deux, le chef est alors en danger pendant quatre heures au lieu de deux. L'importance de cette donnée décroît évidemment à mesure que le rang du chef s'élève ; quelle est-elle pour le général en chef ? Elle est nulle !

En second lieu, la résistance ennemie agit *immédiatement* sur le chef par la perte des moyens qu'engendre une résistance prolongée, et par la responsabilité qui y est attachée. C'est à ce moment-là que sa force de volonté sera mise à l'épreuve et au défi pour la première fois par le biais de ses réflexions tourmentées. Mais ceci n'est pas, et de loin, le fardeau le plus lourd qu'il ait à porter, car c'est un problème qu'il ne doit régler qu'avec lui-même. Mais tous les autres effets de la résistance ennemie sont dirigés sur les combattants qu'il commande et *réagissent sur lui par leur intermédiaire.*

Tant qu'une troupe pleine de courage combat facilement et avec entrain, il est rare que l'officier ait à déployer une grande force de volonté pour poursuivre son objectif.

Mais dès que la situation devient difficile – et cela arrive toujours lorsqu'il s'agit d'actes hors du commun – les choses ne vont plus toutes seules comme dans une machine bien huilée ; la machine elle-même se met à opposer de la résistance, et c'est pour surmonter cette résistance que le chef doit faire preuve d'une grande force de volonté. *Cette résistance* n'est pas forcément le fait de l'insubordination et de la contestation, même si celles-ci apparaissent souvent chez les soldats en tant qu'individus. Mais c'est l'impression générale d'épuisement de toutes les forces physiques et morales, c'est le spectacle déchirant des victimes ensanglantées que le chef doit combattre en lui-même ; et ensuite chez tous les autres qui, directement ou indirectement, lui transmettent leurs impressions, leurs sentiments, leurs inquiétudes et leurs aspirations. Dès que l'individu voit ses forces s'épuiser, que sa volonté personnelle ne parvient plus à les stimuler ni à les conserver, l'inertie de la masse pèse alors de plus en plus sur la volonté du commandant. À la flamme de son cœur, à la lumière de son esprit doivent désormais se rallumer chez tous les autres la flamme de la résolution et la lumière de l'espoir. C'est uniquement s'il y parvient, c'est seulement dans la mesure où il s'impose à la masse qu'il en demeure le maître. Dès que cela cesse, dès que son propre courage n'est plus assez ferme pour ranimer celui de tous les autres, alors la masse l'attire vers elle, elle l'entraîne dans les sphères inférieures de l'animalité, qui fuit devant le danger et ignore la honte. Tels sont les poids dont le courage et la force d'âme du chef doivent venir à bout dans le combat s'il veut accomplir de grandes choses. Ces pesanteurs s'accroissent avec la masse des effectifs qu'il commande, si bien que la force de volonté doit augmenter avec le rang, pour rester proportionnée à ces charges.

L'*énergie* dans l'action exprime la vigueur du motif qui a suscité cette action, que ce motif procède d'une conviction intellectuelle ou d'un mouvement affectif. Toutefois ce dernier ne saurait manquer lorsqu'il s'agit de déployer une grande force.

De tous les sentiments élevés que le cœur humain éprouve dans la fièvre brûlante du combat, il n'en est aucun, il faut le reconnaître, qui soit aussi puissant et aussi constant que la soif de gloire et d'honneur. La langue allemande le traite avec beaucoup d'injustice, puisqu'elle le déprécie en lui associant deux termes péjoratifs : « *Ehrgeiz* » et « *Ruhmsucht* », *arrivisme* et *gloriole*. Il est vrai que c'est précisément dans la guerre que l'abus de ces fières aspirations a généré les plus révoltantes injustices à l'encontre de l'humanité. Mais en vertu de leur origine, ces sentiments doivent être comptés parmi les plus nobles de la nature humaine ; et ce sont eux en vérité qui, dans la guerre, insufflent la vie et donnent une âme à ce corps monstrueux. Tous les autres sentiments, même largement répandus et souvent supérieurs en apparence – comme le patriotisme, le fanatisme idéologique, la vengeance, les enthousiasmes de toutes sortes – ne remplacent pas l'ambition et le désir de gloire. Ces sentiments peuvent en général exciter et exalter les foules, mais ils n'éveilleront pas chez le chef le désir de surpasser ses compagnons, désir essentiel dans sa position s'il veut y accomplir quelque fait remarquable. C'est l'ambition, et non ces sentiments, qui fait d'une action militaire précise la propriété du commandant ; il s'efforce de l'exploiter au mieux, il la laboure avec peine, il l'ensemence avec soin pour que la récolte soit abondante. Mais ce sont ces aspirations, qui sont celles de tous les officiers, du plus subalterne au plus gradé, cette sorte d'industrie, cette émulation, cet éperon qui vivifient l'activité d'une armée et la couronnent de succès. Et maintenant, posons-nous précisément la question à propos du plus gradé : y a-t-il déjà eu un grand général dénué d'ambition ? Est-il seulement imaginable que cela se produise ?

La *fermeté* indique la résistance de la volonté face à la puissance d'une frappe unique, la *persévérance* face à la durée.

Bien que ces deux qualités soient très proches, au point que leurs noms soient interchangeables, il y a pourtant entre elles une notable différence de nature qu'on ne saurait méconnaître. La fermeté face à une seule impression violente peut reposer simplement sur la vigueur d'un sentiment ; la persévérance, en revanche, exige plutôt le soutien de l'entendement. Car avec la durée, une action se conforme de plus en plus à un système, et c'est de là que la persévérance puise en partie sa force.

Tournons-nous vers la *force d'âme ou de caractère*. La première question consiste à savoir ce que nous devons entendre par là.

Ce n'est évidemment pas la véhémence avec laquelle se manifestent les sentiments, ou l'emportement, ce qui serait contraire à l'acception courante. Il s'agit de la faculté d'obéir à la raison, même sous l'assaut des plus fortes impulsions, dans les tempêtes de la passion la plus violente. Cette capacité provient-elle uniquement de la force de l'entendement ? Nous en doutons. Certes, le fait qu'il existe des hommes d'une rare intelligence incapables de se maîtriser ne prouve rien, car il se pourrait que la maîtrise de soi nécessite une nature particulière d'intelligence, plus vigoureuse que vaste. Mais nous pensons nous rapprocher de la vérité en supposant que la faculté de se soumettre à la raison, même aux instants des plus violents bouleversements, cette faculté que nous appelons *maîtrise de soi*, a son siège dans le tempérament même. Il existe en effet chez les âmes fortes un autre sentiment qui contrebalance la passion déchaînée sans l'anéantir, et c'est seulement par cet équilibre que la domination de la raison est assurée. Ce contrepoids n'est rien d'autre que le sentiment de la dignité humaine, cet orgueil le plus noble, ce besoin le plus profond de l'âme *d'agir en toutes circonstances comme un être doué de discernement et de raison*. Nous pourrions donc dire qu'une âme forte est celle *qui, même dans les élans les plus impétueux, ne perd pas son équilibre*.

Jetons un regard sur la diversité des tempéraments humains. Nous rencontrons premièrement des hommes à la vivacité très faible, que nous appelons flegmatiques ou indolents.

Deuxièmement, des gens très vifs, mais dont les sentiments n'excèdent jamais une certaine intensité, et que l'on qualifie de sensibles mais calmes.

Troisièmement, des personnes très excitables, dont les sentiments s'enflamment vite et violemment, comme la poudre, mais s'éteignent rapidement.

Enfin, quatrièmement, des êtres que les motifs minimes n'ébranlent pas, qui ne s'émeuvent pas rapidement mais graduellement, et dont les sentiments deviennent très puissants et bien plus durables. Ce sont les hommes aux passions énergiques, profondes et secrètes.

Cette distinction entre les différentes constitutions de tempérament épouse vraisemblablement la frontière des *forces physiques* qui se meuvent dans l'organisme humain. Elle procède de la dualité foncière de ce que nous appelons système nerveux, qui semble tourné d'un côté vers la matière et de l'autre vers l'esprit. Nos faibles compétences en philosophie nous interdisent de poursuivre plus avant nos recherches dans cette région obscure. Mais il est important de nous attarder un instant sur les effets qu'entraînent ces différentes natures sur l'activité militaire, et de voir dans quelle mesure elles sont susceptibles de produire une grande force d'âme.

Bien qu'il soit difficile de faire perdre leur équilibre aux hommes indolents, on ne peut toutefois parler ici de force d'âme, car toute manifestation de force leur fait défaut. Il faut pourtant reconnaître qu'à la guerre, en raison précisément de leur équilibre constant, ces hommes sont d'une certaine efficacité. Celle-ci n'est que partielle, car il leur manque souvent le motif positif de l'action – c'est-à-dire l'impulsion – et par conséquent l'activité ; mais ils ruinent rarement une opération.

Les hommes du deuxième groupe ont la particularité d'être facilement incités à l'action par de petites choses, mais d'être facilement accablés par les grandes. Ils déploieront une vive activité pour venir en aide à un seul malheureux, mais le malheur d'un peuple entier les consternera sans les pousser à agir.

Dans la guerre, ces hommes ne manqueront ni d'activité ni d'équilibre, mais ils n'accompliront jamais rien de grand ; à moins de posséder une *intelligence très puissante* qui leur en donne le motif. Mais il est rare qu'une intelligence vigoureuse et indépendante s'allie à de tels tempéraments.

Les caractères bouillonnants, enflammés, se prêtent peu à la vie pratique, et donc aussi peu à la guerre. Ils bénéficient certes d'impulsions puissantes, mais celles-ci ne durent pas. Si leur vivacité est canalisée vers le courage et l'ambition, ils seront souvent des subalternes d'une grande utilité dans la guerre ; pour la simple raison qu'un chef peu gradé ne commande que des actes militaires de courte durée. Une seule décision courageuse, un bouillonnement de la force d'âme y sont souvent suffisants. Une attaque hardie, un « *en avant !* » puissant sont l'affaire de quelques minutes, une bataille audacieuse est l'œuvre d'une journée entière et une campagne l'œuvre d'une année.

Du fait de la rapidité impétueuse de leurs sentiments, ces hommes ont deux fois plus de mal à maintenir leur équilibre ; c'est pourquoi il leur arrive fréquemment de perdre la tête, ce qui est la pire des choses lorsqu'on est en guerre. Mais ce serait aller contre l'expérience d'affirmer que des tempéraments très excitables ne sont jamais forts, c'est-à-dire ne sont *jamais capables* de conserver leur équilibre, même dans leurs plus violents élans. Pourquoi n'auraient-ils pas également le sentiment de leur propre dignité, puisqu'ils appartiennent en général aux natures les plus nobles ? Ce sentiment leur fait rarement défaut, mais il n'a pas le temps de faire son effet. Après coup, ils sont généralement tourmentés par la honte. Lorsque, tôt ou tard, l'éducation, l'introspection et l'expérience de la vie leur apprennent comment se méfier d'eux-mêmes et prendre conscience à temps de la force qui fait contrepoids en eux-mêmes dans les instants de vive excitation, alors ils sont capables, eux aussi, d'une grande force d'âme.

Il y a enfin les hommes peu émotifs, mais qui éprouvent pour cette raison des émotions profondes. Ils sont aux précédents ce que le brasier est à la flamme. Avec leur force de Titans, ils sont les plus aptes à déplacer les masses immenses que représentent les difficultés inhérentes à l'action militaire. L'effet de leurs sentiments ressemble au mouvement des grandes masses qui, même s'il est lent, est pourtant irrésistible.

Ces hommes ne se laissent ni envahir ni emporter par leurs sentiments au point d'en avoir honte, comme ceux de la catégorie précédente. Mais ce serait aller de nouveau à l'encontre de l'expérience de croire qu'il leur est impossible de perdre leur équilibre et d'être soumis à une passion aveugle. Au contraire, cela se produira de façon d'autant plus violente dès que le noble orgueil de la maîtrise de soi viendra à leur manquer ou donnera des signes de faiblesse. Nous l'observons le plus souvent chez les grands hommes des peuples sauvages, où la faiblesse de la formation intellectuelle favorise toujours la domination de la passion. Mais nous en faisons aussi l'expérience parmi les peuples civilisés et dans leurs classes les plus cultivées, où des hommes sont entraînés par la violence de leurs passions, comme les braconniers du Moyen Âge attachés aux cerfs courant à travers bois.

Répétons-le : une âme forte n'est pas une âme simplement susceptible de puissants élans, mais une âme capable de garder son équilibre dans les élans les plus puissants. Si bien que, malgré les tempêtes qui se déchaînent dans sa poitrine, son discernement et ses convictions conservent toute leur finesse pour jouer leur rôle, comme l'aiguille du compas sur le navire en pleine tourmente.

Ce qu'on nomme la « force de caractère » ou, tout simplement, le « caractère », désigne la fermeté avec laquelle un homme garde ses convictions. Celles-ci peuvent résulter d'un jugement personnel ou extérieur, appartenir à des principes, des opinions, des inspirations passagères, ou à tout autre produit de l'esprit. Mais il est certain que *cette fermeté* ne peut se manifester si les jugements eux-mêmes se modifient souvent. Ce changement fréquent n'a pas besoin d'être la conséquence d'une influence extérieure ; il peut provenir de l'activité incessante de l'intelligence elle-même, ce qui indique assurément une instabilité particulière de cette dernière. On ne pourra évidemment jamais dire d'un homme qui change sans cesse d'avis, même s'il est lui-même à l'origine de ces changements, que c'est *un homme de caractère*. Cette qualité ne s'applique donc qu'à des hommes dont les convictions sont *très constantes*, soit parce qu'elles sont profondément enracinées et claires, et se prêtent donc peu au changement, soit parce que le manque d'activité de l'entendement ne donne aucun motif de changement, comme chez les hommes indolents, soit enfin parce qu'un acte formel de la volonté, issu d'un principe souverain de la raison, rejette jusqu'à un certain point tout changement d'opinion.

Or, à la guerre – du fait des impressions fortes et innombrables que reçoit la sensibilité, du doute qui ébranle tout savoir et tout jugement – un homme a beaucoup plus de raisons que dans toute autre activité humaine de s'écarter du chemin qu'il s'est choisi et d'être déconcerté par lui-même ou par les autres.

La vue déchirante des périls et des souffrances donne facilement plus de poids aux sentiments qu'aux convictions intellectuelles. Il est tellement difficile de discerner clairement et profondément ce qui se trouve noyé dans cette lumière crépusculaire, qu'un changement de jugement devient plus excusable et plus compréhensible. Ce n'est jamais qu'en pressentant et en devinant la vérité que l'on fonde son action. C'est pourquoi les divergences de vues ne sont nulle part aussi affirmées qu'à la guerre, où le flux torrentiel des impressions contrarie sans cesse nos convictions. Ces impressions sont si fortes et si vives, dans leur assaut combiné contre l'esprit et la sensibilité, que même le plus flegmatique des hommes aura grand mal à s'en protéger.

Seuls les idées et les principes généraux, qui dirigent l'action depuis un point de vue *supérieur,* peuvent être le fruit d'un entendement lucide et profond ; ils serviront de point d'ancrage à l'opinion sur les cas précis qui se présentent. Mais la difficulté consiste justement à s'en tenir aux résultats de cette réflexion antérieure, contre le flux des opinions et des impressions suscité par le présent. Entre le cas particulier et le principe s'ouvre souvent un vaste espace que l'on ne parvient pas toujours à combler par des enchaînements logiques évidents ; une certaine confiance en soi est alors nécessaire, un certain scepticisme est salutaire. Ici, la seule aide provient souvent d'un principe souverain qui, situé en dehors de la réflexion elle-même, maîtrise le cours de la pensée. Ce principe consiste, dans tous les cas douteux, *à persister fermement dans son opinion première, et à n'y renoncer que sous la contrainte d'une conviction claire.* Il faut croire solidement à la vérité supérieure des principes éprouvés et ne pas oublier que *dans leur vivacité* les impressions momentanées détiennent une vérité d'un caractère inférieur. Grâce à cette prérogative que nous accordons dans les cas douteux à nos convictions antérieures, grâce à la fermeté avec laquelle nous nous y tenons, notre action acquiert cette stabilité et cette continuité que l'on nomme caractère.

On comprend facilement à quel point l'équilibre du tempérament favorise la force de caractère ; aussi les hommes d'une grande force d'âme ont-ils la plupart du temps beaucoup de caractère.

La force de caractère nous conduit à en examiner une forme abâtardie, à savoir *l'obstination.*

Il est souvent très difficile de dire concrètement où commence l'une et où finit l'autre ; en revanche, la différence abstraite entre les deux ne semble pas difficile à établir.

L'obstination *n'est pas un défaut intellectuel.* Ce terme désigne le refus de se soumettre à une meilleure compréhension des choses. On ne peut donc, sans contradiction, attribuer ce refus à l'intelligence, qui est précisément la faculté de compréhension. L'obstination *est un défaut du tempérament.* Cette inflexibilité de la volonté, cette intolérance envers les objections ne relèvent que d'une forme particulière *d'amour-propre*, qui place au-dessus de tout *la satisfaction de régner sur soi et sur les autres par la seule activité de son propre esprit.* Nous pourrions y voir une forme de vanité, si ce n'était malgré tout quelque chose de mieux ; la vanité se satisfait de l'apparence, tandis que l'obstination tire satisfaction de la réalité.

Nous pouvons donc dire ceci : la force de caractère devient obstination dès que la résistance au jugement d'autrui ne résulte ni d'une conviction mieux fondée, ni de la foi en un principe supérieur, mais d'un *sentiment d'opposition.* Si cette définition ne nous aide pas beaucoup dans la pratique (comme nous l'avons déjà concédé) elle empêchera toutefois de prendre l'obstination pour une *simple intensification* de la force de caractère. Elle est en effet quelque chose d'essentiellement différent, certes contigu, mais qui correspond si peu à son intensification que par manque d'intelligence beaucoup d'hommes très obstinés manquent de force de caractère.

Après avoir appris à reconnaître le grand chef de guerre à la virtuosité avec laquelle il emploie ces qualités, où le tempérament et l'intelligence agissent conjointement, nous en arrivons maintenant à une particularité de l'activité militaire. Bien qu'elle ne soit pas la plus importante et qu'elle ne fasse appel qu'à la capacité intellectuelle, sans mobiliser la force de caractère, il faut peut-être la considérer comme la plus forte. Il s'agit de la relation que la guerre entretient avec le terrain et le pays.

Cette relation a pour qualité première d'être *permanente*, si bien qu'il est absolument inconcevable qu'une armée organisée mène une action militaire autrement que dans un espace déterminé. Elle est en second lieu *d'une importance décisive*, car elle modifie les effets de toutes les forces, et les change parfois totalement. Enfin, elle peut tout aussi bien porter sur *les traits les plus minimes d'une localité*, qu'embrasser *les plus vastes étendues*.

De la sorte, ce rapport entre la guerre, le terrain et le pays confère à l'activité militaire un caractère tout à fait particulier. Si l'on pense aux autres activités humaines qui sont également fondées sur une relation avec le milieu – l'horticulture, l'agriculture, le bâtiment, les ouvrages hydrauliques, les mines, la chasse, l'exploitation forestière – on constate qu'elles sont toutes circonscrites à des espaces très limités, faciles à explorer rapidement avec une exactitude suffisante. Le chef de guerre doit en revanche soumettre son activité à un espace qui y collabore, un espace que son regard ne peut embrasser, que le zèle le plus empressé ne peut pas toujours explorer, et dont il acquiert rarement une véritable connaissance du fait des changements continuels. Il est vrai que l'adversaire est généralement dans le même cas. Mais la difficulté, même commune, n'en demeure pas moins une difficulté, et celui qui arrivera à la dominer par son talent ou son entraînement disposera d'un avantage considérable. De plus, cette difficulté n'est partagée que de façon générale, et nullement dans le cas particulier où l'un des deux combattants (le défenseur) connaît habituellement bien mieux le terrain que l'autre.

Pour vaincre cette difficulté très particulière, il faut une disposition d'esprit toute particulière, à laquelle on donne le nom trop réducteur de *sens de l'orientation*. C'est la faculté de *se faire rapidement de tout terrain une représentation géométrique exacte*, et par conséquent de s'y retrouver facilement à chaque fois. C'est là manifestement une démarche de l'imagination. Certes, cette perception se fait en partie grâce à l'œil corporel, en partie grâce à l'entendement qui, avec ses vues fondées sur la science et l'expérience, complète ce qui manque et construit une vision d'ensemble à partir des fragments fournis par le regard corporel. Mais pour que l'âme voie devant elle un ensemble vivant, une image, une carte tracée mentalement, pour que cette image soit durable, que les détails ne se disloquent pas sans cesse, il faut *cette faculté mentale que l'on nomme l'imagination*. Si quelque poète ou peintre de génie se sent blessé de nous voir attribuer une telle fonction à sa déesse, s'il hausse les épaules à l'idée qu'un valet de chasse dégourdi serait alors doué d'une imagination remarquable, nous voulons bien lui concéder que ce n'est là qu'un emploi très limité de l'imagination, où elle est véritablement réduite en esclavage. Mais si insignifiant que soit son usage, la présence de cette force naturelle est pourtant nécessaire ; car si l'imagination faisait complètement défaut, il serait très difficile de se représenter clairement les choses et de percevoir la cohésion de leur formes. Nous concédons volontiers qu'une bonne mémoire est pour cela d'un grand secours. Mais la mémoire doit-elle alors être considérée comme une force de l'âme autonome, ou bien est-ce précisément grâce à cette faculté de se faire une image que les choses se fixent mieux dans la mémoire ? Nous devons laisser cette question sans réponse, d'autant qu'il semble très difficile de penser que ces deux facultés puissent aller l'une sans l'autre.

Il est indéniable que l'entraînement et le discernement interviennent énormément. Puységur[1], le fameux quartier-maître général du célèbre Luxembourg[2], raconte qu'au début de sa carrière il se fiait peu à son propre sens de l'orientation, car il avait remarqué que, lorsqu'il devait aller loin pour chercher le mot de passe, il se perdait à chaque fois.

L'usage de ce talent s'accroît naturellement avec le grade. Pour conduire une patrouille, le hussard et le chasseur doivent savoir se retrouver facilement par monts et par vaux, ce qui nécessite juste quelques indices fournis par une capacité restreinte de conception et de représentation. Le général, lui, doit s'élever jusqu'à la géographie générale d'une province et d'un pays, il doit constamment avoir devant les yeux l'image vivante du tracé des routes, des fleuves et des montagnes, sans pouvoir pour autant se passer du sens de l'orientation limité évoqué ci-dessus. Les renseignements de toutes sortes, les cartes, les livres, les mémoires, lui seront certes d'un grand secours pour

1. Jacques-François de Chastenet, marquis de Puységur (1656-1743). Il prit part aux campagnes de Flandres et d'Allemagne (1689-1703), servit en Espagne. Membre du Conseil de la guerre (1715), commandant en chef de l'armée des Flandres, il reçut le bâton de maréchal en 1734. Il est l'auteur de *L'Art de la guerre par principes et par règles* (Paris, 1748). *(N.d.T.)*

2. François-Henri de Montmorency-Bouteville, duc de Luxembourg (1628-1695). Il fit carrière au côté du Grand Condé, prit en 1672 le commandement de l'armée de Hollande, et fut nommé maréchal de France en 1675. Après l'affaire des poisons et son embastillement, il commanda l'armée des Flandres et remporta une série de victoires dont celle de Neerwinden (1693) où il enleva tant de drapeaux à l'ennemi qu'il fut surnommé par Conti « le tapissier de Notre-Dame ». *(N.d.T.)*

les grandes lignes, et son entourage l'assistera pour les détails. Mais il est certain que le grand talent de se faire une idée rapide et claire du terrain donnera à son action plus de souplesse et de fermeté, le protégera contre une certaine maladresse intérieure et le rendra moins dépendant des autres.

Cette faculté a été attribuée à l'imagination ; c'est en effet le seul service que l'activité militaire demande à cette déesse turbulente, qui lui est d'ailleurs plutôt nuisible qu'utile.

Nous pensons avoir pris en considération toutes les manifestations des forces intellectuelles et morales que l'activité militaire exige de la nature humaine. L'entendement apparaît partout comme une puissance dont la collaboration est essentielle. On comprendra alors pourquoi l'acte guerrier, qui se traduit par des phénomènes si simples et si peu complexes, ne saurait être accompli de façon remarquable par des individus dont les capacités intellectuelles ne seraient pas elles-mêmes remarquables.

Une fois cette idée acquise, on ne peut plus attribuer à un effort intellectuel considérable une opération simple mille fois répétée, comme le contournement d'une position ennemie, ou cent autres du même type.

Il est vrai que l'on a l'habitude d'opposer le simple et valeureux soldat aux esprits méditatifs, aux cerveaux créateurs et foisonnants d'idées, et aux intelligences brillantes parées des atours de la culture. Même si cette opposition n'est pas dénuée de fondement, elle ne prouve pas que le courage suffise à faire un bon soldat, et qu'une certaine forme d'activité et de capacité mentale ne soit pas nécessaire pour n'être qu'une « bonne épée ». Revenons toujours à ces multiples exemples d'hommes qui perdent leur énergie dès qu'ils accèdent à des grades supérieurs, leurs vues ne se sont pas élevées avec leur rang. Mais n'oublions pas que nous parlons d'actes exceptionnels, d'exploits qui procurent le renom dans le domaine d'activité où ils sont réalisés. Dans celui de la guerre, à chaque échelon du commandement correspond donc un niveau particulier d'intelligence nécessaire, de gloire et d'honneur.

Un abîme profond sépare le chef suprême – le général placé à la tête d'une guerre entière ou d'un théâtre de guerre – du commandant situé immédiatement sous ses ordres ; pour la simple raison que ce dernier est bien plus près de ce qu'il doit diriger et superviser, ce qui restreint donc beaucoup le cercle de sa propre activité intellectuelle. C'est pourquoi l'opinion commune ne voit d'esprit éminent qu'à ce poste suprême, et croit qu'une intelligence moyenne suffit à tous les rangs inférieurs. Oui, on est tenté de voir comme l'image d'un certain abêtissement le lieutenant général blanchi sous le harnois, que sa mission limitée a conduit à une pauvreté intellectuelle indéniable ; celle-ci peut prêter à sourire même si l'on respecte son courage. Nous n'avons pas l'intention d'obtenir de haute lutte un sort meilleur pour ces braves gens ; cela ne les rendrait pas plus efficaces et guère plus heureux. Nous voulons seulement montrer les choses telles qu'elles sont, et mettre en garde contre l'erreur de croire qu'à la guerre un bretteur écervelé peut accomplir des exploits.

Si nous exigeons, même aux postes de commandement inférieurs, d'excellentes capacités intellectuelles chez ceux qui doivent y briller, et si ces capacités doivent augmenter à mesure qu'ils montent en grade, cela nous conduit naturellement à une tout autre opinion sur les personnes qui occupent *avec éclat* les postes de second rang dans une armée. Leur apparente simplicité par rapport à l'érudit, à l'homme d'affaires qui manie la plume, à l'homme d'État en conférence, ne doit pas nous abuser quant à la nature remarquable de leur intelligence pratique. Bien sûr, il arrive parfois que des hommes conservent dans les postes supérieurs la gloire qu'ils ont acquise à des postes inférieurs, sans la mériter vraiment dans leur fonction présente. S'ils ne sont pas trop sollicités, ils ne risquent pas de voir leurs lacunes mises au jour et ainsi l'opinion ne cherchera pas à distinguer avec précision quelle gloire leur est due. Ces hommes contribuent donc souvent à la piètre idée que l'on se fait de la façon dont une personnalité peut encore briller à certains postes.

Du grade le plus bas jusqu'au plus élevé, les exploits militaires exceptionnels vont donc de pair avec un génie particulier. Cependant, l'Histoire et le jugement de la postérité ont coutume de réserver l'appellation de génie aux esprits qui ont brillé à la tête des armées, aux généraux en chef. La raison tient au fait que cette fonction exige des capacités intellectuelles et morales très supérieures.

Pour mener brillamment à son terme une guerre entière, ou ses opérations les plus vastes que l'on nomme campagnes, il faut une grande intelligence des plus hautes données politiques de l'État. La conduite de la guerre et la politique convergent ici, et le général devient en même temps homme d'État.

On ne qualifie pas Charles XII[1] de grand génie, car il ne sut pas soumettre l'efficacité de ses armes à un discernement et à une sagesse supérieurs, et ne parvint donc

1. Roi de Suède (1682-1718). Il combattit les Danois, Pierre le Grand et Auguste II de Pologne. Son invasion de la Russie fut désastreuse (1707-1709). *(N.d.T.)*

jamais à atteindre grâce à elles des objectifs éclatants. On n'accorde pas non plus ce titre à Henri IV[1], car il ne vécut pas assez longtemps pour faire peser son efficacité militaire sur la situation politique de plusieurs États, et s'essayer dans cette sphère supérieure où la noblesse des sentiments et une nature chevaleresque n'ont pas autant de pouvoir sur l'adversaire que lors d'une guerre civile.

Pour faire sentir tout ce qu'un général doit mesurer et comprendre d'un seul coup d'œil, nous renvoyons à notre premier chapitre. Nous avons dit que le général devient homme d'État ; mais il ne doit pas cesser d'être homme de guerre. D'un côté, son regard embrasse toutes les relations politiques ; de l'autre, il sait parfaitement ce qu'il peut accomplir avec les moyens qu'il possède.

La multiplicité et l'imprécision de tous les rapports intègrent dans la réflexion une foule de données, dont la plupart ne peuvent être évaluées que par les lois de la probabilité. Si le général ne saisit pas tout cela avec un esprit qui pressent instinctivement la vérité, il en résultera un enchevêtrement de vues et de considérations d'où son jugement ne pourra même plus se dégager. En ce sens, Bonaparte a dit fort justement que bien des décisions qui incombent au général pourraient constituer des problèmes mathématiques dignes d'un Newton et d'un Euler.

Ce que l'on exige ici des facultés supérieures de l'esprit, c'est l'unité et le jugement ; jugement élevé jusqu'à un prodigieux regard de l'esprit, effleurant et écartant dans son vol des milliers d'idées claires-obscures qu'une intelligence ordinaire se serait épuisée à amener péniblement en pleine lumière. Mais cette activité supérieure de l'esprit, ce regard du génie, ne deviendrait pas phéno-

1. Henri de Navarre, roi de France (1553-1610). *(N.d.T.)*

mène historique sans le soutien des qualités de tempérament et de caractère que nous avons analysées.

La vérité en elle-même est pour l'homme une motivation extrêmement faible. C'est pourquoi il y a toujours une grande différence entre savoir et vouloir, entre connaître et pouvoir. Le motif le plus fort qui pousse l'homme à agir passe toujours par les sentiments ; et le renfort le plus puissant, si l'on peut dire, par cette fusion de l'esprit et du cœur que nous avons identifiée dans la résolution, la fermeté, la persévérance et la force de caractère.

Si d'ailleurs cette activité supérieure de l'entendement et du tempérament chez le général était admise *a priori*, sans se manifester dans le résultat final de son acte, elle s'inscrirait rarement dans l'Histoire.

Or, ce que l'on connaît du cours des événements militaires est habituellement très simple ; ils se ressemblent beaucoup, et quiconque s'en tient à leur simple récit n'aperçoit pas les difficultés qu'il a fallu surmonter. De temps à autre seulement, dans les mémoires d'un général ou de l'un de ses confidents, ou à l'occasion d'une recherche historique particulièrement poussée sur un événement précis, quelques-uns des nombreux fils qui tissent la trame de la guerre apparaissent à la lumière du jour. La plupart des réflexions et des dilemmes qui précèdent une opération importante sont intentionnellement dissimulés, parce qu'ils touchent à des intérêts politiques, ou parce qu'ils tombent par hasard dans l'oubli, relégués au rang de simples échafaudages qu'il faut faire disparaître une fois l'édifice achevé.

Supposons enfin – sans nous risquer à définir plus précisément les forces supérieures de l'âme – que nous admettons les distinctions entre les facultés intellectuelles fixées dans la langue et dans les représentations courantes ; si nous nous demandons alors quelle sorte d'intelligence correspond le plus au génie martial, l'expérience et l'investigation nous diront que c'est davantage celle qui scrute que celle qui crée, celle qui embrasse plutôt que celle qui dissèque, que c'est davantage aux têtes froides qu'aux têtes chaudes que l'on confiera le salut de nos frères et de nos enfants, l'honneur et la sécurité de notre patrie.

Chapitre 4
Du danger dans la guerre

L'idée que l'on se fait d'habitude du danger avant de l'avoir connu est plutôt attirante que repoussante. Dans l'ivresse de l'enthousiasme, fondre sur l'ennemi au pas de charge – qui compte les boulets et les hommes qui tombent sous les balles – en fermant les yeux quelques instants pour se jeter au-devant de la mort glacée, sans savoir si soi-même ou d'autres lui échapperont – et tout cela si près de l'or de la victoire, si près de ce fruit délectable dont l'ambition a soif – est-ce donc si difficile ? Ce n'est pas difficile, et l'apparence l'est encore moins que la réalité. Mais ces instants, contrairement à ce que l'on pense, ne sont pas l'œuvre d'un battement de cœur ; ils doivent être bus comme des mixtures pharmaceutiques, diluées et frelatées par le temps – de tels instants, disons-nous, sont rares.

Accompagnons le novice sur le champ de bataille. Lorsque nous nous en rapprochons, le tonnerre des canons, toujours plus distinct, se mêle au hurlement des balles qui frappe l'attention du néophyte. L'impact des projectiles commence à s'approcher de nous, devant, derrière. Nous gravissons en hâte la colline où se tiennent le général et son nombreux état-major. Les boulets éclatent, les grenades explosent, si proches, à une telle cadence que la gravité de la vie transperce alors l'image formée dans les rêves de la jeunesse. Soudain, un camarade s'effondre – une grenade tombe dans le détachement et soulève un mouvement de foule involontaire – on commence à se sentir moins calme, à perdre possession de soi ; même le plus brave est pour le moins désemparé. Maintenant, un pas pour entrer dans la bataille qui fait rage devant nous – elle ressemble encore presque à une pièce de théâtre – et rejoindre le général de division le plus proche ; ici les balles succèdent aux balles, et le vacarme de notre propre artillerie accroît notre trouble. On passe du général de division au général de brigade. Celui-ci, connu pour son courage, se tient prudemment derrière une butte, une maison ou quelques arbres ; indice certain que le danger grandit. Les cartouches crépitent sur les toits et dans les champs, les boulets de canons vrombissent en tous sens, nous survolent, nous enserrent, et voici le sifflement répété des balles de fusil. Encore un pas vers les troupes, vers l'infanterie qui tient depuis des heures sous le feu du combat avec une indescriptible fermeté. L'air ici est saturé de balles stridentes, qui s'annoncent par ce bruit bref et aigu avec lequel elles frôlent l'oreille, la tête et l'âme. Pour comble, à la vue des mutilés et des mourants, la compassion assène des coups affligeants à notre cœur qui palpite.

Un novice ne traversera pas ces différentes strates du danger sans percevoir que la lumière de la pensée évolue ici dans un autre milieu et se divise en d'autres rayons que dans son activité spéculative. Oui, il faudrait être un homme vraiment hors du commun pour ne pas perdre, dans ces premières impressions, la faculté de se décider instantanément. Il est vrai que l'habitude émousse très vite ces sensations ; en l'espace d'une demi-heure, nous commençons à devenir, selon le tempérament de chacun, plus ou moins impassibles envers tout ce qui nous entoure. Mais un homme ordinaire n'atteint jamais le détachement parfait et l'élasticité naturelle de l'âme – on reconnaît ici encore que les capacités ordinaires ne suffisent pas ; ceci est d'autant plus vrai à mesure que s'élargit le rayon d'action qu'il faut couvrir. Une bravoure enthousiaste, stoïque, innée, une ambition impérieuse ou une longue familiarité avec le danger, il faut beaucoup de tout cela pour que l'action, dans ce milieu où tout est plus difficile, ne demeure pas en deçà de ce qui semble ordinaire quand on l'étudie en chambre.

Le danger dans la guerre relève du phénomène de friction. Il est essentiel d'en avoir une idée juste, c'est pourquoi nous en faisons mention ici.

Chapitre 5
De l'effort physique dans la guerre

Si l'on ne portait de jugements sur les événements militaires que dans les moments où l'on est paralysé par le froid, où l'on meurt de chaleur et de soif, abattu par les privations et la fatigue, bien peu de ces jugements seraient réellement objectifs ; mais ils auraient au moins le mérite d'être subjectifs, c'est-à-dire de renfermer exactement le rapport entre celui qui porte le jugement et ce qui en fait l'objet. Il suffit pour cela de voir à quel point les témoins oculaires de situations désastreuses les déprécient, les jugent de façon mesquine et lâche, surtout s'ils furent au cœur de l'événement. Selon nous, c'est là une mesure de l'influence exercée par l'effort physique et un indice de son importance dans le processus du jugement.

Parmi les nombreux éléments non mesurables de la guerre, le principal est l'effort physique. À condition de ne pas être gaspillé, il est un coefficient de toutes les forces, et personne ne peut dire exactement jusqu'où il peut être poussé. Mais il y a quelque chose de remarquable : si l'archer tend la corde de son arc avec plus d'énergie grâce à la seule vigueur de son bras, de même seul un esprit vigoureux pourra tendre les forces de son armée au-delà de leur tension normale. Car c'est une chose qu'une armée entourée de dangers, qui vient de subir de grands revers, qui se décompose comme une muraille qui s'écroule, et ne peut trouver son salut que dans l'extrême tension de ses forces physiques. Mais c'est autre chose qu'une armée victorieuse, entraînée par un sentiment de fierté et conduite par le bon plaisir de son général. Le même effort, qui dans le premier cas peut tout au plus susciter notre compassion, doit nous remplir d'admiration dans le second, car il y est bien plus difficile à obtenir.

L'œil inexpérimenté voit donc apparaître à la lumière l'un des facteurs qui enchaînent dans l'obscurité les mouvements de l'esprit et dévorent en secret les forces de l'âme.

Bien qu'il ne s'agisse ici précisément que de l'effort que le général impose à son armée et le chef à ses subordonnés, donc du courage pour l'exiger et de l'art de le maintenir, il ne faut cependant pas négliger l'effort physique du chef et du général lui-même. Après avoir poussé consciencieusement l'analyse de la guerre jusqu'ici, nous devons prendre aussi en considération le poids de ces scories.

S'il est ici question de l'effort physique comme d'une chose capitale, c'est parce qu'il appartient, comme le danger, aux causes fondamentales de friction et parce que sa mesure incertaine le rend semblable aux corps élastiques, dont on sait que le frottement est difficile à calculer.

Pour éviter les abus issus de ces considérations, de cette estimation des conditions qui aggravent la guerre, la nature a confié à notre sensibilité la conduite de notre jugement. Un individu insulté et brutalisé n'a aucun avantage à alléguer son imperfection personnelle, mais il pourra tout à fait l'invoquer s'il retourne bien l'outrage ou s'il se venge brillamment. De même, aucun général ni aucune armée n'effacera la marque d'une défaite outrageante en dépeignant les dangers, la détresse et l'effort, alors que ceux-ci rehausseraient infiniment l'éclat d'une victoire. *Notre sentiment* nous interdit donc l'équité apparente vers laquelle nous pousserait notre jugement, si bien que le sentiment se révèle être un jugement supérieur.

Chapitre 6
Les renseignements dans la guerre

Nous désignons sous le terme de renseignements l'ensemble de la connaissance que l'on a de l'ennemi et de son pays, donc le fondement de tous nos projets et de toutes nos opérations. Que l'on considère un instant la nature de ce fondement, son incertitude et son instabilité, et l'on sentira vite à quel point l'édifice de la guerre est fragile, dangereux, et avec quelle facilité il peut s'écrouler et nous ensevelir sous ses décombres. Tous les manuels répètent bien que l'on ne doit se fier qu'aux renseignements sûrs, que l'on ne doit jamais se départir de sa méfiance. Mais c'est un pitoyable réconfort livresque, qui relève de cette sorte de sagesse à laquelle ont recours, faute de mieux, les auteurs de systèmes et de compendiums.

Une grande part des renseignements que l'on reçoit en temps de guerre est contradictoire, une part plus grande encore est fausse et la majorité est de loin passablement douteuse. Ce que l'on peut alors exiger d'un officier, c'est un certain discernement, que seuls procurent la compétence, la psychologie et le jugement. La loi des probabilités doit le guider. Cette difficulté n'est déjà pas négligeable au moment des premiers plans élaborés en chambre, en dehors de la sphère de la guerre proprement dite, mais elle est infiniment plus grande dans la mêlée de la guerre elle-même où un renseignement bouscule l'autre ; c'est alors une chance si un certain équilibre naît de leur contradiction et s'ils suscitent d'eux-mêmes la critique. Pour celui qui n'en a pas l'expérience, la situation est bien pire quand le hasard ne lui rend pas ce service mais qu'un renseignement en appuie un autre, le confirme, l'amplifie, quand le tableau se compose de ces touches de couleurs toujours nouvelles, jusqu'à ce que la nécessité le pousse en toute hâte à une décision qui se révèle bientôt être une folie, au même titre que tous ces renseignements étaient mensonges, exagérations, erreurs, etc. En un mot, la plupart des renseignements sont faux, et la pusillanimité des hommes donne une force nouvelle au mensonge et à la contrevérité. En règle générale, chacun est enclin à croire les mauvaises nouvelles plutôt que les bonnes. Tout le monde a tendance à exagérer un peu ce qui va mal, et les dangers qui sont ainsi rapportés sont comme les vagues de la mer, refluant sur elles-mêmes et revenant toujours, sans raison apparente. Le chef doit avoir une confiance inébranlable en sa conviction intérieure et se dresser comme le roc sur lequel la vague se brise. Le rôle est difficile. Celui qui n'est pas doué d'un naturel optimiste, que l'expérience militaire n'a pas aguerri et affermi dans son jugement doit prendre pour règle de se forcer à pencher du côté de ses espoirs plutôt que du côté de ses craintes, en dépit de son intime conviction. C'est seulement de cette manière qu'il rétablira un véritable équilibre. *Voir exactement* cette difficulté, qui constitue l'une des plus importantes frictions de la guerre, donne une vision des choses complètement différente de celle que l'on avait imaginée. Les impressions des sens sont plus fortes que les calculs de l'intelligence réflexive. Au point qu'une opération un tant soit peu importante n'a jamais été conduite sans que le commandant n'ait dû triompher de nouveaux doutes au début de son exécution. C'est pourquoi les hommes ordinaires, qui suivent les suggestions d'autrui, sont presque toujours frappés de perplexité devant les faits. Ils se croient confrontés à une situation différente de celle qu'ils avaient imaginée, d'autant plus qu'ils se soumettent encore à l'avis des autres. Or, même celui qui a lui-même échafaudé son plan est facilement déconcerté par rapport à sa conviction première lorsqu'il le voit de ses propres yeux. Il doit s'armer d'une confiance inébranlable en lui-même pour repousser l'assaut apparent du moment. Sa conviction antérieure se vérifiera dans le développement de l'action, quand disparaîtront les décors intercalés par le destin à l'avant-scène de la guerre avec leur peinture outrée du danger, et quand l'horizon se sera élargi. Tel est l'un des plus profonds abîmes qui séparent le *projet* de son *exécution*.

Chapitre 7
La friction dans la guerre

Tant que l'on n'a pas vécu soi-même la guerre, on ne saisit pas en quoi consistent les difficultés dont il est toujours question, ni vraiment ce que viennent y faire le génie et la puissance intellectuelle extraordinaire que l'on exige du général. Tout semble si simple, toutes les connaissances nécessaires semblent si plates, toutes les combinaisons si insignifiantes qu'en comparaison le problème le plus élémentaire de mathématiques supérieures nous en impose par une certaine dignité scientifique. Mais lorsqu'on a vu la guerre, tout devient clair. Et pourtant, il est extrêmement difficile de décrire ce qui suscite ce changement, de nommer ce facteur invisible qui agit partout.

Tout est très simple dans la guerre, mais les choses les plus simples sont difficiles. Ces difficultés s'accumulent et produisent une friction dont celui qui n'a pas vu la guerre ne peut se faire une idée juste. Imaginons un voyageur qui, à la fin de sa journée, veut encore atteindre deux relais avant la nuit : quatre ou cinq heures sur la grand-route avec des chevaux de poste, ce n'est rien. Mais à son arrivée à l'avant-dernier relais, il ne trouve pas de chevaux, ou seulement des mauvais ; puis une contrée montagneuse, des chemins défoncés, il fait nuit noire, et le voyageur est content d'avoir atteint à grand-peine le relais suivant et d'y trouver un mauvais gîte. Ainsi dans la guerre tout est revu à la baisse sous l'influence d'innombrables petits détails, qu'on ne peut jamais prendre dûment en considération sur le papier, si bien que l'on reste très en deçà de l'objectif. Une volonté de fer, puissante, surmonte cette friction ; elle broie les obstacles, mais elle pulvérise la machine en même temps. Nous y reviendrons à plusieurs reprises. Comme un obélisque, vers lequel convergent les avenues d'une ville, la ferme volonté d'un esprit fier se dresse dans son impérieuse supériorité au centre de l'art de la guerre.

La friction est le seul concept qui corresponde à peu près à ce qui distingue la guerre réelle de la guerre sur le papier. La machine militaire – l'armée et tout ce qui en fait partie – est au fond très simple et paraît par conséquent facile à manier. Mais il ne faut pas oublier qu'aucune de ses parties n'est faite d'une seule pièce, que tout est composé d'individus, dont chacun conserve sa propre friction, prête à s'exercer dans toutes les directions. En théorie, tout cela sonne très bien : le chef du bataillon est responsable de l'exécution de l'ordre qu'il a reçu ; comme le bataillon est soudé en un seul bloc par la discipline, et que le chef est un homme au zèle reconnu, la friction de la poutre autour de son axe d'acier est minime. Mais il n'en est pas ainsi dans la réalité, et la guerre révèle immédiatement tout ce que cette représentation a d'excessif et de faux. Le bataillon reste toujours composé d'un certain nombre d'hommes dont le plus insignifiant peut, au gré du hasard, arrêter ou même dérégler la machine. Les dangers que la guerre comporte, les efforts physiques qu'elle exige aggravent tellement le mal qu'il faut les considérer comme ses causes principales.

Cette friction épouvantable, qu'il est impossible de concentrer sur quelques points comme en mécanique, est donc partout en contact avec le hasard. Elle suscite alors des phénomènes absolument imprévisibles, précisément parce qu'ils appartiennent en grande partie au hasard. Le temps, par exemple, en est un. Ici, le brouillard empêche qu'on détecte l'ennemi à temps, qu'un canon face feu au bon moment, qu'un rapport atteigne l'officier responsable ; là, la pluie empêche un bataillon d'arriver, un autre de le faire en temps voulu parce qu'il a dû marcher huit heures au lieu de trois, elle contrecarre la charge de la cavalerie parce que celle-ci s'embourbe, etc.

Ces quelques détails ne prétendent qu'à clarifier notre propos, ainsi auteur et lecteur ne s'écartent pas du sujet, mais ces difficultés pourraient remplir des volumes entiers. Afin d'éviter cela et pour donner cependant une idée précise des petites difficultés que la guerre oblige à vaincre, il faudrait les illustrer par tant d'exemples, que nous craindrions de lasser le lecteur. Quant à ceux qui nous ont compris depuis longtemps, ils apprécieront tout de même ceux que nous venons de citer.

L'action militaire est un mouvement dans un milieu résistant. Pas plus qu'il n'est possible d'exécuter dans l'eau, avec facilité et précision, un mouvement aussi simple et aussi naturel que la marche, il est impossible dans la guerre de se maintenir ne serait-ce qu'à un niveau moyen avec des forces ordinaires. Voilà pourquoi le vrai théoricien ressemble au maître nageur qui fait pratiquer sur la terre ferme des mouvements qui paraissent grotesques et exagérés à ceux qui oublient qu'ils doivent être exécutés dans l'eau. Voilà aussi pourquoi les théoriciens qui n'ont jamais fait eux-mêmes le plongeon, ou qui n'ont su tirer de leurs expériences aucune idée générale, sont inutiles et même absurdes, car ils se bornent à enseigner ce que chacun sait déjà : la marche.

En outre, toute guerre est riche en phénomènes particuliers. Par conséquent, chacune est une mer inexplorée, hérissée d'écueils que l'esprit du général peut pressentir, mais que ses yeux n'ont jamais vus et qu'il doit doubler en pleine nuit. Qu'un vent contraire se lève, autrement dit qu'un grand hasard se déclare contre lui, et il lui faudra alors faire preuve d'un art suprême, de présence d'esprit et d'efforts, là où tout semble aller de soi pour qui voit les choses de loin. La connaissance de cette friction est une composante majeure de l'expérience de la guerre tant vantée que l'on exige d'un bon général. Assurément, le meilleur général n'est pas celui qui se fait de la friction l'idée la plus grande et la plus intimidante (d'où cette catégorie de généraux anxieux que l'on trouve si fréquemment parmi les plus expérimentés). Mais le général doit la connaître, pour la surmonter quand c'est possible, et pour ne pas s'attendre à trouver dans ses opérations une précision que cette friction rend précisément impossible. On n'en aura d'ailleurs jamais une connaissance théorique parfaite, et quand bien même on y parviendrait, il manquerait toujours cette pratique du jugement que l'on appelle le tact. Dans un domaine rempli de détails multiples et minimes, cette appréciation intuitive de ce qu'il faut faire est bien plus nécessaire que dans les situations de grandes décisions, où l'on tient conseil avec soi-même et les autres. C'est uniquement grâce à son tact, devenu chez lui une habitude, que l'homme du monde parle, agit et se meut toujours comme il faut. De même, seul l'officier expérimenté prendra toujours, dans les grands événements comme dans les petits, dans chaque pulsation de la guerre, en quelque sorte, les résolutions et les décisions appropriées. Par cette expérience et cette pratique, les idées lui viennent d'elles-mêmes : telle chose va, telle autre non. Il sera donc rarement pris en défaut, alors que de fréquentes erreurs d'appréciation sapent la confiance et se révèlent extrêmement dangereuses.

La friction, ou ce que nous appelons ainsi, est donc ce qui rend difficile ce qui paraît facile. Nous reviendrons par la suite souvent sur cette notion. Il apparaîtra alors clairement qu'outre l'expérience et une grande force de volonté, maintes autres qualités de l'esprit sont encore nécessaires pour faire un parfait chef de guerre.

Chapitre 8
Conclusions du premier livre

Avec le danger, les efforts physiques, les renseignements et la friction, nous avons identifié les éléments qui composent l'atmosphère de la guerre et qui en font un milieu résistant à toute activité. La résistance qu'ils produisent permet de les réunir dans le concept commun de friction généralisée. – N'y a-t-il pas cependant une huile pour lubrifier ce frottement ? – Il n'en existe qu'une, qui n'est d'ailleurs pas du ressort de la volonté du général et de la troupe : c'est l'aguerrissement de l'armée.

L'habitude fortifie le corps soumis aux grands efforts, elle trempe l'âme confrontée aux grands dangers, elle soutient le jugement assailli par la première impression. Elle donne à tous, du hussard et du tirailleur jusqu'au général de division, une précieuse circonspection qui facilite l'action du général en chef.

Dans une pièce obscure, l'œil dilate sa pupille pour capter le peu de lumière qui reste, peu à peu il distingue sommairement les choses et finit par s'y reconnaître très bien. Il en va de même pour le soldat aguerri, tandis que le novice affronte une nuit d'encre.

L'aguerrissement est une chose qu'aucun général ne peut donner à son armée. Les manœuvres en temps de paix n'en offrent qu'un faible succédané ; faible comparé à la véritable expérience de la guerre, mais supérieur à ces exercices qui n'inculquent à une armée qu'une habileté mécanique. Organiser les exercices en temps de paix de telle sorte qu'on y trouve une partie de ces objets de friction, que le jugement, la circonspection, et même la résolution des différents commandants soient mis à l'épreuve, voilà qui est d'une importance bien plus grande que ne le croient ceux qui n'ont pas fait l'expérience de la guerre. Il est infiniment important que le soldat, quel que soit son rang, ne découvre pas lors du combat ces phénomènes propres à la guerre, qui surprennent et désorientent la première fois. Même s'il ne les a vus qu'une seule fois, ils lui seront déjà à moitié familiers. Cela concerne même l'effort physique. Il faut s'y exercer, moins pour y habituer le corps que l'esprit. À la guerre, la nouvelle recrue a une forte tendance à prendre les efforts inhabituels pour les conséquences des erreurs, des méprises et de la confusion du commandement suprême, ce qui l'accable doublement. Il n'en sera rien si elle y est déjà préparée par les exercices effectués en temps de paix.

Un autre moyen d'aguerrir les troupes en temps de paix, de moindre ampleur mais pourtant extrêmement important, consiste à enrôler des officiers expérimentés appartenant à des armées étrangères. La paix règne rarement dans toute l'Europe, et la guerre ne s'éteint jamais dans le reste du monde. Un État longtemps en paix devrait donc constamment chercher à faire venir de ces théâtres d'opérations des officiers qui s'y sont distingués, ou à y détacher quelques-uns des siens pour qu'ils s'initient à la guerre.

Si insignifiant que puisse paraître le nombre de ces officiers par rapport à la masse d'une armée, leur influence est néanmoins très sensible. Leur expérience, leur orientation d'esprit, la formation de leur caractère agissent sur leurs subordonnés et sur leurs camarades et, même s'ils ne peuvent être placés à un poste de commandement, il faut les considérer comme des experts en la matière que l'on peut consulter en bien des cas.

LIVRE DEUXIÈME

Sur la théorie de la guerre

Chapitre 1
Classification de l'art de la guerre

La guerre au sens propre est combat ; car le combat est le seul principe agissant de l'activité multiple à laquelle on donne, au sens large, le nom de guerre. Le combat consiste à mesurer ses forces morales et physiques au moyen de ces dernières. À l'évidence on ne doit pas en exclure les forces morales, car l'état d'esprit exerce sur les forces physiques l'influence la plus décisive.

Les besoins de la lutte amenèrent très tôt les hommes à des inventions spéciales, destinées à leur assurer l'avantage, et cela transforma profondément le combat. Mais quelle que soit sa forme, son concept reste inchangé, et c'est bien lui qui constitue la guerre.

Les premières inventions furent les armes et l'équipement des guerriers. Il fallait les fabriquer et s'y exercer avant le combat. La nature de celui-ci déterminait leur conception et elles devaient donc se conformer à ses lois. Cette activité diffère évidemment du combat lui-même ; elle n'en est que la préparation et non l'exécution. Il est clair que l'armement et l'équipement n'appartiennent pas essentiellement au concept de combat ; en effet, la lutte à mains nues est elle aussi un combat.

Le combat a déterminé la conception des armes et

de l'équipement, qui à leur tour le modifient ; il y a donc interaction entre les deux.

Mais le combat lui-même n'en demeure pas moins une activité tout à fait particulière, d'autant plus qu'il évolue dans un élément très particulier : le danger.

S'il a jamais été nécessaire d'établir une séparation entre des activités différentes, c'est bien ici ; et pour faire clairement comprendre l'importance pratique de cette idée, il suffit de rappeler discrètement que l'homme le plus capable dans un domaine se révèle bien souvent le pédant le plus inutile dans un autre.

Il est d'ailleurs facile de séparer en théorie les deux activités : en considérant les forces de combat armées et équipées comme des moyens *donnés* dont il suffit, pour les employer efficacement, de connaître les effets principaux.

L'art de la guerre, au sens strict, est donc l'art d'utiliser au combat les moyens donnés ; et le nom qui lui convient le mieux est celui de *conduite de la guerre*. En revanche, il est vrai que l'art de la guerre, au sens large, comprend toutes les activités qu'elle suscite, par conséquent toutes celles qui entrent dans la création des forces de combat : le recrutement, l'armement, l'équipement et l'entraînement.

Pour que la théorie soit valide, il est essentiel de séparer ces deux activités. Car, si l'art de la guerre commençait toujours par l'organisation des forces armées et imposait celle-ci à la conduite de la guerre, on conçoit aisément que cet art ne pourrait s'appliquer qu'aux rares cas où les forces armées existantes correspondraient exactement à la situation. En revanche, si l'on veut disposer d'une théorie qui convienne à la grande majorité des cas, et qui ne soit jamais tout à fait inutilisable, il faut la fonder sur la majorité des moyens de combat ordinaires et sur leurs effets essentiels.

La conduite de la guerre consiste donc à organiser et à diriger le combat. Si ce combat était un acte unique, il n'y aurait aucune raison de pousser plus loin la classification. Mais le combat consiste en un nombre plus ou moins grand *d'actes isolés, dont chacun forme un tout*. Comme nous l'avons montré dans le premier chapitre du premier livre, ils sont appelés « engagements » et ils forment de nouvelles unités. Il en découle une activité tout à fait différente : *organiser et conduire* ces engagements et les *coordonner* entre eux en vue de la fin visée par la guerre. Le premier point est la *tactique*, le second la *stratégie*.

La classification en tactique et stratégie est aujourd'hui d'un emploi presque courant, et tout le monde sait avec une quasi-certitude où classer tel ou tel fait, sans pour autant connaître parfaitement la raison de cette classification. Celle-ci est certainement profonde, pour que l'usage obéisse ainsi obscurément à cette classification. Cette raison, nous l'avons recherchée, et il faut reconnaître que c'est précisément l'usage de la majorité qui nous a amené à la trouver. Il est d'ailleurs inutile d'envisager les définitions arbitraires conçues par des auteurs particuliers, car elles ne sont pas tirées de la réalité et l'usage les ignore.

La tactique est donc, selon notre classification, *la théorie de l'emploi des forces armées dans l'engagement* ; la stratégie étant *la théorie de l'emploi des engagements selon la finalité de la guerre*.

Comment définir de manière plus précise le concept de l'engagement unique ou autonome ? Quelles sont les conditions qui déterminent son unité ? Nous ne pourrons le dire clairement que lorsque nous examinerons de plus près l'engagement. Pour le moment, il suffit de dire qu'en ce qui concerne l'espace, c'est-à-dire dans les engagements simultanés, cette unité s'étend aussi loin que *le commandement personnel*. En ce qui concerne le temps, c'est-à-dire dans les engagements successifs et rapprochés, cette unité se prolonge jusqu'à ce que la crise inhérente à tout engagement soit complètement terminée.

Il y a parfois des cas douteux, comme ceux où plusieurs engagements peuvent être éventuellement considérés comme un seul. Cette objection ne doit pas remettre en cause notre classification. Car elle est fondée, comme toutes les taxinomies d'objets réels, sur des distinctions qui procèdent par gradation. Certaines actions peuvent en effet se ranger aussi bien dans la stratégie que dans la tactique, sans déroger à cette classification ; par exemple des positions très étendues qui s'apparentent à des chaînes de postes, l'organisation du passage de certains fleuves, etc.

Notre classification concerne *seulement l'emploi des forces armées* et l'englobe totalement. Or la guerre comporte une multitude d'activités qui la servent mais qui s'en distinguent, tantôt étroitement apparentées, tantôt étrangères. Toutes ces activités concernent *l'entretien des forces armées*. De même que leur levée et leur instruction précèdent leur emploi, leur entretien l'accompagne et en est une condition essentielle. Vues de près, toutes les activités qui s'y rapportent doivent toujours être considérées comme des préparatifs du combat, comme des actions si proches des opérations qu'elles traversent l'acte militaire et alternent avec *l'emploi* des forces. On est donc en droit de les exclure de l'art militaire au sens strict – c'est-à-dire de la conduite de la guerre proprement dite – comme toutes les autres activités préparatoires. On y est même obligé si l'on veut respecter l'objet principal de toute théorie, qui est de *séparer ce qui est dissemblable*. Qui voudrait inclure la chaîne interminable du ravitaillement et de l'administration dans la *véritable conduite de la guerre* pour la seule raison qu'elle entre en interaction constante avec l'emploi des troupes, alors qu'elle est de nature essentiellement différente ?

Dans le deuxième chapitre du premier livre, nous avons écrit que le combat, ou l'engagement, *est défini* comme la seule activité dont l'efficacité est directe ; pour cette raison, disions-nous, il réunit les fils de toutes les autres actions, parce qu'elles y aboutissent. Nous avons voulu dire par là que toutes les autres activités sont ainsi dirigées vers ce but, qu'elles cherchent à atteindre avec leurs propres lois. Il nous faut ici nous étendre davantage sur ce point.

Les objets que visent les activités autres que l'engagement sont de nature très diverse.

Une partie appartient encore, dans un sens, au combat lui-même et lui est identique ; alors que dans un autre sens, ces objets servent à l'entretien des forces armées. L'autre partie appartient uniquement à leur entretien, et n'exerce une influence conditionnelle sur le combat qu'en raison de l'interaction avec son issue.

Ces objets qui font encore partie, à certains égards, du combat lui-même sont les *marches*, les *campements* et les *quartiers*. En effet, ils représentent autant de situations différentes pour les troupes, et l'idée de troupes implique toujours celle d'engagement.

Les autres, ceux qui ne concernent que l'entretien, sont le *ravitaillement*, les *soins infirmiers*, le *réapprovisionnement en armes et en équipement*.

Les marches sont complètement identiques à l'emploi des troupes. La *marche dans l'engagement*, appelée généralement « déploiement », n'est certes pas l'utilisation des armes, mais elle lui est liée de façon si intime et si nécessaire qu'elle fait partie intégrante de ce que l'on nomme « engagement ». La marche en dehors de l'engagement n'est rien d'autre que l'exécution du *plan stratégique*. Ce dernier indique *quand*, *où et avec quelle force armée* un engagement doit être livré, et la marche est le seul moyen de mettre ce plan à exécution.

La marche en dehors de l'engagement est donc un instrument stratégique, mais elle n'en devient pas pour autant un simple objet de la stratégie. L'exécution d'une marche par la force armée représentant à chaque instant un engagement possible, elle est donc soumise à la fois aux lois de la tactique et à celles de la stratégie. Ordonner à une colonne de passer de ce côté-ci d'un fleuve ou d'une montagne est une disposition stratégique, car cela implique l'intention de combattre l'adversaire de ce côté-ci plutôt que de l'autre – si un engagement devenait nécessaire au cours de la marche.

Mais lorsqu'une colonne, au lieu de suivre le fond de la vallée, progresse sur les hauteurs qui l'entourent, ou se scinde en plusieurs petites colonnes pour faciliter le déploiement, il s'agit là de dispositions tactiques, car cela concerne la *manière* dont on veut utiliser les forces armées en cas d'engagement.

L'ordre interne de la marche est en relation constante avec la disponibilité au combat. Il est donc de nature tactique, car il n'est rien d'autre que le premier dispositif provisoire pris en vue d'un engagement possible.

La marche est l'instrument grâce auquel la stratégie déploie ses principes agissants, les engagements. Comme ceux-ci ne pèsent que par leur résultat et non par leur déroulement effectif, les analyses substituent bien souvent l'instrument au principe agissant. On parle alors de marches décisives, savantes, pour désigner, en réalité, des combinaisons d'engagements auxquels ces marches ont conduit. Cette substitution des idées est trop naturelle, et la concision de l'expression trop souhaitable pour les rejeter. Mais ce n'est jamais que le rapprochement de deux idées qui se suivent, et il convient de garder à l'esprit ce qui est propre à chacune si l'on veut éviter les confusions.

C'est commettre une confusion de ce genre que d'attribuer à des combinaisons stratégiques une puissance indépendante des résultats tactiques. On combine marches et manœuvres, on atteint son but, et il n'est question d'aucun engagement ; on en conclut qu'il y a un moyen de battre l'ennemi sans combattre. Nous nous réservons de montrer plus loin les graves conséquences de cette erreur.

Même si la marche peut parfaitement être considérée comme une partie intégrante du combat, certains de ses aspects n'en font pas partie et ne sont donc ni tactiques ni stratégiques. Dans cette catégorie se rangent tous les aménagements qui ne servent qu'à la commodité des troupes, comme la construction des ponts, des routes, etc. Ce sont de simples conditions, qui peuvent en maintes circonstances toucher de très près l'emploi des troupes et en être presque identiques, comme la construction d'un pont sous le regard de l'ennemi ; mais elles demeurent en elles-mêmes des activités étrangères à la conduite de la guerre, et leur théorie n'appartient pas à la théorie de celle-ci.

Par campements nous désignons l'installation des troupes rassemblées et prêtes au combat ; à la différence des quartiers, ils permettent de se reposer, et donc de récupérer, mais ils sont aussi en même temps, par leur emplacement, la détermination stratégique d'un engagement. Par la manière dont ils sont disposés, ils renferment déjà les grandes lignes de l'engagement, condition dont dépend tout combat défensif ; ils sont donc des éléments essentiels de la stratégie et de la tactique.

Les quartiers remplacent les campements pour permettre aux troupes de mieux se revigorer ; ils appartiennent donc également à la stratégie par leur position et leurs dimensions, et à la tactique par leur disposition interne orientée vers la disponibilité au combat.

Outre le repos des troupes, les campements et les quartiers ont en général une autre finalité, par exemple couvrir une région, ou tenir une position ; mais la première finalité peut très bien être la seule. Rappelons ici que les fins poursuivies par la stratégie peuvent être multiples. Car tout ce qui semble offrir un avantage peut devenir l'objectif d'un engagement, et la conservation de l'instrument avec lequel on mène la guerre devient nécessairement et très souvent la finalité des diverses combinaisons stratégiques.

Dans ces cas de figure, où la stratégie sert à la simple conservation des troupes, nous ne nous trouvons pas pour autant dans un autre domaine, nous sommes au contraire toujours dans l'emploi de la force de combat : car toute disposition de celle-ci sur n'importe quel point du théâtre de guerre n'est pas autre chose. Mais lorsque le maintien des troupes dans les campements et les quartiers suscite des activités différentes de l'emploi des forces armées, comme la construction des baraques, le montage des tentes, les services d'intendance et d'hygiène, cela n'appartient ni à la stratégie ni à la tactique.

Même les retranchements, dont la position et l'installation font évidemment partie du dispositif de combat et appartiennent donc à la tactique, n'entrent pourtant pas, en ce qui concerne *leur construction*, dans la théorie de la conduite de la guerre. L'armée qui a reçu une formation doit déjà posséder les connaissances et les compétences requises pour ce type de travaux ; la théorie du combat les présuppose.

Parmi les objets qui relèvent de la pure conservation des forces armées, sans lien direct avec l'engagement, celui qui s'en rapproche le plus est le ravitaillement des troupes, car il est presque quotidien et concerne chaque individu. Il imprègne complètement les composantes stratégiques de l'acte militaire. Il s'agit bien des composantes stratégiques, car il est très rare que le ravitaillement des troupes soit susceptible de modifier les plans au cours d'un engagement isolé, même si le cas demeure concevable. L'interaction la plus importante s'exercera donc entre la stratégie et le ravitaillement des forces armées ; rien n'est plus courant que de voir les considérations relatives à la subsistance influer sur les grandes lignes stratégiques d'un plan de campagne ou de guerre.

Aussi décisives et fréquentes que soient ces considérations, le ravitaillement des troupes demeure une activité essentiellement distincte de leur emploi, et ne rejaillit sur celui-ci que par ses résultats.

Les autres objets de l'activité administrative que nous avons mentionnés sont encore plus éloignés de l'emploi des troupes. Les soins infirmiers, bien qu'ils soient de la plus haute importance pour la santé d'une armée, ne concernent jamais qu'une petite partie de ses effectifs et n'ont pour cette raison qu'une influence très faible et indirecte sur l'utilisation du reste de la troupe. Le renouvellement de l'équipement, dans la mesure où il ne constitue pas une activité constante et inhérente à l'organisme des forces armées, n'a lieu que périodiquement ; c'est pourquoi il n'intervient que rarement dans les plans stratégiques.

Nous devons ici mettre en garde contre un malentendu : dans certains cas, ces objets peuvent être effectivement d'une importance décisive. L'éloignement des hôpitaux et des dépôts de munitions peut être le seul fondement de décisions stratégiques très importantes ; il ne s'agit ni de contester ni de passer sous silence ce cas particulier. Mais nous l'envisageons ici dans son abstraction théorique, et non dans sa situation réelle. Nous affirmons donc que ce type d'influence est trop rare pour que la théorie des soins infirmiers et du réapprovisionnement en armes et en munitions pèse sur la théorie de la conduite de la guerre. Il semble alors inutile d'inclure dans la théorie de la conduite de la guerre les diverses voies, les différents systèmes et les résultats de ces théories, comme c'est effectivement le cas pour le ravitaillement des troupes.

Résumons à présent les résultats de nos analyses : les activités inhérentes à la guerre se divisent en deux catégories principales : *celles qui ne sont que les préparatifs de la guerre, et celles qui appartiennent à la guerre elle-même.* La théorie doit donc coïncider avec cette division.

Les connaissances et les compétences qui concernent les préparatifs seront employées à la levée, à l'instruction et à l'entretien de toutes les forces armées. Quelle que soit leur dénomination générale, on voit que l'artillerie, l'art des fortifications, la tactique dite élémentaire, toute l'organisation et l'administration des forces armées en font partie. La théorie de la guerre elle-même traite de l'emploi, en vue de la finalité du conflit, de ces moyens déjà mis au point. Elle n'a besoin que des résultats des premières activités nommées, c'est-à-dire de connaître les propriétés principales des moyens dont elle dispose.

C'est ce que l'on appelle l'art de la guerre au sens strict, ou théorie de la conduite de la guerre, ou encore théorie de l'emploi des forces armées, expressions qui, à notre avis, désignent la même chose.

Cette théorie traitera donc de l'engagement comme du combat proprement dit, ainsi que des marches, des campements, et des quartiers comme de situations qui lui sont plus ou moins identiques. En revanche, elle ne considérera pas la subsistance des troupes comme l'une de ses activités propres ; elle ne tiendra compte que des résultats de celle-ci, au même titre que *des autres circonstances données*.

Cet art de la guerre au sens strict se divise à son tour en tactique et stratégie. La première a trait à la forme de l'engagement pris individuellement, la seconde à son emploi. L'une et l'autre ne prennent en compte les conditions des marches, des campements et des quartiers que par le biais de l'engagement ; ces objets deviennent alors tactiques ou stratégiques selon qu'ils se rapportent à la forme ou à la signification de l'engagement.

Bon nombre de lecteurs trouveront certainement que cette distinction méticuleuse entre deux choses aussi proches que la tactique et la stratégie est superflue, parce qu'elle n'exerce pas d'influence directe sur la conduite de la guerre elle-même. Il faudrait certes être bien pédant pour s'attendre à trouver sur le champ de bataille les effets immédiats d'une classification théorique.

La tâche première de toute théorie est de mettre de l'ordre dans les concepts et les représentations confuses et étroitement entremêlées. Ce n'est que lorsqu'on s'est entendu sur les termes et les concepts que l'on peut espérer progresser avec clarté et simplicité dans l'examen des problèmes, et être sûr que le lecteur les analyse à partir du même point de vue que l'auteur. La tactique et la stratégie s'interpénètrent dans l'espace et le temps, mais ce sont pourtant deux activités essentiellement différentes ; et il est impossible de penser clairement leurs lois internes et leurs rapports réciproques sans avoir précisément déterminé chaque concept.

Celui qui ne voit dans tout cela que vacuité doit certainement ne tolérer aucune réflexion théorique ; ou peut-être n'a-t-il pas encore souffert de ces représentations confuses et embrouillées, qui ne reposent sur rien de solide et n'atteignent aucun résultat satisfaisant, tantôt plates, tantôt extravagantes, tantôt baignant dans une généralité creuse. Nous sommes trop souvent obligés de lire et d'entendre de telles idées sur la véritable conduite de la guerre, parce que celle-ci a rarement fait l'objet d'une investigation scientifique.

Chapitre 2
Sur la théorie de la guerre

[…]

Difficultés principales d'une théorie de la conduite de la guerre

Afin de discerner clairement la difficulté inhérente à l'élaboration d'une théorie de la conduite de la guerre et pour pouvoir en déduire son caractère, il nous faut examiner de plus près les particularités essentielles de l'activité militaire.

Première particularité : les forces morales et leurs effets (le sentiment hostile)

Les forces morales et leurs effets constituent la première de ces particularités.

Le combat est à l'origine la manifestation de *sentiments hostiles*. Il est vrai cependant que dans les grands combats que nous menons et que nous appelons « guerre », le sentiment hostile se réduit souvent à l'*intention* hostile qui, chez l'individu tout au moins, ne s'accompagne pas de sentiment hostile envers un autre individu. Néanmoins ces sentiments ne sont jamais complètement absents. La haine nationale, dont nos guerres sont rarement exemptes, remplace avec plus ou moins de force l'hostilité d'un individu envers un autre. Mais lorsqu'il n'y a pas de haine nationale ni, à l'origine, de rancœur acharnée, le sentiment hostile s'allume dans le combat lui-même. Car la violence perpétrée contre nous par un ordre supérieur enflamme notre désir de représailles et de vengeance contre celui qui agit, plus encore que contre le pouvoir supérieur qui lui ordonne d'agir. C'est humain ou bestial, comme on voudra, mais c'est ainsi. – La théorie propose le plus souvent une conception abstraite du combat comme un rapport de forces, sans prendre en compte le sentiment ; c'est l'une des mille erreurs que les théoriciens commettent volontairement, car ils n'entrevoient pas les conséquences qu'elle entraîne.

À cette excitation des sentiments suscitée par la nature même du combat viennent s'ajouter des passions qui n'appartiennent pas essentiellement à celui-ci, mais y participent car elles lui sont apparentées : l'ambition, le désir de domination, les enthousiasmes de toutes sortes, etc.

L'impression du danger (le courage)

Le combat engendre le danger, cet élément dans lequel se tiennent et se meuvent toutes les activités militaires comme l'oiseau dans l'air et le poisson dans l'eau. Les effets du danger atteignent le cœur soit directement, donc instinctivement, soit par l'intermédiaire de l'esprit. Dans le premier cas, ces effets se traduisent par le désir d'échapper au danger et, si cela est impossible, par la peur et par l'angoisse. Lorsque cet effet ne se produit pas, c'est que le *courage* contrebalance cet instinct. Cependant le courage n'est pas une démarche de l'esprit mais un sentiment, comme la peur ; celle-ci relève de la conservation physique, celui-là de la préservation morale. Le courage est un instinct plus noble. C'est pour cette raison qu'on ne peut pas l'utiliser comme un instrument inerte, dont les effets se manifesteraient selon une mesure exactement prescrite. Le courage n'est donc pas un simple contrepoids au danger, destiné à en neutraliser les effets, mais une grandeur en soi.

Étendue de l'influence exercée par le danger

Afin d'apprécier correctement l'influence du danger sur les protagonistes de la guerre, il ne faut pas limiter son domaine au danger physique du moment. Il ne domine pas seulement le commandant en le menaçant, mais en menaçant aussi tous ceux qui lui sont confiés ; non seulement au moment où il est réellement présent, mais aussi, par l'imagination, à tous les autres moments qui s'y rapportent ; enfin non seulement directement, par lui-même, mais aussi indirectement, par la responsabilité qui pèse sur l'esprit du commandant d'un poids qu'il décuple. Qui pourrait conseiller ou décider une grande bataille sans avoir l'esprit tendu et frappé par le danger et la responsabilité qu'implique une aussi grande décision ? On peut dire que l'action dans la guerre, la véritable action et non la simple présence, ne sort jamais du domaine du danger.

Autres forces affectives

Lorsque nous considérons les forces affectives soulevées par l'hostilité et le danger comme des émotions propres à la guerre, nous n'en excluons pas les autres, toutes celles qui accompagnent l'homme au cours de sa vie ; elles y trouvent aussi leur place. Certes, nombreuses sont les passions mesquines qui se trouvent réduites au silence dans cette tâche sérieuse de l'existence. Mais cela n'est valable que dans les rangs inférieurs de la hiérarchie : emportés d'un danger et d'un effort à un autre, ces hommes perdent de vue les autres choses de la vie ; ils oublient la duplicité, car la mort ne lui accorde aucune valeur, et arrivent ainsi à cette simplicité de caractère toute militaire, qui fut toujours ce qui représente le mieux le métier des armes. – Il n'en va pas de même dans les rangs supérieurs ; car plus le grade est élevé, plus il faut regarder autour de soi. Des intérêts divergents surgissent alors en tous sens, ainsi qu'un jeu varié de passions, bonnes et mauvaises. L'envie et la générosité, l'arrogance et la modestie, la colère et la compassion ; toutes peuvent apparaître comme des forces agissantes dans le grand drame de la guerre.

Particularité de l'esprit

Les particularités de l'esprit exercent sur celui qui commande une influence tout aussi grande que celles de l'âme. On n'est pas en droit d'attendre les mêmes choses d'un cerveau fantasque, exalté, immature que d'une intelligence froide et forte.

De la diversité des intelligences provient la diversité des voies menant au but

L'influence de cette grande diversité des intelligences individuelles apparaît surtout aux postes supérieurs, car elle s'accroît avec le grade. C'est d'elle que découle la diversité des voies menant au but (dont nous avons déjà parlé dans le premier livre) et c'est elle qui attribue à la chance et au jeu des probabilités une part si inégale dans le déroulement des événements.

Deuxième particularité : la réaction vivante

La deuxième particularité de l'action militaire est la réaction vivante et l'interaction qu'elle suscite. Nous n'aborderons pas ici la difficulté de calculer cette réaction car elle relève de celle – mentionnée plus haut – de quantifier les forces morales. Mais s'y ajoute le fait que, par sa nature, l'interaction défie tout plan systématique. L'effet produit sur l'adversaire par une opération est la plus singulière de toutes les données de l'action militaire. Mais toute théorie doit s'en tenir à des classes de phénomènes et ne peut jamais intégrer les cas proprement singuliers ; ceux-ci relèvent du jugement et du talent. Il est donc naturel qu'une action comme la guerre, dont le plan bâti sur des circonstances générales est si souvent bouleversé par des phénomènes singuliers imprévus, soit confiée davantage au talent et doive moins que toute autre recourir aux *directives* théoriques.

Troisième particularité : l'incertitude de toutes les données

La grande incertitude de toutes les données constitue une difficulté propre à la guerre : l'action est toujours exécutée dans une sorte de crépuscule, dans un éclairage lunaire et nébuleux qui donne souvent aux choses une dimension exagérée, une apparence grotesque. C'est au talent de deviner ce que cette pénombre dérobe à une vision parfaitement claire, à moins de s'en remettre à la chance. Faute d'un savoir objectif, il faut donc là encore se fier au talent, voire à la faveur du hasard.

Une doctrine positive est impossible

Étant donné la nature même du sujet, il faut se dire qu'il est strictement impossible d'exercer l'art de la guerre en ayant recours au système d'une doctrine positive, comme si on l'avait muni d'un échafaudage, d'un soutien extérieur sur lequel le chef pourrait toujours s'appuyer. Dans tous les cas où il est renvoyé à son propre talent, le chef se situerait en dehors de ce système doctrinal et se trouverait en contradiction avec lui. Si multiples que soient les manières de le concevoir, ce système entraînerait toujours la même conséquence, conséquence dont nous avons déjà parlé : *le talent et le génie agissent en dehors des lois et la théorie est en contradiction avec la réalité*.

Issues vers la possibilité d'une théorie (les difficultés n'ont pas partout la même ampleur)

Deux issues s'offrent à nous pour sortir de cette difficulté.

Premièrement, ce que nous avons dit au sujet de la nature de l'activité militaire en général ne s'applique pas de la même manière à tous les postes de cette activité. Dans les rangs inférieurs, on fera davantage appel à l'esprit de sacrifice personnel, l'intelligence et le jugement n'étant confrontés qu'à des difficultés de bien moindre importance. Le champ des phénomènes est beaucoup plus circonscrit, les fins et les moyens sont en nombre plus restreint, les données sont plus précises et même le plus souvent appréhendées à vue d'œil. Mais plus on monte les échelons, plus les difficultés augmentent, jusqu'à atteindre leur degré suprême en la personne du général en chef ; si bien qu'à son niveau, tout ou presque dépend de son génie.

En outre, si l'on analyse la guerre de manière *objective,* d'après sa réalité concrète, il s'avère que les difficultés ne sont pas partout les mêmes. Elles décroissent à mesure que les actions se déroulent dans le monde matériel, et s'accroissent à mesure qu'elles passent dans le monde intellectuel pour devenir des motifs influençant la volonté. C'est pourquoi il est plus facile de déterminer par un ensemble de règles théoriques l'agencement, le plan et la conduite d'un engagement plutôt que l'utilisation qu'il faut en faire. Dans le combat, ce sont des armes physiques qui s'affrontent, et même si l'esprit ne peut en être absent, il faut pourtant laisser tous ses droits à la matière. Mais dans *l'effet* des engagements, lorsque leurs succès matériels deviennent des motifs pour d'autres opérations, il ne s'agit plus alors que de leur nature intellectuelle. En un mot : la *tactique* posera à la théorie bien moins de difficultés que la *stratégie*.

La théorie doit être une observation et non une doctrine

La seconde issue vers la possibilité d'une théorie consiste à adopter un point de vue qui n'en fasse pas nécessairement une doctrine positive, c'est-à-dire une *méthode* qui prescrive comment agir. Toute activité qui a encore et toujours affaire aux mêmes choses, aux mêmes fins et aux mêmes moyens – en dépit de petites modifications et d'une grande multiplicité de combinaisons – doit pouvoir faire l'objet d'une observation rationnelle. Cette observation est précisément la partie essentielle de toute *théorie* et peut à juste titre mériter ce nom. C'est une investigation analytique de l'objet, qui mène à une *connaissance* précise ; appliquée à l'expérience, en l'occurrence à l'histoire de la guerre, elle aboutit à une *intimité* avec cet objet. Plus elle rejoint ce but, plus elle passe de la forme objective d'un savoir à la forme subjective d'un pouvoir, et plus elle se montrera efficace là où la réalité n'admet que la seule décision du talent ; elle deviendra efficace au sein même du talent.

Quand la théorie analyse les composantes de la guerre et distingue plus nettement ce qui semble à première vue se confondre, quand elle indique intégralement les propriétés des moyens employés et en montre les effets probables, quand elle détermine clairement la nature des fins visées, quand elle porte sur tout le domaine de la guerre la lumière d'une observation critique approfondie, alors elle remplit l'essentiel de sa tâche. Elle sert de guide à quiconque veut se familiariser avec la guerre par le livre ; elle éclaire son chemin, allège ses pas, elle forme son jugement et l'empêche de se fourvoyer.

L'expert qui consacre la moitié de sa vie à éclaircir tous les points d'un sujet obscur sera naturellement plus avancé que celui qui veut le posséder en un temps très court. La théorie existe pour éviter à chacun d'avoir à tout déblayer de nouveau et à se frayer un chemin, elle permet qu'il trouve les choses déjà ordonnées et éclairées. Elle doit éduquer l'esprit du futur chef de guerre, ou plutôt guider son auto-éducation, mais elle ne doit pas l'accompagner sur le champ de bataille ; de même qu'un éducateur avisé dirige et facilite le développement intellectuel de son jeune élève sans pour autant le maintenir en tutelle toute sa vie.

Si les principes et les règles se dégagent naturellement des observations dont se sert la théorie, si la vérité se cristallise elle-même sous cette forme, la théorie alors ne s'opposera pas à cette loi naturelle de l'esprit ; elle la mettra au contraire en évidence, telle une clef de voûte qui scelle un arc. Mais elle ne le fait que pour satisfaire à la loi philosophique de la pensée, pour montrer clairement le point vers lequel convergent toutes les lignes, et non pour en déduire une formule algébrique à l'usage du champ de bataille. Car ces principes et ces règles doivent déterminer dans la réflexion les lignes directrices des mouvements habituels de l'esprit, plutôt que lui jalonner la voie à prendre lors de l'exécution.

Grâce à ce point de vue, la théorie devient possible, et cesse d'être en contradiction avec la pratique

Ce point de vue permet une théorie satisfaisante de la conduite de la guerre, c'est-à-dire une théorie utile et qui ne s'oppose jamais à la réalité. Il suffira de savoir la manier avec intelligence pour la lier étroitement à l'action et faire disparaître ainsi complètement la différence absurde entre théorie et pratique, résultat trop fréquent de théories déraisonnables. Cette différence a séparé la théorie du sens commun, mais elle a aussi bien souvent servi de prétexte à l'étroitesse d'esprit et à l'ignorance pour justifier leur incapacité foncière.

La théorie considère donc la nature des fins et des moyens. Fins et moyens dans la tactique

La théorie doit donc examiner la nature des moyens et des fins.

Dans la tactique, les moyens sont les forces armées entraînées qui mèneront le combat. La fin est la victoire. Ce concept peut être défini avec plus de précision, et nous dirons comment lorsque nous étudierons l'engagement. Il nous suffit d'indiquer ici que le retrait de l'adversaire du champ de bataille est le signe de la victoire. Grâce à cette victoire, la stratégie atteint la fin qu'elle avait assignée à l'engagement et qui donne à celui-ci sa *signification* propre. Cette signification exerce, il est vrai, une certaine influence sur la nature de la victoire. Une victoire qui vise à affaiblir la force armée ennemie est autre chose qu'une victoire qui a pour seul but le contrôle d'une position. La signification d'un engagement peut donc avoir sur son plan et sa conduite une influence sensible. Par conséquent, la tactique doit aussi en tenir compte.

Facteurs qui accompagnent toujours l'emploi des moyens

Puisque certains facteurs accompagnent constamment l'engagement et l'influencent plus ou moins, il faut les prendre en considération dans l'emploi des forces armées.

Ces facteurs sont le lieu (le terrain), l'heure et les conditions météorologiques.

Le lieu

Le lieu, que nous préférons réduire à l'idée de contrée et de terrain, pourrait, à strictement parler, n'avoir aucune influence si l'engagement était livré sur un terrain parfaitement plan et sans cultures.

Le cas se présente réellement dans les steppes, mais dans les contrées de l'Europe civilisée il relève presque uniquement de l'imagination. Un engagement entre nations civilisées où la contrée et le terrain n'auraient aucune influence est donc à peu près inconcevable.

L'heure

L'heure a un effet sur l'engagement du fait de la différence entre le jour et la nuit. Mais le rapport entre l'heure et le combat dépasse naturellement la stricte limite entre le jour et la nuit, car tout engagement a une durée déterminée et les grands affrontements peuvent même durer plusieurs heures. Débuter le combat le matin ou l'après-midi représente une différence essentielle pour le plan d'une grande bataille. Toutefois, pour bon nombre d'engagements, le facteur de l'heure est complètement indifférent et il n'a en général qu'une faible influence.

Les conditions météorologiques

Il est encore plus rare que les conditions météorologiques aient une influence déterminante, exception faite du brouillard.

Fins et moyens dans la stratégie

À l'origine, la stratégie ne poursuit la victoire, c'est-à-dire le succès tactique, qu'en qualité de moyen. En dernier ressort, elle a pour fin les objets qui doivent conduire directement à la paix. L'emploi de ses moyens en vue de ces fins s'accompagne aussi de facteurs dont l'influence est variable.

Facteurs qui accompagnent l'emploi des moyens

Ces facteurs sont le terrain et la contrée, que l'on étendra au territoire et à la population de l'ensemble du théâtre de guerre ; l'heure, mais aussi la saison ; enfin les conditions météorologiques, et notamment les phénomènes exceptionnels, comme les fortes gelées, etc.

Ces facteurs forment de nouveaux moyens

En mettant ces facteurs en relation avec le succès d'un engagement, la stratégie confère à ce succès, et donc à l'engagement, une signification particulière, *elle lui assigne une fin particulière.* Mais dans la mesure où cette fin ne conduit pas directement à la paix, où elle n'est donc qu'une fin subordonnée, il faut également la considérer comme un moyen. En stratégie, les succès des engagements ou victoires, avec toutes leurs significations différentes, sont aussi des moyens. La prise d'une position est un succès de ce genre appliqué au terrain. Cependant, ce ne sont pas seulement les engagements isolés et leurs fins particulières qu'il faut considérer comme des moyens de la stratégie. Toute unité supérieure constituée par la combinaison d'engagements orientés vers une fin commune est aussi *un moyen.* Une campagne d'hiver est une telle combinaison appliquée à la saison.

Il ne reste donc comme fins que ces objets qui mènent *directement* à la paix. La théorie examine toutes ces fins et tous ces moyens selon la nature de leurs effets et de leurs rapports réciproques.

La stratégie tire de la seule expérience les fins et les moyens qu'elle étudie

La première question est de savoir comment elle parvient à un dénombrement exhaustif de ses objets d'étude. Une investigation philosophique qui voudrait y répondre par un résultat logiquement nécessaire s'empêtrerait dans les nombreuses difficultés qui excluent toute nécessité logique de la conduite de la guerre et de sa théorie. C'est pourquoi la stratégie se tourne vers l'expérience et s'attache à examiner les combinaisons que lui offre l'histoire militaire. La théorie sera donc assurément restreinte, ne se référant qu'aux situations inscrites dans l'histoire militaire. Mais cette restriction est inévitable, car la théorie doit toujours abstraire ses affirmations de l'histoire militaire, ou au moins les y confronter. En tout état de cause, cette restriction est d'ailleurs plus théorique que réelle.

Cette méthode aura le grand avantage d'empêcher la théorie de se perdre en rêveries, arguties et élucubrations, et de l'ancrer dans la pratique.

Jusqu'où doit aller l'analyse des moyens

Une autre question est de savoir jusqu'où la théorie doit aller dans son analyse des moyens ; manifestement pas plus loin que l'utilisation pratique de leurs propriétés distinctes. La portée et l'effet des différentes armes sont de la plus haute importance pour la tactique qui ne s'occupera absolument pas de leur construction, même si ces effets en résultent. Car on ne fournit pas à celui qui mène la guerre du charbon, du soufre et du salpêtre, du cuivre et de l'étain pour qu'il en fasse de la poudre et des canons ; ce qui lui est donné ce sont des armes toutes prêtes, avec leurs effets. La stratégie utilise des cartes sans se soucier des triangulations qui ont permis de les établir. Elle ne se préoccupe pas de la manière dont un pays doit être organisé, son peuple éduqué et gouverné afin d'assurer les meilleurs résultats militaires. Mais elle prend ces éléments tels qu'elle les trouve dans les sociétés européennes et ne prête attention qu'aux conditions anormales qui exercent une influence notable sur la guerre.

Grande simplification du savoir

On comprend aisément que le nombre des objets dont traite la théorie est ainsi très réduit, de même que le savoir requis pour la conduite de la guerre. L'activité militaire en général nécessite une très grande masse de connaissances et de compétences, indispensables pour qu'une armée équipée puisse partir en guerre. Celles-ci se concentrent en quelques grands résultats qui leur permettent au cours de la guerre de converger vers l'objectif final de leur action ; de même que les rivières d'un pays se réunissent en fleuves avant de se jeter dans la mer. Seules ces activités qui se déversent directement dans l'océan de la guerre doivent être connues de celui qui désire les diriger.

Cette simplification explique la rapidité de l'instruction d'un grand chef de guerre, et pourquoi un général n'est pas un érudit

Cette conclusion de notre examen est si nécessaire que toute autre nous laisserait dans le doute. Elle seule explique comment des hommes, dont l'activité était auparavant complètement différente, ont pu souvent remporter des victoires militaires aussi éclatantes, même aux postes supérieurs, voire comme généraux en chef. En fait, les grands chefs de guerre ne sont jamais issus de la classe des officiers savants ou érudits, mais plutôt d'une catégorie sociale qui ne leur a pas permis d'accéder à une vaste somme de savoir. Il est donc parfaitement justifié de se moquer des pédants ridicules qui estiment nécessaire ou simplement utile de commencer la formation d'un futur général par l'apprentissage des moindres détails. Or, il n'est pas difficile de prouver que ces connaissances lui seront préjudiciables, car l'esprit humain est *formé* par le savoir et les idées qu'on lui inculque. Seules les grandes idées le grandissent, les petites le rapetissent, sauf s'il les rejette complètement comme des corps étrangers.

Contradiction antérieure

Comme on a méconnu cette simplicité du savoir requis pour la guerre et qu'on l'a toujours confondu avec l'énorme attirail des connaissances et des compétences annexes, on a été incapable de résoudre la contradiction manifeste avec la réalité autrement qu'en attribuant tout au génie, qui se passe de toute théorie et pour qui la théorie n'était pas censée être écrite.

C'est pourquoi on dénia au savoir toute utilité pour tout attribuer à l'aptitude naturelle

Les hommes de bon sens mesuraient bien l'immense écart entre le génie de haut vol et le pédant érudit. Ils perdirent donc toute foi en la théorie pour considérer la conduite de la guerre comme une fonction naturelle que l'homme remplissait plus ou moins bien selon ses aptitudes innées. Il est indéniable qu'ils se trouvaient ainsi plus près de la vérité que ceux qui accordaient de la valeur à de fausses connaissances ; toutefois, un rapide examen révèle que cette opinion n'est qu'une exagération. Aucune activité de l'entendement humain n'est possible sans une certaine quantité de notions, et celles-ci, du moins pour la plupart, ne sont pas innées mais acquises et constituent notre savoir. La seule question concerne leur nature, et nous pensons y avoir répondu en disant que ces notions doivent être orientées vers les sujets auxquels le soldat est directement confronté à la guerre.

Le savoir doit correspondre au grade

À l'intérieur du champ de l'activité militaire, ces connaissances devront varier selon le rang que ce soldat occupe. Aux échelons inférieurs, elles auront trait à des objets moins importants et moins nombreux ; aux échelons supérieurs, à des objets plus vastes et plus nombreux. Certains généraux en chef n'auraient pas brillé à la tête d'un régiment de cavalerie, et *vice versa*.

Le savoir nécessaire à la guerre est très simple mais n'est pas très facile pour autant

Le fait que le *savoir* nécessaire à la guerre soit si simple – c'est-à-dire orienté vers un si petit nombre d'objets, dont on ne prend en compte que le résultat final – ne signifie pas que le *pouvoir* soit pour autant très facile. Nous avons déjà examiné dans le premier livre les difficultés auxquelles l'action militaire est confrontée. Nous laissons ici de côté celles que seul le courage peut surmonter, pour affirmer que l'activité intellectuelle proprement dite n'est simple et facile qu'aux postes inférieurs. La difficulté augmente avec le grade et, à l'échelon suprême de commandant en chef, cette activité est l'une des plus difficiles que l'esprit humain puisse exercer.

Comment ce savoir doit être constitué

Le général n'a pas à être un politologue, un historien érudit ou un journaliste, mais il doit être familier des plus hautes affaires de l'État, connaître et comprendre exactement les orientations traditionnelles, les intérêts soulevés, les questions à résoudre, les personnes agissantes. Nul besoin d'être un fin psychologue, un analyste méticuleux du caractère humain ; mais il devra connaître le caractère, la façon de penser, les mœurs, les défauts et qualités de ceux qu'il doit commander. Il n'a pas besoin de comprendre quoi que ce soit à la construction d'un fourgon, à l'attelage d'un cheval d'artillerie, mais il doit savoir estimer exactement la durée de la marche d'une colonne dans des circonstances diverses.

Il est impossible de s'approprier de force toutes ces connaissances par l'intermédiaire d'un appareil de formules et de procédés scientifiques. Elles ne s'acquièrent que par l'exercice d'un jugement pertinent dans la vie et dans l'observation des choses, ainsi que par le talent avec lequel on les conçoit.

Le savoir nécessaire à une activité militaire supérieure se signale donc par le fait qu'il ne peut être acquis que grâce à un talent d'observation particulier, c'est-à-dire grâce à l'étude et la réflexion. Comme l'abeille tire le miel de la fleur, ce talent agit comme un instinct intellectuel qui extrait le sens des phénomènes de la vie. Ce savoir s'acquiert non seulement par l'observation et l'étude, mais aussi par la vie. Avec toute la richesse de son enseignement, la vie ne produira jamais un Newton ou un Euler, mais elle saura parfaitement susciter les calculs complexes d'un Condé ou d'un Frédéric le Grand.

Pour sauvegarder la dignité intellectuelle de l'activité militaire, il n'est donc pas nécessaire de recourir à des contrevérités et à une pédanterie naïve. Il n'y a jamais eu de grand chef de guerre à l'esprit borné. On peut citer de nombreux exemples d'hommes qui se distinguèrent grandement aux postes inférieurs et restèrent dans la médiocrité aux postes supérieurs, du fait de l'insuffisance de leurs capacités intellectuelles. Il va de soi qu'il convient d'établir aussi une distinction parmi les généraux selon le degré de leur autorité.

Le savoir doit devenir un pouvoir

Le savoir nécessaire à la conduite de la guerre doit, plus que tout autre, répondre à une condition impérieuse : il lui faut s'assimiler complètement à l'esprit et cesser de lui être un objet extérieur. Celui qui pratique les autres arts et les autres activités de la vie peut faire usage de vérités qu'il n'a rencontrées qu'une seule fois, dont il n'habite plus ni l'esprit ni le sens et qu'il peut retrouver dans des livres poussiéreux. Même des vérités qu'il manie et utilise quotidiennement peuvent lui rester complètement extérieures. Lorsque l'architecte prend la plume pour déterminer par un calcul complexe la résistance d'un piédroit, la vérité à laquelle il aboutit n'est pas l'expression de son propre esprit. Il doit d'abord sélectionner minutieusement les données pour les livrer ensuite à une opération de l'esprit, dont il n'a pas inventé la loi et qu'il utilise la plupart du temps comme un procédé mécanique, sans être conscient sur le moment de sa nécessité. Il n'en va jamais ainsi pour la guerre. La réaction de l'esprit, l'aspect constamment changeant des choses obligent celui qui agit à porter en lui tout l'appareil de son savoir ; il doit être capable de prendre partout, à chaque instant, et par lui-même, la décision nécessaire. Par cette parfaite assimilation à son propre esprit et sa propre vie, le savoir se transforme donc en un véritable pouvoir. C'est la raison pour laquelle tout paraît si facile pour les hommes qui se distinguent à la guerre et pourquoi tout est attribué au talent naturel. Nous disons bien *au talent naturel*, pour le distinguer du talent formé et développé par l'observation et l'étude.

Ces considérations nous aurons permis d'expliquer clairement la mission d'une théorie de la conduite de la guerre et d'indiquer la marche à suivre pour la mener à sa fin.

Nous avons divisé la conduite de la guerre en deux domaines, la tactique et la stratégie, et c'est incontestablement la théorie de la dernière qui présente, comme nous l'avons déjà remarqué, les plus grandes difficultés. La tactique en effet ne comprend qu'un domaine limité d'objets, tandis que la stratégie, orientée vers les innombrables fins qui mènent à la paix, s'ouvre sur un champ indéterminé de possibilités. Puisque c'est principalement au seul *général* qu'il incombe d'envisager ces fins, la partie de la stratégie qui lui est dévolue sera plus particulièrement soumise à cette difficulté. Dans la stratégie, et notamment lorsqu'elle embrasse les plus hauts desseins, la théorie devra, plus encore que dans la tactique, s'en tenir simplement à l'observation et à l'étude des choses. Elle se contentera d'aider l'officier à acquérir cette compréhension intuitive des choses qui, une fois amalgamée à sa pensée tout entière, rend sa démarche plus simple et plus sûre, et ne le force jamais à être en désaccord avec lui-même pour obéir à une vérité objective.

Chapitre 3
Art de la guerre ou science de la guerre

L'usage est encore indéterminé (pouvoir et savoir. Science, lorsqu'on vise au pur savoir ; art, lorsqu'on vise à un pouvoir)

L'indécision est encore de mise quant au choix du terme et quant aux raisons sur lesquelles fonder ce choix, apparemment si simple. Nous avons déjà dit ailleurs que *savoir* n'est pas la même chose que *pouvoir*. Ils sont si différents qu'il n'y a pas de confusion possible. Le *pouvoir,* ce que l'on peut *faire*, ne peut à proprement parler se trouver dans les livres ; le mot « art » ne devrait donc jamais être le titre d'un livre. Mais on s'est habitué à réunir sous le nom de « théorie de l'art », ou d'« art » tout simplement, les connaissances nécessaires à l'exercice d'un art (qui, isolément, peuvent être des sciences complètes). Il est donc logique d'appliquer cette distinction et de nommer « art » tout ce qui vise au pouvoir de produire quelque chose, par exemple l'architecture, et « science » tout ce qui vise au pur savoir, comme les mathématiques ou l'astronomie. Il va de soi que toute théorie de l'art peut inclure des sciences particulières et complètes, et cela ne doit pas nous égarer. Mais il faut aussi remarquer qu'il n'existe pas de savoir absolument dépourvu d'art. En mathématiques, par exemple, le calcul et l'usage de l'algèbre sont des arts, mais la frontière est loin d'être là. La raison en est la suivante : si évidente et palpable que soit la différence entre savoir et pouvoir dans la masse des produits des connaissances humaines, il est difficile de les séparer parfaitement au cœur de l'homme lui-même.

Difficulté de séparer le discernement du jugement (art de la guerre)

Toute pensée est art. Là où le logicien tire un trait, là où cessent les prémisses qui résultent de la *connaissance*, là où le jugement entre en action, l'art commence. Mais plus encore : lorsque l'esprit discerne, il juge déjà, et par conséquent il exerce un art, et cela vaut même pour le discernement par les sens. En un mot : s'il est inconcevable qu'un être humain soit doué de la faculté de connaître en étant dépourvu de celle de juger, ou *vice versa*, il est tout aussi impossible de séparer complètement l'art du savoir. Plus ces subtils éléments de lumière prennent corps dans les *formes extérieures* du monde, plus leurs royaumes sont *distincts*. Encore une fois : le domaine de l'art s'étend là où l'on vise à créer et à produire ; la science règne là où l'on tend à rechercher et à savoir. – Il découle directement de tout cela qu'il est plus approprié de parler d'art de la guerre plutôt que de science de la guerre.

Ce long développement était nécessaire, car ces concepts sont indispensables. Mais nous affirmons que la guerre n'est ni un art ni une science au sens propre, et que c'est précisément en partant de ces représentations que l'on a pris une mauvaise direction, assimilant machinalement la guerre à d'autres arts ou à d'autres sciences, et donnant cours ainsi à une multitude d'analogies erronées.

On l'avait déjà pressenti autrefois, et c'est pour cette raison que l'on a affirmé que la guerre est un métier. Mais on y a plus perdu que gagné, car un métier n'est qu'un art *inférieur* et, en tant que tel, soumis à des lois plus strictes et plus étriquées. En effet, l'art de la guerre a évolué pendant un certain temps dans l'esprit d'un métier, au temps des *condottieri*. Or, cette orientation n'avait pas été prise pour des raisons *intérieures* mais *extérieures* ; et l'histoire militaire montre à quel point elle était peu naturelle et peu satisfaisante.

La guerre est une manifestation des relations humaines

Nous affirmons donc que la guerre n'appartient pas au domaine des arts et des sciences, mais à celui de la vie en société. La guerre est un conflit de grands intérêts réglé par le sang, et ce n'est qu'en cela qu'elle se distingue des autres conflits. Plutôt qu'à un art quelconque, il vaut mieux la comparer au commerce, qui est aussi un conflit entre des intérêts et des activités humaines. Elle est encore *bien plus* proche de la politique, qui peut être envisagée à son tour comme une forme de commerce à grande échelle. De plus, la politique est la matrice dans laquelle la guerre se développe ; les linéaments de la guerre s'y cachent, déjà ébauchés, comme les propriétés des créatures vivantes dans leurs germes.

Distinction

La différence essentielle consiste en ce que la guerre n'est pas une activité de la volonté appliquée à une matière inerte, comme dans les arts mécaniques, ou à un objet vivant mais passif et qui s'abandonne, comme l'esprit humain et la sensibilité humaine dans les beaux-arts ; elle s'applique à un objet vivant *qui réagit*. Il saute aux yeux que le schéma intellectuel des arts et des sciences ne convient pas à une telle activité. Et l'on saisit en même temps comment le désir et la recherche perpétuelle de lois semblables à celles du règne inanimé ont mené à des erreurs constantes. On a pourtant voulu que l'art de la guerre imite précisément les arts mécaniques. Les beaux-arts excluaient toute imitation, étant en eux-mêmes encore trop dépourvus de lois et de règles. Celles que l'on a cherchées jusqu'à présent se sont toujours révélées insuffisantes et simplistes, et ont été continuellement minées et emportées par le flot des opinions, des sentiments et des mœurs.

Le conflit entre des entités vivantes, tel qu'il se forme et se résout dans la guerre, est-il soumis à des lois générales ? Celles-ci peuvent-elles fournir une règle de conduite utile à l'action ? C'est en partie l'objet de ce livre. Comme tout autre problème qui ne dépasse pas nos facultés de compréhension, il est évident que celui-ci peut être élucidé et plus ou moins expliqué dans sa cohésion interne par un esprit qui cherche à l'analyser ; cela suffit à la réalisation d'une théorie.

Chapitre 4
Méthodicité

Afin de bien faire comprendre le concept de méthode et de méthodicité, qui joue un si grand rôle dans la guerre, nous nous permettons de jeter un rapide coup d'œil sur la hiérarchie logique qui régit le monde de l'action comme le feraient des autorités constituées.

La notion de *loi* est la plus générale tant pour le discernement que pour l'action. Elle a manifestement dans son sens littéral quelque chose de subjectif et d'arbitraire, et cependant elle exprime précisément ce dont les choses extérieures et nous-mêmes dépendons. La loi, en tant qu'objet de connaissance, est le rapport entre les choses et leurs effets réciproques. En tant qu'objet de la volonté, elle est une détermination de l'action et équivaut alors à *l'injonction* et à *l'interdiction*.

Le *principe* est aussi une loi relative à l'action, mais il n'a pas sa *signification formelle et définitive.* Il n'est que l'esprit et le sens de la loi, qui permet d'accorder au jugement plus de liberté dans son application lorsque la multiplicité du monde réel échappe à la forme définitive d'une loi. Comme le jugement doit lui-même constituer le fondement des cas où le principe est inapplicable, celui-ci devient ainsi un *point de repère,* une véritable étoile polaire pour celui qui agit.

Le principe est *objectif* lorsqu'il est le fruit d'une vérité objective et dès lors également valable pour tous les hommes. Il est *subjectif,* et s'appelle alors habituellement *maxime*, lorsqu'il contient des relations subjectives et qu'il n'a donc de valeur que pour celui qui l'a élaboré.

La *règle* est souvent prise au sens de loi et devient alors synonyme de principe, puisqu'on dit : il n'y a pas de règle sans exception, alors qu'on ne dit pas : il n'y a pas de loi sans exception ; c'est un signe que l'usage est plus libre pour la règle.

Dans une autre acception, la règle est employée comme « moyen » : celui de reconnaître une vérité cachée grâce à un seul indice isolé mais apparent, et d'y attacher la loi de l'action s'appliquant à la vérité entière. C'est bien ce que sont toutes les règles de jeux, tous les procédés abrégés en mathématiques, etc.

Les *règlements* et les *directives* sont une détermination de l'action qui concernent une multitude de circonstances mineures, trop nombreuses et insignifiantes pour des lois générales.

Enfin, la *méthode*, la *manière de procéder*, est un mode opératoire qui, par sa récurrence, est choisi parmi plusieurs autres possibles. Il y a *méthodicité* lorsque l'action est déterminée par des méthodes au lieu de principes généraux ou de règlements individuels. Cela suppose que les cas auxquels s'applique une telle méthode sont nécessairement identiques dans leurs parties essentielles. Comme ils ne peuvent pas l'être tous, il faut qu'au moins *le plus grand nombre possible* le soit ; en d'autres termes : la méthode doit être conçue en fonction des cas les plus probables. La méthodicité n'est donc pas fondée sur des prémisses précises et particulières, mais sur la *probabilité moyenne* des cas semblables. Elle aboutit à établir une vérité moyenne dont l'application constante et uniforme devient bientôt une aptitude mécanique, grâce à laquelle on finit par faire presque inconsciemment ce qu'il faut faire.

C'est donc avec raison que la conduite de la guerre peut se passer du concept de loi appliquée au discernement. Car les phénomènes complexes de la guerre ne sont pas assez réguliers, et les phénomènes réguliers ne sont pas assez complexes, pour qu'on arrive plus loin avec ce concept qu'avec la simple vérité. Mais là où les représentations et le langage simples suffisent, les idées et les discours complexes et démultipliés sont pédants et précieux. La théorie de la conduite de la guerre ne peut pas employer non plus le concept de loi appliquée à l'action ; car, en raison de la multiplicité et du changement des phénomènes, la guerre ne présente pas de disposition assez générale pour mériter le nom de loi.

En revanche principes, règles, règlements et méthodes sont des concepts indispensables à la théorie de la conduite de la guerre, dans la mesure où cette théorie aboutit à un enseignement positif ; en effet la vérité ne peut s'y cristalliser que sous ces diverses formes.

Comme la tactique est l'aspect de la conduite de la guerre pour lequel la théorie parvient le mieux à un enseignement positif, c'est là que ces concepts apparaîtront le plus souvent.

Ne pas employer la cavalerie contre une infanterie encore en ordre si cela n'est pas une nécessité ; n'utiliser les armes à feu que lorsqu'elles commencent vraiment à porter ; réserver le plus possible ses forces pour la fin de l'engagement : voilà des principes tactiques. Toutes ces dispositions ne s'appliquent pas de façon absolue à tous les cas, mais le commandant doit les avoir en tête afin de pouvoir mettre à profit la vérité qu'elles recèlent quand celle-ci peut être valable.

Lorsqu'on comprend qu'une unité va se mettre en marche à la façon inaccoutumée dont elle prépare son ordinaire, lorsqu'un retrait délibéré des troupes au cours de l'engagement annonce une feinte ; on peut donner à cette manière de débusquer la vérité le nom de règle. En effet, on déduit d'une seule circonstance visible le dessein qui s'y rattache.

S'il est de règle d'attaquer l'ennemi avec une énergie renouvelée dès qu'il commence à retirer ses batteries de l'engagement, c'est que l'action est déterminée par ce phénomène isolé qui laisse deviner la situation de l'adversaire dans sa totalité : il veut abandonner le combat, commence son retrait et ne peut, pendant ce temps, ni pleinement résister comme dans la retraite elle-même, ni suffisamment esquiver.

Les *règlements* et les *méthodes* apportent à la conduite de la guerre les théories qui la préparent, dans la mesure où ils sont inculqués aux forces armées, lors de leur formation, comme des principes actifs. L'ensemble des instructions relatives à la formation, à l'exercice et au service de campagne constituent des règlements et des méthodes ; les premiers prédominent dans les instructions afférentes à l'exercice, les secondes dans celles afférentes au service de campagne. La conduite de la guerre proprement dite vient s'y rattacher ; elle les adopte comme des procédures préétablies et c'est en tant que telles qu'elles doivent apparaître dans la théorie de la conduite de la guerre.

Pour les activités indépendantes de l'emploi de ces forces, il ne peut y avoir de règlements, c'est-à-dire de directives déterminées, précisément parce qu'ils excluent la liberté d'action. Les méthodes, en revanche, sont une manière générale d'exécuter les tâches qui se présentent. Comme nous l'avons dit, elles sont fondées sur la probabilité moyenne et représentent jusque dans l'application la souveraineté des principes et des règles. Elles peuvent figurer dans la théorie de la conduite de la guerre, à condition de ne pas les prendre pour des constructions de l'action absolues et nécessaires (des systèmes) – ce qu'elles ne sont pas. Mais elles y ont leur place comme le meilleur des généralités qui, sous forme de raccourcis et d'options, offre une alternative à la décision individuelle.

L'utilisation fréquente des méthodes dans la conduite de la guerre semble tout à fait essentielle et même inévitable. Il suffit de penser au nombre d'actions exécutées dans une totale incertitude ou fondées sur de pures suppositions parce que l'ennemi nous empêche de connaître toutes les circonstances qui influent sur nos dispositions ou parce que le temps manque. Même si l'on connaissait effectivement ces circonstances, il serait pourtant impossible, du fait de leur étendue et de leur trop grande complexité, d'en déduire toutes nos dispositions. Ces dernières doivent donc toujours être conçues pour un certain nombre de possibilités. Si l'on songe aux innombrables petites circonstances qui entrent en jeu dans un seul cas et devraient donc être prises en considération, on constate qu'il n'y a pas d'autre moyen que de les considérer comme une réaction en chaîne et de bâtir ses dispositions uniquement sur le général et le probable. Enfin, puisque le nombre des officiers s'accroît à mesure que l'on atteint les sphères inférieures de l'action et que l'on descend dans la hiérarchie, il faut d'autant moins s'en remettre à l'exactitude de leur discernement et à la maturité de leur jugement. Ne pouvant attendre d'eux d'autre compréhension que celle qui provient de l'expérience et du règlement de service, il faut leur venir en aide avec la méthodicité qui s'en rapproche. Elle sera un point d'appui pour leur jugement, ainsi qu'un garde-fou contre les vues débridées et complètement insensées qu'il faut redouter plus que tout dans un domaine où l'expérience se paie si cher.

La méthodicité est non seulement indispensable, mais il faut aussi lui reconnaître un avantage certain. L'exercice constant de ses formes récurrentes permet d'atteindre une *habileté*, une *précision* et une *assurance* dans la conduite des troupes, qui diminuent la friction naturelle et facilitent la marche de la machine.

L'usage de la méthode est donc d'autant plus fréquent et d'autant plus indispensable que l'on descend dans les grades ; il l'est d'autant moins qu'on s'élève, jusqu'à se perdre complètement aux postes suprêmes. C'est pourquoi il a plutôt sa place dans la tactique que dans la stratégie.

Dans sa forme la plus élevée, la guerre ne consiste pas en *une quantité infinie de petits événements* qui se déclenchent les uns les autres dans leur diversité et qui sont plus ou moins bien maîtrisés selon que la méthode est plus ou moins bonne. Elle consiste en de *grands événements singuliers, décisifs*, qui doivent être traités séparément. La guerre n'est pas un champ de blé que l'on fauche plus ou moins bien avec une faux plus ou moins bonne sans considération pour la forme de chaque tige ; elle est faite au contraire de grands arbres que la hache doit attaquer après mûre réflexion selon la qualité et l'inclinaison de chaque tronc.

Jusqu'où peut s'étendre la méthodicité dans l'activité militaire ? Ce n'est pas à proprement parler le grade mais la situation qui le détermine. C'est uniquement parce que les rangs les plus élevés traitent avec les objets les plus vastes de l'activité qu'ils sont moins touchés par la méthodicité. Un ordre de bataille fixe, une disposition fixe de l'avant-garde et des postes avancés sont des méthodes par lesquelles le général embarrasse non seulement ses subordonnés mais s'embarrasse aussi lui-même dans certains cas. Il peut certes les avoir inventées et les avoir adaptées aux circonstances ; mais dans la mesure où elles sont fondées sur les propriétés générales des troupes et des armes, elles peuvent aussi être un objet théorique. En revanche, toute méthode qui déterminerait les plans de guerre et de campagnes et les livrerait achevés, comme une machine, serait totalement à proscrire.

Tant qu'il n'existe pas de théorie acceptable, c'est-à-dire d'observation rationnelle de la conduite de la guerre, la méthodicité se propagera exagérément, jusque dans les sphères d'activités supérieures. Car les hommes qui remplissent ces hautes fonctions n'ont pas toujours été en mesure de se former par l'étude et le contact avec des modes de vie supérieurs. Ils peinent à se retrouver dans les raisonnements incommodes et contradictoires des théories et des critiques ; leur bon sens les rejette et ils n'apportent donc d'autres idées que celles qu'ils ont tirées de l'expérience. C'est pourquoi, dans les cas qui appellent une conduite libre et individuelle, ils sont portés à utiliser les moyens fournis par l'expérience, c'est-à-dire à imiter la manière particulière de procéder de leur commandant suprême ; il en résulte alors une méthodicité. Lorsque nous voyons les généraux de Frédéric le Grand se présenter toujours en ordre de bataille dit oblique, les généraux de la Révolution française employer toujours le mouvement tournant sur des lignes de bataille très étendues, les lieutenants de Bonaparte se ruer à l'attaque avec l'énergie sanglante des concentrations en masse, nous reconnaissons dans la répétition du procédé l'adoption évidente d'une méthode ; ce qui nous montre bien que la méthodicité peut atteindre les confins des sphères les plus élevées. Quand une meilleure théorie facilitera l'étude de la conduite de la guerre, formera l'esprit et le jugement des hommes qui accèdent aux postes supérieurs, alors la méthodicité ne s'étendra plus aussi loin. Celle que l'on considérera encore comme indispensable découlera directement de la théorie et ne sera pas le résultat d'une pure imitation. Quelle que soit la perfection avec laquelle un grand chef de guerre exécute les choses, il y a toujours dans sa manière d'agir un élément subjectif. Et s'il a une manière qui lui est propre, celle-ci relève en grande partie de sa personnalité, qui ne s'accorde pas toujours avec la personnalité de celui qui l'imite.

Il n'est néanmoins ni possible ni souhaitable d'exclure complètement de la conduite de la guerre la manière ou la méthodicité subjective. Il faut plutôt la considérer comme une expression de l'influence qu'exerce le caractère général d'une guerre sur ses manifestations particulières ; cette influence ne peut s'exercer autrement tant que la théorie ne l'a pas prévue et n'a pas pu l'intégrer dans ses observations. Il est bien naturel que la guerre révolutionnaire ait eu sa propre façon de mener les choses, mais quelle théorie eût été capable de saisir cette particularité ? Une telle manière, qui procède d'un cas particulier, court le risque de se périmer facilement, car elle demeure pendant que les circonstances changent insensiblement ; c'est ce que la théorie doit empêcher par une critique lucide et rationnelle. Lorsqu'en 1806, les généraux prussiens, le prince Louis à Saalfeld, Tauentzin sur le Dornberg près d'Iéna, Grawert devant Kapellendorf et Rüchel derrière, se jetèrent tous ensemble dans le gouffre béant de la destruction en ayant adopté l'ordre de bataille oblique de Frédéric le Grand, ce n'était pas seulement une manière qui avait survécu ; mais la pauvreté d'esprit la plus criante à laquelle ait jamais conduit la méthodicité avait réussi à anéantir l'armée de Hohenlohe comme jamais une armée ne s'est détruite sur le champ de bataille.

Chapitre 5
La critique

L'influence des vérités théoriques sur la vie pratique s'exerce toujours plus par la critique que par la doctrine. Comme la critique est l'application de la vérité théorique aux événements réels, non seulement elle rapproche celle-ci de la vie, mais elle habitue mieux l'esprit à ces vérités par le retour perpétuel de leurs emplois. C'est pourquoi, après avoir établi le point de vue relatif à la théorie, il nous semble nécessaire de déterminer celui propre à la critique.

Il faut distinguer le récit *critique* de la simple narration d'un événement historique, pure juxtaposition des faits qui mentionne tout au plus leurs liens de causalité les plus étroits.

Trois activités différentes de l'esprit participent à cette narration critique.

Premièrement, la recherche et l'établissement des faits historiques douteux ; c'est l'investigation historique proprement dite, qui n'a rien de commun avec la théorie.

Deuxièmement, la déduction de l'effet à partir de ses causes. C'est *la véritable investigation critique* ; elle est indispensable à la théorie car tout ce qui doit y être établi, soutenu ou même seulement éclairci par l'expérience ne peut être traité que de cette manière.

Troisièmement, l'évaluation des moyens employés. C'est la critique proprement dite, qui détient le blâme et l'éloge. Ici, c'est la théorie qui sert l'histoire, ou plutôt la leçon que l'on doit en tirer.

Dans ces deux dernières opérations, qui sont les parties réellement critiques de l'observation historique, il faut poursuivre l'analyse des choses jusqu'à leurs éléments ultimes, c'est-à-dire jusqu'à des vérités indubitables, et ne pas s'arrêter à mi-chemin, ne pas en rester à quelque position ou supposition arbitraire, comme cela se produit si souvent.

En ce qui concerne la déduction de l'effet par ses causes, elle se heurte souvent à une difficulté extérieure insurmontable : on ne connaît rien des véritables causes. En aucune autre circonstance de la vie cette difficulté n'est aussi fréquente qu'à la guerre. Les événements y sont rarement connus intégralement et les motifs le sont encore moins, soit volontairement dissimulés par les protagonistes, soit oubliés par l'histoire s'ils étaient temporaires et fortuits. C'est pourquoi la narration critique doit, la plupart du temps, aller de concert avec l'investigation historique. Et pourtant, il subsiste souvent entre causes et effets une disparité telle qu'elle ne permet pas de considérer comme des conséquences nécessaires les effets issus de causes connues. Il se produit donc ici des lacunes inévitables, c'est-à-dire des résultats historiques dont on ne peut tirer nul enseignement. Tout ce que la théorie peut exiger, c'est que la recherche soit menée avec rigueur jusqu'à cette lacune et qu'elle cesse toute déduction à partir de là. Il y a un vrai danger à vouloir absolument que le connu suffise à expliquer les effets, à lui attribuer par conséquent une importance indue.

À cette difficulté de l'investigation critique vient s'en

ajouter une autre, immense et interne : à la guerre, les effets proviennent rarement d'une cause simple, mais de la combinaison de plusieurs causes. Il ne suffit donc pas de remonter avec une volonté intègre et impartiale la chaîne des événements jusqu'à leur origine, mais il importe d'attribuer sa part à chacune des causes existantes. Cela conduit donc à examiner de plus près leur nature, ce qui peut alors mener la recherche critique dans le champ proprement théorique.

L'examen critique, à savoir l'évaluation des moyens, soulève la question des effets particuliers suscités par les moyens employés et de leur adéquation au dessein de celui qui agit.

Les effets particuliers des moyens conduisent à examiner leur nature, ce qui nous ramène dans le domaine de la théorie.

Nous avons vu que la critique repose entièrement sur l'accès à des vérités indubitables et qu'elle ne permet donc pas de s'en tenir à des préceptes arbitraires, sans valeur pour autrui, qui leur opposerait d'autres affirmations, peut-être tout aussi arbitraires ; de sorte que le va-et-vient du raisonnement serait sans fin, le tout sans résultat et donc sans enseignement.

Nous avons vu également que la recherche des causes tout comme l'évaluation des moyens conduisent à la théorie, c'est-à-dire au domaine de la vérité universelle qui n'est pas la simple résultante des cas particuliers. S'il existait une théorie utilisable, l'examen critique s'y référerait et son investigation pourrait alors en rester là. Mais en l'absence d'une telle vérité théorique, il faut pousser l'investigation jusqu'aux éléments ultimes. Si cette nécessité se présente souvent, elle conduira naturellement le lettré à se perdre dans d'innombrables détails. Il en sera submergé et se trouvera dans l'impossibilité d'accorder à chacun l'attention requise. De sorte que pour fixer des limites à son examen, il en restera à des affirmations arbitraires qui, même si elles ne le sont pas vraiment pour lui, le seront pour les autres, puisqu'elles ne sont ni prouvées ni évidentes.

Une théorie utilisable est donc un fondement essentiel de la critique. Sans le secours d'une théorie rationnelle, il est impossible à la critique d'atteindre le point où elle commence à devenir instructive, c'est-à-dire où elle devient une démonstration convaincante et *sans réplique*[1].

Mais il serait chimérique de croire à la possibilité d'une théorie qui rende compte de toute vérité abstraite et ne laisserait à la critique d'autre tâche que de placer chaque cas sous la loi appropriée. Il serait d'un pédantisme ridicule d'obliger la critique à rebrousser chemin chaque fois qu'elle parvient aux frontières de la sainte théorie. L'esprit d'investigation analytique qui préside à l'élaboration de la théorie doit aussi orienter le travail de la critique ; il se peut qu'il aille vagabonder sur le domaine de la théorie et qu'il élucide à son usage les points qui lui importent particulièrement. À l'inverse, la critique peut complètement manquer son but si elle devient une application mécanique de la théorie. Plus ils deviennent une doctrine positive, plus les résultats positifs de l'investigation théorique, les principes, règles et méthodes perdent en universalité et en vérité absolue. Ils sont là pour être utilisés en cas de besoin, et il faut toujours laisser au jugement le soin de décider s'ils conviennent ou non. La critique ne doit jamais employer les résultats de la théorie comme des lois et des normes qui serviraient de critères, mais comme ce qu'ils doivent être pour le combattant, comme *soutien de son*

1. En français dans le texte. (*N.d.T.*)

jugement. Si, en matière de tactique, c'est une chose convenue que la cavalerie, dans l'ordre de bataille général, soit placée derrière l'infanterie et non sur la même ligne, il serait pourtant stupide de réprouver tout arrangement qui dérogerait à cette disposition. La critique doit rechercher les motifs de la dérogation ; c'est seulement s'ils sont insuffisants qu'elle est en droit d'alléguer les règles théoriques. En outre, s'il est convenu dans la théorie qu'une attaque en ordre dispersé diminue les chances de succès, il serait tout aussi déraisonnable, à chaque fois qu'une attaque dispersée coïncide avec un échec, d'attribuer celui-ci à celle-là sans chercher à savoir s'il en fut réellement ainsi. Et lorsque l'attaque dispersée se solde par un succès, il serait également absurde d'en déduire au rebours que l'affirmation théorique est fausse. L'esprit d'investigation de la critique ne doit permettre ni l'un ni l'autre. La critique s'appuie donc principalement sur les résultats de l'investigation analytique que mène la théorie. Elle n'a pas à établir de nouveau ce que la théorie a déjà réglé ; si elle l'a réglé, c'est pour que la critique le trouve déjà établi.

La tâche de la critique qui consiste à rechercher quel effet provenait de telle cause, à savoir si tel moyen employé correspondait à sa fin, sera chose facile si la cause et l'effet, la fin et les moyens sont proches les uns des autres.

Lorsqu'une armée est attaquée par surprise, et ne parvient pas à employer ses ressources de façon raisonnée et ordonnée, l'effet de l'attaque ne fait alors aucun doute. Si la théorie a établi qu'une attaque enveloppante conduit à un succès plus grand mais plus incertain, la question est de savoir si celui qui recourt à l'attaque par enveloppement s'est donné pour objectif principal l'ampleur du succès ; si c'est le cas, le moyen est bien choisi. Mais s'il avait l'intention de rendre son succès *plus certain*, et qu'il a fondé son action sur la nature générale des attaques enveloppantes et non sur les circonstances spécifiques de la situation, comme cela est arrivé cent fois, il a alors méconnu la nature de ce moyen et commis une erreur.

Ici, l'entreprise de l'investigation critique et de l'évaluation est aisée, et elle le restera tant que l'on se limite aux effets et aux fins immédiats. C'est ce que l'on peut faire à volonté, à condition d'abstraire les choses de leur cohésion avec l'ensemble et de les considérer uniquement sous ce rapport.

Mais à la guerre, comme en toute chose en ce monde, tout ce qui appartient à un ensemble est en cohésion ; par conséquent, toute cause, si minime soit-elle, étendra son effet jusqu'à l'achèvement de l'acte militaire et modifiera le résultat final, même dans des proportions modestes. De même, tout moyen agira jusqu'à la fin dernière.

On peut donc suivre les effets d'une cause aussi longtemps que leurs manifestations valent la peine d'être observées. De même, on peut non seulement évaluer un moyen en fonction de son objectif immédiat, mais sonder aussi cet objectif lui-même comme un moyen de parvenir à un but supérieur. On remonte ainsi la chaîne des fins subordonnées les unes aux autres, jusqu'à une fin qui ne requiert aucune évaluation parce que sa nécessité est indubitable. En bien des cas, particulièrement quand il est question de grandes mesures décisives, l'observation doit se poursuivre jusqu'à la *fin dernière*, jusqu'à la fin destinée à préparer immédiatement la paix.

Il est évident qu'à mesure que l'on progresse dans cette ascension, chaque nouvelle station offre au jugement un nouveau point de vue. Si bien qu'un même moyen, apparemment avantageux sous un certain angle, sera rejeté une fois considéré depuis un point de vue supérieur.

La recherche des causes des phénomènes et l'évaluation des moyens en fonction des fins vont toujours de pair dans l'observation critique d'une action. Car seule la recherche des causes détermine ce qui mérite de faire l'objet d'une évaluation.

Remonter et descendre le fil des causes ne va pas sans d'importantes difficultés ; car plus la cause que l'on recherche se trouve éloignée d'un événement, plus il faut envisager en même temps d'autres causes, les arranger et les éliminer selon la part qu'elles ont pu prendre à l'événement. En effet, plus un phénomène est important, plus les forces et les circonstances particulières qui l'ont conditionné sont nombreuses. En décelant les causes d'une bataille perdue, il est vrai que nous décelons en partie les causes des conséquences que cette défaite a entraînées sur l'ensemble de la guerre. Mais seulement une partie car, selon les circonstances, les effets d'autres causes entreront eux aussi dans le résultat final.

C'est à mesure que le point de vue s'élève que surgit dans l'évaluation des moyens cette multiplicité des objets ; car plus les fins sont élevées, plus les moyens employés pour les atteindre sont nombreux. Toutes les armées poursuivent simultanément la fin dernière de la guerre ; il est donc nécessaire de prendre en considération tout ce qui est advenu ou tout ce qui pouvait advenir.

On voit bien que cela peut parfois ouvrir à l'observation un vaste champ où l'on est facilement désorienté et où règne la difficulté. Car il faut émettre une multitude d'hypothèses sur les choses qui ne se sont pas réellement produites, mais qui étaient probables, et qui pour cette raison doivent absolument être prises en considération.

[...]

LIVRE TROISIÈME

De la stratégie en général

Chapitre 1
La stratégie

Le concept a été défini dans le chapitre 2 du deuxième livre : la stratégie est l'utilisation de l'engagement aux fins de la guerre. À proprement parler, la stratégie ne considère que l'engagement, mais sa théorie doit intégrer l'agent de cette activité particulière : la force armée. Elle doit la considérer en elle-même et dans ses principales relations avec d'autres facteurs. Car l'engagement est livré par la force armée et c'est d'abord sur elle qu'il exerce ses effets. La théorie stratégique doit envisager l'engagement sous l'angle de ses résultats possibles et dans son rapport avec les forces intellectuelles et morales dont il se sert le plus.

La stratégie est l'utilisation de l'engagement aux fins de la guerre ; elle doit donc assigner à l'ensemble de l'acte militaire un objectif qui corresponde aux fins de la guerre. C'est-à-dire qu'elle dresse le plan de guerre et attache à l'objectif en question la chaîne des opérations propres à y conduire : elle conçoit les plans des différentes campagnes et y agence les différents engagements. Le plus souvent, tous ces projets reposent uniquement sur des hypothèses dont toutes ne se réalisent pas, et il est absolument impossible de prendre à l'avance une quantité d'autres dispositions plus précises. La stratégie doit donc se rendre elle aussi sur le champ de bataille pour régler sur place les questions de détails et trouver les modifications générales qui s'imposent sans cesse. Elle ne peut à aucun moment se retirer du jeu.

On n'a pas toujours compris les choses ainsi (du moins en ce qui concerne les dispositions d'ensemble) comme le prouve l'ancienne habitude d'établir la stratégie en cabinet et non au côté de l'armée. Cette manière de procéder n'est admissible qu'à condition que le cabinet soit si proche de l'armée au point de pouvoir passer pour son grand état-major.

La théorie suivra donc la stratégie dans ses plans, ou plus exactement elle éclairera les choses en elles-mêmes et dans leurs rapports réciproques, et mettra en relief les principes ou les règles qui en résultent.

Si l'on se reporte à ce que le premier chapitre disait du grand nombre d'objets de la plus haute importance abordés par la guerre, on comprendra qu'il faut un esprit doué d'une rare vision pour les prendre tous en considération.

Un prince ou un général qui sait organiser sa guerre en tenant compte exactement de ses fins et de ses moyens, sans en faire trop ni trop peu, offre en cela la preuve la plus éclatante de son génie. Mais les effets de ce génie ne se révèlent pas tant dans des formes d'action nouvelles et frappantes que dans le succès de l'ensemble. C'est la réalisation parfaite des hypothèses calmement réfléchies, l'harmonie muette de l'action tout entière que nous devons admirer et qui ne se manifestent que dans la réussite finale.

L'historien qui ne décèle pas cette harmonie à partir de cette victoire finale cherche le génie là où il n'est pas et ne peut être.

Les moyens et les formes dont se sert la stratégie sont tellement simples, et si bien connus par leur retour constant, que la critique qui en parle si souvent avec emphase semble aux yeux du bon sens parfaitement ridicule. Un mouvement tournant que l'on a vu mille fois passe ici pour un trait du génie le plus brillant, là pour un signe de la perspicacité la plus profonde, et même pour une preuve d'un savoir plus vaste. Peut-il y avoir aberrations plus absurdes dans le monde des idées livresques ?

Cela devient encore plus grotesque lorsqu'on constate que cette critique, en accord avec l'opinion la plus répandue, exclut de la théorie toutes les forces morales pour n'admettre que les données matérielles. Si bien que tout se ramène à quelques rapports mathématiques d'équilibre et de prépondérance, d'espace et de temps, d'angles et de lignes droites. S'il ne s'agissait que de cela, de telles vétilles constitueraient à peine un exercice scientifique pour écolier.

Mais convenons-en : il n'est absolument pas question ici de formes et de problèmes scientifiques. Les rapports entre les données matérielles sont très simples ; l'interprétation des forces intellectuelles qui entrent en jeu est plus complexe. Mais même en ce qui concerne celles-ci, c'est uniquement dans les sphères les plus élevées de la stratégie qu'il faut chercher les complications et la grande diversité des variables et des rapports, là où la stratégie confine à la politique et à la diplomatie, ou plutôt se confond avec elles. Comme nous l'avons déjà dit, ces variables et ces rapports influent alors davantage sur des questions de quantité que sur la forme de l'exécution. Lorsque l'exécution domine, comme dans les différents événements de la guerre, grands et petits, les données intellectuelles sont réduites à un nombre déjà bien restreint.

Ainsi, tout est donc très simple en stratégie, mais tout n'est pas pour autant très facile. Une fois que la situation de l'État a déterminé ce que la guerre doit et peut accomplir, la voie qui y mène est facile à trouver. Mais suivre fixement cette voie, exécuter le plan sans en être mille fois détourné par mille raisons différentes, cela exige en plus d'une grande force de caractère beaucoup d'assurance intellectuelle et de clarté d'esprit. Sur mille hommes brillants, l'un se distingue par son esprit, l'autre par sa perspicacité, d'autres encore par leur courage ou leur force de volonté, mais aucun peut-être ne réunira en lui-même toutes les qualités qui, dans la carrière de général, le hausseront au-dessus de la moyenne.

Cela peut sembler singulier, mais tous ceux qui connaissent la guerre sous cet angle peuvent assurer qu'une décision stratégique importante exige beaucoup plus de force de volonté qu'une décision tactique. Dans la tactique, emporté par l'instant, le commandant se sent entraîné dans un tourbillon contre lequel il ne peut pas lutter sans s'exposer aux conséquences les plus pernicieuses, il réprime les doutes qui s'élèvent en lui et s'aventure courageusement plus loin. Dans la stratégie, où tout s'écoule bien plus lentement, il y a plus d'espace pour les doutes émanant de soi et des autres, pour les objections, les idées et donc aussi pour les regrets intempestifs. En stratégie, à la différence de la tactique, on ne voit pas la moitié des faits de ses propres yeux, mais on doit tout deviner et supputer, la conviction y est donc moins forte. Par conséquent, la plupart des généraux restent paralysés par de vaines inquiétudes quand il faudrait agir.

[…]

Chapitre 2
Éléments de la stratégie

On peut répartir en éléments de différente nature les causes qui conditionnent l'utilisation de l'engagement dans la stratégie : les éléments moraux, physiques, mathématiques, géographiques et logistiques.

À la première catégorie appartiendrait tout ce qui est suscité par les qualités intellectuelles et morales ainsi que leurs effets ; à la deuxième, l'ampleur des forces armées, leur composition, leur armement, etc. ; à la troisième, les angles des lignes d'opération, les mouvements convergents et divergents dans la mesure où leur nature géométrique devient un facteur important dans les calculs ; à la quatrième, l'influence du terrain : les points dominants, les montagnes, les fleuves, les forêts et les routes ; à la cinquième, enfin, les moyens de ravitaillement, etc. Envisager chacun de ces éléments séparément présente un certain avantage : cela permet de s'en faire une idée plus claire et d'évaluer au passage la valeur plus ou moins grande de ces différentes catégories. Car, étudiés séparément, certains perdront d'eux-mêmes leur importance apparente. On saisit immédiatement, par exemple, que la valeur d'une base d'opérations, par rapport uniquement à la *position de la ligne d'opérations*, dépend, même sous cette forme simple, bien moins de l'élément géométrique de l'angle qu'elles forment que de la nature des voies et du terrain qu'elles traversent.

Mais vouloir étudier la stratégie d'après ces éléments serait une méthode des plus désastreuses car, dans les actes militaires isolés, ils sont le plus souvent multiples et étroitement entremêlés. On se perdrait dans l'analyse la plus stérile, et comme dans un cauchemar sans fin, on chercherait en vain à bâtir l'arche qui mènerait de ces fondements abstraits aux phénomènes du monde réel. Le ciel garde le théoricien d'une telle entreprise ! Quant à nous, nous nous en tiendrons au monde global des phénomènes, sans pousser notre analyse au-delà de ce qui est nécessaire à la compréhension de chaque idée que nous voulons exposer ; ces idées ne sont pas le fruit d'une investigation spéculative mais de l'effet produit par l'ensemble des phénomènes de la guerre.

Chapitre 3
Les données morales

Il nous faut une fois encore revenir sur ce sujet déjà abordé au chapitre 3 du deuxième livre, car les données morales font partie des objets les plus importants de la guerre. C'est l'esprit qui imprègne la totalité du domaine de la guerre. Il s'associe très tôt, et avec une puissante affinité, à la volonté qui dirige et met en mouvement la grande masse des forces, jusqu'à ne faire plus qu'un avec ce qui est en soi une grandeur morale. Il se soustrait malheureusement à toute connaissance livresque, car il ne se laisse ni classer ni mettre en chiffres, mais exige d'être vu ou ressenti.

L'esprit et les autres qualités morales de l'armée, du général, des gouvernements, l'état d'esprit des provinces où la guerre se déroule, l'effet moral d'une victoire ou d'une défaite sont des facteurs de nature très différente. Ils peuvent exercer par rapport à notre fin et à notre situation une influence elle aussi très différente.

Même si les livres en parlent peu ou pas du tout, ces données appartiennent pourtant à la théorie de l'art de la guerre, autant que tous les autres facteurs qui constituent la guerre. C'est pourquoi il me faut le dire à nouveau : c'est une bien piètre philosophie que celle qui, selon l'ancienne manière, exclut de ses règles et de ses principes toutes les forces morales et, dès que ces données apparaissent, commence à dénombrer les exceptions, leur donnant un statut quasi scientifique en en faisant des règles ; on peut aussi se tirer d'affaire en invoquant le génie, au-dessus de toutes les règles ; ce qui donne finalement à penser que les règles n'ont pas seulement été faites pour les idiots, mais qu'elles doivent aussi être elles-mêmes idiotes.

Si la théorie de l'art de la guerre devait se limiter à rappeler l'existence de ces facteurs, à démontrer la nécessité d'estimer les données morales à leur juste valeur et de les prendre en compte, elle aurait déjà étendu ses frontières dans ce domaine de l'esprit. En établissant ce point de vue, elle condamne à l'avance quiconque voudrait se justifier devant son tribunal en alléguant des rapports de forces purement physiques.

Mais c'est aussi en raison de toutes les autres prétendues règles que la théorie n'a pas le droit d'expulser de ses frontières les données morales. Car les effets des forces physiques fusionnent complètement avec ceux des forces morales et, à la différence d'un alliage métallique, ils ne peuvent être séparés par un procédé chimique. Dans toute règle relative aux forces physiques, la théorie doit envisager la part que les qualités morales peuvent y occuper. Sinon, elle se laissera entraîner vers des énoncés catégoriques, tantôt excessivement craintifs et limités, tantôt trop larges et présomptueux. Même les théories les plus dépourvues d'esprit sont allées vagabonder à leur insu dans ce domaine spirituel ; en effet, il est par exemple impossible d'expliquer les effets d'une victoire sans prendre en considération son impact moral. Ainsi la plupart des sujets dont nous traitons dans ce livre sont-ils composés pour une moitié de causes et d'effets physiques et pour l'autre de causes et d'effets moraux. On pourrait dire que les forces physiques ne sont que le manche de bois, tandis que les forces morales sont le noble métal, l'arme véritable, la lame étincelante.

L'histoire offre la meilleure démonstration de la valeur des facteurs moraux en général, et de leur influence souvent incroyable ; c'est l'aliment le plus noble et le plus pur que l'esprit du général puisse extraire de l'étude du passé. – Remarquons à ce sujet que ce sont moins les démonstrations, les investigations critiques et les traités savants que les sensations, les impressions d'ensemble et le jaillissement des intuitions fulgurantes qui sèment les germes de sagesse dont l'âme portera les fruits.

Nous pourrions passer en revue les principaux phénomènes moraux qui se manifestent dans la guerre et, comme un professeur méticuleux, chercher les enseignements que l'on peut tirer de chacun, en bien ou en mal. Mais cette méthode fait trop facilement tomber dans les lieux communs et les banalités, le véritable esprit d'analyse se perd très vite et on en arrive imperceptiblement à raconter des choses que tout le monde sait. C'est pourquoi nous préférons rester ici incomplet et impressionniste, souligner ce qu'il y a d'important dans les choses et esquisser dans quel esprit ce livre les comprend.

Chapitre 4
Les principales forces morales

Les principales forces morales sont : *les talents du général, la vertu martiale de l'armée, son patriotisme.* Il est impossible d'établir de façon générale laquelle a le plus de valeur. Car il est déjà difficile d'évaluer leur grandeur en soi, et plus encore de les comparer. Le mieux est de n'en sous-estimer aucune, ce à quoi l'esprit humain est trop enclin dans ses oscillations pendulaires. Il vaut mieux présenter des témoignages historiques de la vigueur évidente de ces trois facteurs.

Il est vrai, cependant, que dans les temps modernes les armées des États européens sont presque toutes parvenues au même niveau de compétence et d'instruction. La conduite de la guerre, pour reprendre les mots du philosophe, s'est développée conformément à sa nature. Elle est devenue une sorte de méthode que partagent quasiment toutes les armées. Au point qu'il ne faut plus compter, même de la part du général, sur l'emploi d'un artifice exceptionnel (quelque chose comme l'ordre oblique de Frédéric II). Telles que sont les choses, il reste donc incontestablement un espace d'autant plus vaste pour le patriotisme et l'expérience militaire des troupes. Une paix prolongée pourrait apporter un nouveau changement à cet état de fait.

Le patriotisme de l'armée (enthousiasme, ardeur fanatique, croyance, opinion) s'exprime avec le plus de force dans la guerre en montagne. Chacun, jusqu'au simple soldat, y est livré à soi-même. C'est pourquoi les montagnes sont les meilleurs champs de bataille pour un peuple en armes.

L'habileté technique de l'armée et le courage d'airain, qui soude les troupes comme un bloc, se manifestent le plus souverainement en rase campagne.

Le talent du général trouve à se déployer le plus amplement dans un terrain vallonné et d'altitude moyenne. En montagne, il n'est pas assez maître de ses unités et le commandement de l'ensemble dépasse ses forces ; en rase campagne, ce commandement est trop simple et n'épuise pas ses forces.

C'est selon ces indéniables affinités électives qu'il faut dresser les plans.

Chapitre 5
La vertu martiale de l'armée

Elle se distingue de la simple bravoure et plus encore de l'enthousiasme suscité par le mobile de la guerre. La bravoure en est certes un élément indispensable. De même qu'elle est une disposition naturelle chez l'homme ordinaire, elle peut, chez le guerrier qui fait partie d'une armée, provenir de l'habitude et de l'exercice ; elle doit donc être orientée différemment chez ce dernier et cesser d'être cet instinct qui pousse l'individu à une activité débridée et aux manifestations de force. Il faut qu'elle se soumette aux exigences d'un ordre supérieur : à l'obéissance, l'ordre, la règle et la méthode. L'enthousiasme pour le mobile de la guerre procure à la vertu martiale d'une armée vie et flamme, mais il n'en est pas une composante nécessaire.

La guerre est une activité précise. Même si elle étendait ses ramifications à toute une nation et même si tous les hommes aptes à porter les armes l'exerçaient, elle resterait pourtant singulière. Elle est distincte et séparée des autres activités qui occupent l'attention des hommes. Être imprégné de son esprit et de son essence, éveiller, accueillir en soi et exercer les forces qui s'y déploient, la pénétrer de toute son intelligence, y acquérir par l'exercice aisance et assurance, se fondre complètement en elle, quitter le statut d'homme pour y jouer le rôle prescrit : telle est dans l'individu la vertu martiale de l'armée.

On aura beau s'appliquer à faire cohabiter le citoyen et le guerrier dans le même individu, à faire de chaque guerre une affaire nationale, à penser que l'armée tourne radicalement le dos à celle des *condottieri* d'autrefois : on ne pourra jamais abolir la singularité de cette activité. Et puisque c'est impossible, tous ceux qui l'exercent se considéreront aussi longtemps qu'ils l'exerceront comme une sorte de corporation, dont les ordres, les lois et les coutumes concrétisent par excellence l'esprit de la guerre. Et il en sera effectivement ainsi. On aurait donc bien tort, en cherchant à adopter le point de vue le plus élevé, de mépriser cet *esprit de corps*[1] qui peut et doit exister plus ou moins dans une armée. Cet esprit de corps est en quelque sorte le ciment entre les forces naturelles qui agissent au sein de ce que nous appelons la vertu martiale de l'armée. Grâce à lui, les vertus martiales se cristallisent plus aisément.

Une armée qui maintient sa formation ordinaire sous le feu le plus meurtrier, qui jamais ne cède devant une crainte imaginaire et lutte pied à pied contre celle qui est fondée ; une armée fière de ses victoires et qui, même dans les affres de la défaite, ne perd pas la force d'obéir ni le respect et la confiance envers ses chefs ; une armée dont les forces physiques sont trempées par l'effort et la privation comme les muscles d'un athlète, qui considère ces efforts comme un moyen de mener à la victoire et non comme une malédiction qui pèse sur ses drapeaux ; une armée qu'un seul et bref credo rappelle à tous ces devoirs et toutes ces vertus : l'honneur de ses armes, – une telle armée est imprégnée de vertu martiale.

1. En français dans le texte. *(N.d.T.)*

On peut se battre remarquablement, comme les chouans, et accomplir de grandes choses, comme les Suisses, les Américains, les Espagnols, sans développer cette vertu martiale. On peut même, sans jouir de son concours, obtenir la victoire à la tête d'armées permanentes, comme Eugène[1] et Marlborough[2]. On ne saurait donc dire qu'il est impensable de gagner une guerre sans cette vertu. Nous attirons particulièrement l'attention sur ce point, afin de mieux individualiser le concept que nous établissons ici, pour que les idées ne se dissolvent pas dans la généralité et que l'on ne prenne pas la vertu martiale pour la pierre philosophale. Ce qu'elle n'est en rien. La vertu martiale d'une armée apparaît comme une force morale déterminée, dont on peut se faire une représentation abstraite et dont on peut donc évaluer l'influence, comme un instrument dont on peut calculer la force.

Après l'avoir ainsi caractérisée, nous allons examiner son influence et les moyens de la susciter.

La vertu martiale est pour les différents éléments de l'armée ce que le génie du général est pour son ensemble. Le général ne peut diriger que l'ensemble, et non chaque élément ; et là où il ne peut diriger, l'esprit martial doit prendre le commandement. Le général est choisi pour le

1. Eugène de Savoie, dit le Prince Eugène (1663-1736), officier français qui vit ses services refusés par Louis XIV et devint général autrichien. Commandant des soldats hollandais et anglais, il combattit à Oudenaarde et Malplaquet les armées françaises en compagnie de Marlborough. Il est souvent tenu pour le plus grand stratège de son temps. *(N.d.T.)*

2. John Churchill, duc de Marlborough (1650-1722) commandant en chef anglais, il réorganisa l'armée anglaise et accéda à la célébrité méritée pendant les sept années des guerres de succession d'Espagne contre Louis XIV. *(N.d.T.)*

renom que lui ont valu ses qualités exceptionnelles ; les officiers supérieurs des grandes unités sélectionnés après un examen méticuleux. Mais la rigueur de cet examen diminue à mesure que l'on descend dans la hiérarchie, et il faut donc compter de moins en moins sur les aptitudes individuelles ; la vertu martiale doit donc suppléer à ce qui manque là. C'est précisément ce rôle que jouent les qualités naturelles d'un peuple qui prépare la guerre : *la bravoure*, *l'adaptabilité*, *l'endurance* et *l'enthousiasme*. Ces qualités peuvent donc remplacer l'esprit martial et réciproquement ; il en résulte les remarques suivantes :

1. La vertu martiale est propre aux seules armées régulières, ce sont elles qui en ont le plus besoin. Dans les insurrections et les guerres populaires elle est remplacée par les qualités naturelles qui se développent alors plus rapidement.

2. Une armée régulière qui en affronte une autre s'en passe plus facilement qu'une armée régulière opposée à un peuple en armes ; car dans ce cas elle doit diviser ses forces et chaque unité se trouve davantage livrée à elle-même. Mais lorsque l'armée peut faire corps, le génie du général prend une place plus grande et compense ce qui manque à l'esprit de l'armée. En somme, la vertu martiale sera d'autant plus nécessaire que le théâtre des opérations et les autres circonstances compliquent la guerre et éparpillent les forces.

Le seul enseignement à tirer de ces vérités est le suivant : lorsqu'une armée ne possède pas cette force morale, il faut chercher à organiser la guerre le plus simplement possible, ou redoubler d'attention sur d'autres points de l'organisation militaire et ne pas attendre de la seule appellation d'armée régulière ce que seule une armée bien réelle peut accomplir.

La vertu martiale d'une armée est donc l'une des forces morales les plus significatives dans la guerre ; et lorsqu'elle fait défaut, l'une ou l'autre la remplace, comme l'insigne supériorité du général, l'enthousiasme du peuple. Sinon les effets ne correspondront pas aux efforts fournis : les Macédoniens d'Alexandre, la légion romaine de César, l'infanterie espagnole d'Alexandre Farnèse, les Suédois de Gustave Adolphe et de Charles XII, les Prussiens de Frédéric le Grand et les Français de Bonaparte nous montrent la grandeur que cet esprit, que cette fermeté de l'armée engendrent ; l'affinage du minerai en métal étincelant. Il faudrait délibérément ignorer toutes les preuves historiques pour ne pas admettre que les succès extraordinaires de ces généraux et leur grandeur dans les situations les plus difficiles n'eussent pas été possibles sans une armée animée de ces qualités.

Cet esprit ne peut surgir que de deux sources, et elles ne peuvent le générer qu'ensemble. La première est une série de guerres et de succès, la seconde une activité de l'armée souvent portée jusqu'à l'effort suprême. Ce n'est que dans ces circonstances que le guerrier apprend à connaître ses forces. Plus un général habitue ses soldats à de hautes exigences, plus il est sûr qu'ils pourront y répondre. Le soldat est tout aussi fier des difficultés qu'il a surmontées que des dangers qu'il a affrontés. Ce germe ne pousse donc que dans le terreau d'une activité et d'un effort constants ; mais aussi et seulement au soleil de la victoire. Une fois devenu un arbre vigoureux, il résiste aux plus violentes tempêtes des revers et des défaites, et même au calme indolent de la paix, du moins pendant un temps. Ce esprit ne peut donc *naître* que dans la guerre et sous l'influence de grands généraux, mais il peut perdurer sur plusieurs générations, en dépit de généraux médiocres et de longues périodes de paix.

Il ne faut pas comparer ce vaste et noble esprit de corps qui soude des guerriers endurcis et couverts de cicatrices, à la suffisance, à la vanité des armées régulières, dont la cohésion n'est due qu'aux règlements de service et d'exercice. – Une certaine sévérité et une discipline rigoureuse peuvent faire durer plus longtemps la vertu martiale d'une troupe, mais elles ne la créent pas ; elles conservent toujours leur valeur mais on ne saurait la surestimer. L'ordre, l'adresse, la bonne volonté, une certaine fierté même, et un excellent état d'esprit sont les qualités d'une armée formée en temps de paix ; il faut les apprécier mais aucune n'a de valeur indépendamment des autres. L'ensemble soutient l'ensemble, et comme le verre trop vite refroidi, une seule fêlure réduit le tout en miettes. Au premier obstacle, le meilleur état d'esprit du monde se transforme trop facilement en pusillanimité et en une espèce de fanfaronnade de la peur : en *sauve qui peut*, comme disent les Français. – Une telle armée doit tout à son chef, et rien à elle-même. Il faut la diriger avec une prudence redoublée, jusqu'à ce que peu à peu, par la victoire et l'effort, la force pénètre et grandisse à l'intérieur de la lourde armure. On se gardera donc de confondre l'esprit de l'armée et son état d'esprit.

Chapitre 6
L'audace

La place et le rôle occupés par l'audace dans le système dynamique des forces, où elle contrebalance la prudence et la circonspection ont été évoqués dans le chapitre consacré à la certitude du succès[1]. Nous y avons montré que la théorie n'a pas le droit d'imposer à l'audace des bornes sous prétexte de la codifier.

Mais ce noble élan, grâce auquel l'âme humaine s'élève au-dessus des dangers les plus menaçants, doit être également considéré comme un principe agissant particulier. En effet, dans quel domaine de l'activité humaine l'audace mériterait-elle droit de cité si ce n'est dans celui de la guerre ?

Du général au valet d'armes et au tambour, elle est la plus noble des vertus, le bon acier qui donne aux armes leur tranchant et leur éclat.

Reconnaissons-le : l'audace a même des *prérogatives* dans la guerre. À côté des résultats des calculs relatifs à l'espace, au temps et aux grandeurs, il faut lui accorder une certaine part. Elle la tire de la faiblesse de l'adversaire, chaque fois qu'elle se montre supérieure. Elle est donc une véritable force créatrice. Cela n'est pas difficile

1. Chapitre que l'auteur a ultérieurement éliminé. *(N.d.T.)*

à démontrer, même philosophiquement. Chaque fois que l'audace rencontre la pusillanimité, la probabilité de succès est nécessairement de son côté, car la pusillanimité est déjà une perte d'équilibre. Rencontre-t-elle une prudence circonspecte, que l'on peut dire tout aussi *audacieuse*, qui est en tout cas tout aussi forte et puissante qu'elle, c'est alors seulement qu'elle aura le dessous ; mais le cas est rare. Dans la grande légion des prudents, une forte majorité l'est par crainte.

Dans les gros bataillons, l'audace est une force dont le développement ne peut jamais nuire aux autres forces morales. Car le cadre et la structure du service et de l'ordre de bataille les lient à une volonté supérieure. Ces masses sont donc dirigées par une intelligence extérieure. L'audace est ici comme un ressort toujours bandé, prêt à bondir.

Plus on monte dans la hiérarchie, plus il est nécessaire qu'un esprit réfléchi accompagne l'audace, afin qu'elle ne soit pas une impulsion vaine et aveugle de la passion. Car à mesure que le grade s'élève, il s'agit toujours moins du sacrifice de soi et toujours plus de la préservation des autres et du bien de l'ensemble. Ainsi, ce qui, pour la masse de l'armée, est régi par le règlement devenu une seconde nature doit, pour le chef, être régi par la réflexion ; tant l'audace d'une seule action peut devenir très vite une erreur. Cela demeure cependant une belle erreur, qu'il ne faut pas voir du même œil que les autres. Heureuse l'armée où surgit souvent l'audace intempestive ! c'est une excroissance exubérante, mais c'est le signe d'un sol fertile. Même la témérité, cette audace sans objet, n'est pas à mépriser ; c'est au fond la même force d'âme, mais exercée sans aucune intervention de l'esprit, dans une sorte de passion. C'est seulement lorsque l'audace s'insurge et refuse d'obéir à la raison, lorsqu'elle abandonne avec mépris une volonté expressément supérieure, qu'il faut la traiter comme un mal dangereux, non pas à cause d'elle-même, mais pour cause d'insubordination ; car rien dans la guerre n'est plus important que l'obéissance.

Soumise à la même analyse, la peur cause à la guerre mille fois plus de dégâts que l'audace ; nous ne formulons cette vérité que pour conforter l'adhésion du lecteur.

Au fond, la présence d'un but rationnel devrait rendre l'audace plus facile, et donc en amoindrir la valeur ; c'est pourtant tout le contraire.

La lucidité de la pensée, ou plus encore la prédominance de la raison, ôtent à toutes les forces de l'âme une grande part de leur violence. C'est pourquoi l'audace est *toujours plus rare à mesure que l'on monte dans l'échelle hiérarchique*. Même si l'intelligence et le discernement ne sont pas forcément proportionnés au grade, les *données objectives*, *les circonstances* et *leurs rapports* s'imposent en nombre aux officiers des différents niveaux avec une telle force que *leur poids augmente à mesure que diminue l'intelligence qu'ils en ont*. C'est ce sur quoi se fonde principalement l'expérience traduite par ce proverbe français : « *Tel brille au second rang qui s'éclipse au premier.*[1] » Presque tous les généraux que l'histoire nous montre comme des officiers médiocres ou même irrésolus s'étaient distingués à des rangs inférieurs par leur audace et leur résolution.

Il faut opérer une distinction parmi les motifs d'une action audacieuse qui naissent sous la pression de la nécessité. La nécessité a ses degrés. Est-elle proche ? Pour

1. Citation de Voltaire extraite de *La Henriade*, en français dans le texte. (*N.d.T.*)

atteindre son but, le combattant court de grands dangers afin d'échapper à d'autres dangers tout aussi grands ; on ne peut admirer que sa résolution, qui n'est d'ailleurs pas dépourvue de valeur. Quand un jeune homme franchit un précipice pour montrer son talent de cavalier, il fait preuve d'audace ; s'il accomplit le même saut poursuivi par une horde de janissaires coupeurs de têtes, il est seulement résolu. Plus la nécessité est distante de l'action, plus nombreuses sont les circonstances que l'esprit doit parcourir pour en avoir conscience, moins elle porte préjudice à l'audace. Lorsque Frédéric le Grand considéra en 1756 que la guerre était inévitable, et qu'il ne pouvait échapper à sa perte qu'en se portant au-devant de l'ennemi, il lui était nécessaire d'ouvrir lui-même les hostilités. C'était certainement en même temps très audacieux et peu d'hommes dans sa situation s'y seraient résolus.

Bien que la stratégie soit l'apanage des généraux ou des chefs les plus hauts placés, l'audace de tous les autres membres de l'armée lui est pourtant aussi peu indifférente que les autres vertus militaires. Avec une armée issue d'un peuple audacieux et où l'esprit d'audace a toujours été entretenu, on peut entreprendre bien d'autres choses qu'avec une armée dépourvue de cette vertu. C'est la raison pour laquelle nous avons pensé qu'il fallait l'étendre à l'armée entière, même si notre objet est d'étudier l'audace du chef. Nous n'avons toutefois pas grand-chose à ajouter à la description générale de cette vertu que nous avons caractérisée de notre mieux.

Plus on s'élève dans la hiérarchie des grades, plus l'esprit, l'intelligence et le discernement deviennent prépondérants, et plus l'audace, qui est une qualité du tempérament, est réprimée. C'est pourquoi nous la rencontrons si rarement aux postes les plus élevés, ce qui la rend d'autant plus admirable. L'audace guidée par un esprit dominant est le sceau du héros. Cette audace ne consiste pas à s'aventurer contre la nature des choses et à violer les lois de la probabilité ; elle consiste au contraire à soutenir puissamment ce calcul supérieur, effectué par le jugement à la vitesse de l'éclair et presque inconsciemment, par lequel le génie aboutit à sa décision. Plus l'audace donne des ailes à l'esprit et au discernement, plus ils voleront loin, plus leur vision sera vaste, plus le résultat sera juste ; sans jamais oublier cependant que l'ampleur des dangers croît avec celle des objectifs. C'est loin du danger et de la responsabilité, dans une activité imaginaire en chambre, que l'homme ordinaire, pour ne rien dire du faible et de l'irrésolu, parvient à un résultat exact, pour autant que cela soit possible sans expérience concrète. Mais dès que le danger et la responsabilité se rapprochent, il perd sa vue d'ensemble ; et même s'il la conservait par l'entremise des autres, il perdrait sa force de *résolution*, car sur ce point personne ne peut l'aider.

Il semble donc inconcevable qu'un général dénué d'audace puisse être excellent. Personne ne peut le devenir si cette force du tempérament n'est pas innée, force que nous considérons donc comme la première condition d'une telle carrière. Ce qui reste de cette force innée, développée et modifiée par l'éducation et la vie, lorsque l'homme a atteint cette haute fonction, c'est une seconde question. Plus cette force est restée vigoureuse, plus le coup d'aile du génie est puissant, plus haut est son vol. L'entreprise est toujours plus risquée, mais le but grandit avec elle. Que l'action découle d'une lointaine nécessité qui lui donne sa direction, ou qu'elle aboutisse à la clef de voûte d'une construction érigée par l'ambition, que le chef soit Frédéric ou Alexandre, cela revient passablement au même pour l'étude critique. Le second cas excite davantage l'imagination, car il est plus audacieux ; le premier satisfait davantage l'intelligence, car il comporte plus de nécessité interne.

Il nous faut considérer à présent une autre circonstance importante.

L'audace peut habiter une armée soit parce qu'elle existe dans le peuple, soit parce qu'elle s'est formée au cours d'une guerre victorieuse menée par des généraux audacieux ; mais dans ce cas elle fait défaut au début.

Or, à notre époque, la guerre est le seul moyen de former l'esprit d'un peuple en ce sens, à condition qu'elle soit conduite avec audace. Rien d'autre ne peut contrecarrer cette mollesse du tempérament, cette inclination aux sentiments confortables, qui abaissent un peuple quand l'aisance augmente et l'activité commerciale s'accroît.

Ce n'est que lorsque le caractère national et l'habitude de la guerre se soutiennent mutuellement dans une interaction constante, qu'un peuple peut espérer tenir une position solide dans le monde politique.

Chapitre 7
La persévérance

Le lecteur s'attendait à entendre parler d'angles et de lignes, et au lieu de trouver ici ces citoyens du monde des sciences, il ne rencontre que des gens de la vie ordinaire, comme il en croise tous les jours dans la rue. Cependant, l'auteur ne peut se résoudre à accorder dans son sujet un pouce de plus aux mathématiques, et il ne redoute pas l'irritation que le lecteur pourrait éprouver à son égard.

Dans la guerre plus que dans n'importe quelle affaire du monde, les choses sont différentes de ce que l'on avait imaginé et prennent un tout autre aspect selon qu'elles sont vues de près ou de loin. Avec quel calme l'architecte peut édifier son œuvre et la voir s'élever selon son tracé ! Tout en étant bien plus que l'architecte à la merci des contingences et des hasards impénétrables, le médecin connaît pourtant exactement les effets et les formes de ses moyens. À la guerre, le chef d'une grande armée se trouve submergé par le ressac constant de renseignements exacts et faux ; d'erreurs commises par crainte, par négligence, ou par précipitation ; d'insubordinations dues à des interprétations vraies ou fausses, à la mauvaise volonté, à un sentiment du devoir mal placé, à la lenteur ou à l'épuisement ; de hasards auxquels personne n'avait songé. Bref, il est à la merci de cent mille contingences dont la plupart sont inquiétantes, et quelques-unes seulement encourageantes. Une longue expérience de la guerre procure l'intuition qui permet d'estimer rapidement la valeur de chacun de ces phénomènes ; le courage éminent et la force intérieure leur résistent, comme le rocher au déferlement des vagues. Qui céderait à ces impressions n'accomplirait aucune de ses entreprises. C'est pourquoi la *persévérance* dans le projet amorcé est un contrepoids indispensable, tant que les raisons les plus catégoriques n'interviennent pas pour s'y opposer. – En outre, la guerre ne connaît pas d'exploits glorieux réalisés sans d'infinis efforts, sans peine et sans détresse. La faiblesse de l'être physique et moral est toujours prête à abandonner, et seule une grande force de volonté peut donc conduire au but, cette énergie manifestée dans une *ténacité* qu'admirent le monde et la postérité.

Chapitre 8
La supériorité numérique

Elle est dans la tactique comme dans la stratégie le principe le plus général de la victoire. Nous allons d'abord, dans ce qui suit, la considérer dans sa généralité. Procédons pour cela au développement suivant.

La stratégie détermine *où*, *quand*, et *avec quelles forces* le combat sera engagé ; elle exerce donc par cette triple détermination une influence essentielle sur l'issue de l'engagement. Une fois que la tactique a livré bataille, le résultat est acquis, victoire ou défaite, et la stratégie l'utilise en fonction de la fin visée par la guerre. Naturellement, cette fin est souvent fort éloignée et il est très rare qu'elle soit immédiatement accessible. Toute une série d'autres fins se subordonnent à elle pour lui servir de moyens. Ces fins, qui sont en même temps des moyens pour des fins supérieures, peuvent être très diverses dans la pratique. Même la fin ultime, le but de la guerre tout entière, diffère presque toujours d'une guerre à l'autre. Nous prendrons connaissance de ces éléments à mesure que nous rencontrerons les différents objets qu'ils affectent. Nous n'avons pas l'intention d'embrasser l'ensemble du sujet en procédant ici à un dénombrement complet, même si cela était possible. Nous laissons donc de côté pour le moment l'emploi de l'engagement.

Même les facteurs par lesquels la stratégie exerce son influence sur l'issue de l'engagement, en le fixant (en le décrétant, en quelque sorte) ne sont pas simples au point de pouvoir être tous saisis en une seule analyse. La stratégie peut mettre en application ses décisions relatives au moment, au lieu et aux forces de diverses façons. Chacune d'elles conditionne différemment l'engagement, aussi bien dans son issue que dans ses suites. Nous ne ferons donc connaissance avec ces éléments que peu à peu, au gré des objets qui déterminent plus particulièrement leur application.

Dépouillons l'engagement de toutes les modifications que peuvent lui imprimer sa détermination et les circonstances dont il découle ; faisons abstraction de la valeur des troupes, qui est une donnée en soi : il ne reste que le concept nu de l'engagement, c'est-à-dire un combat de forme indéfinie, où la seule distinction que nous opérons concerne le nombre des combattants.

Ce nombre déterminera donc la victoire. Les multiples abstractions qui nous ont permis d'arriver jusqu'ici démontrent que la supériorité numérique dans l'engagement n'est que l'un des facteurs qui concourent à la victoire. La supériorité numérique est donc loin d'en assurer la totalité, ou même l'essentiel, et il est possible qu'elle ne parvienne pas à grand-chose selon les circonstances concomitantes.

Mais la supériorité numérique comporte des degrés, elle peut doubler, tripler ou quadrupler, etc., et chacun comprendra qu'avec un tel accroissement elle écrase sûrement tout le reste.

En ce sens, il faut reconnaître que la supériorité numérique est le facteur le plus important dans le résultat d'un engagement. À condition qu'elle soit assez grande pour contrebalancer toutes les autres circonstances concomitantes. On en conclut directement qu'il faut engager le plus grand nombre possible de troupes au point décisif de l'engagement.

Que ces troupes ensuite soient suffisantes ou non, on aura fait du moins tout ce que les moyens permettaient de faire. C'est le premier principe de la stratégie. [...]

Chapitre 9
La surprise

L'objet du chapitre précédent, l'aspiration générale à une supériorité relative, engendre à lui seul une autre aspiration, tout aussi générale : *surprendre* l'ennemi. Elle est plus ou moins à la base de toute entreprise, car sans elle la supériorité au point crucial est véritablement inconcevable.

La surprise devient donc le moyen d'acquérir la supériorité, mais il faut également la considérer comme un principe autonome, en raison de son effet moral. Lorsqu'elle réussit pleinement, elle sème chez l'adversaire désarroi et découragement ; et il ne manque pas d'exemples, grands et petits, pour montrer combien cela multiplie le succès. Il n'est donc pas question ici de l'attaque surprise proprement dite (qui appartient au domaine de l'attaque) mais du désir de surprendre l'ennemi par des mesures générales et, en particulier, par la répartition des forces. Cela peut tout aussi bien se concevoir dans un contexte défensif et c'est l'un des éléments majeurs de la défense tactique.

Nous affirmons que la surprise est à la base de toute entreprise, sans exception ; mais son intensité varie énormément selon la nature de l'entreprise et les autres conditions.

Cette différence commence avec les qualités de l'armée, du général, voire du gouvernement.

Le secret et la rapidité sont les deux facteurs de ce produit ; ils supposent tous deux une grande énergie de la part du gouvernement et du général, et une grande rigueur de la part de l'armée. Avec la mollesse et le relâchement, il est inutile d'escompter la surprise. Mais si répandu, et même indispensable que soit le désir de surprendre, et s'il est vrai qu'il ne reste jamais sans effet, il faut cependant reconnaître que sa réussite *parfaite* est rare ; cela tient à la nature des choses. Il serait donc illusoire de croire que ce moyen permette mieux que tout autre d'atteindre ce que l'on poursuit dans la guerre. L'idée en est très séduisante, mais la plupart du temps son exécution reste bloquée par la friction de la machine tout entière.

La surprise relève bien plus de la tactique, pour la simple raison que le temps et l'espace y sont plus restreints. En stratégie, elle sera donc d'autant plus réalisable que les mesures à prendre se rapprochent du domaine de la tactique, et d'autant plus difficile que ces mesures s'élèvent vers le domaine de la politique.

Les préparatifs de guerre prennent d'habitude plusieurs mois, la concentration des armées sur leur principales positions exige le plus souvent l'établissement de magasins, de dépôts et des marches considérables, dont on peut deviner assez tôt l'affectation.

Il est donc extrêmement rare qu'un État en surprenne un autre par la guerre ou par la direction générale prise par ses forces. Aux XVIIe et XVIIIe siècles, quand la guerre s'articulait essentiellement autour du siège, on cherchait fréquemment à investir une place forte de façon imprévue et cela constituait un chapitre spécifique et très important de l'art de la guerre ; cependant, même ce genre de manœuvres réussissait rarement.

En revanche, la surprise se conçoit bien mieux lorsqu'il s'agit d'actions qui peuvent se dérouler du jour au lendemain ; cela n'est souvent pas difficile de gagner une marche sur l'ennemi, et d'enlever par là une position, un site, une voie, etc. Il est cependant évident que ce que la surprise gagne en facilité, elle le perd en efficacité, et inversement. Croire que ces surprises à petite échelle conduisent à de grands exploits, une bataille victorieuse, par exemple, ou la prise d'un matériel important, c'est croire sans doute à une chose tout à fait concevable, mais que l'histoire ne confirme pas. En effet, les exemples où de tels effets de surprise ont engendré des hauts faits sont extrêmement rares. Cela permet de se faire une idée des difficultés que recèle la surprise.

[...]

Chapitre 10
La ruse

La ruse suppose une intention cachée. Elle s'oppose donc à la manière d'agir droite et simple, c'est-à-dire directe, autant que l'ironie à l'argument. C'est pourquoi elle n'a rien de commun avec les moyens de persuasion, d'intérêt, de violence ; mais elle ressemble beaucoup à la tromperie qui, elle aussi, cache ses intentions. Elle est elle-même tromperie, une fois que tout est accompli. Elle se distingue néanmoins de ce que l'on appelle strictement « tromperie » par le fait qu'elle ne manque jamais directement à la parole donnée. Celui qui emploie la ruse laisse celui qu'il veut tromper commettre lui-même les erreurs de pensée ; celles-ci confluent finalement en un *unique* effet qui modifie soudain devant ses yeux la nature des choses. De même que l'ironie est une prestidigitation des représentations et des idées, la ruse est une prestidigitation des actes.

Il semble à première vue que ce n'est pas sans raison que la ruse est à l'origine de la stratégie[1]. Malgré toutes

1. Le verbe grec στρατηγεῖν (*stratêgein*), commander une armée, signifie également user d'une ruse, d'un stratagème, car τὸ στρατ-ήγημα (*to stratêgêma*) dénote autant une manœuvre de guerre que l'habileté et la ruse. *(N.d.T.)*

les transformations réelles et apparentes qui ont modifié la guerre depuis les Grecs, ce nom reste pourtant celui qui en indique la nature la plus profonde.

Abandonnons à la tactique l'exécution des coups de force, des engagements proprement dits, et considérons la stratégie comme l'art de s'en servir avec habileté. En dehors des forces du tempérament, comme l'ambition ardente, qui exerce constamment la pression d'un ressort, ou la volonté de fer, qui demeure inflexible, aucune aptitude naturelle ne semble plus propre à diriger et à vivifier la stratégie que la ruse. Le penchant général à surprendre, dont nous avons parlé au chapitre précédent, le signalait déjà. Car toute surprise repose sur un certain degré de ruse, fût-il minime.

Mais quel que soit notre désir de voir les chefs de guerre rivaliser d'astuces, d'habileté et de ruse, il faut pourtant avouer que ces qualités se manifestent peu dans l'Histoire et ont rarement pu se dégager de la masse des situations et des circonstances.

La raison n'en est pas difficile à saisir et elle rejoint passablement l'objet du chapitre précédent.

La stratégie n'a d'autre activité que l'organisation de l'engagement et les mesures qui s'y rapportent. À la différence de ce qui se passe dans le cours ordinaire de la vie, elle ne connaît pas d'actes consistant en simples paroles, c'est-à-dire en discours, en déclarations, etc. Ce sont pourtant ces paroles, qui ne coûtent pas bien cher, dont le rusé se sert admirablement pour tromper.

À la guerre, ce qui y ressemble – plans et ordres factices, faux renseignements intentionnellement livrés à l'ennemi, etc. – est d'ordinaire si peu efficace dans le domaine stratégique qu'on ne les utilise qu'en des occasions isolées qui se présentent d'elles-mêmes ; le commandant n'en fera donc pas une activité indépendante.

Mais pousser l'organisation des engagements au point d'impressionner l'ennemi est un stratagème qui exige déjà une dépense considérable de temps et de forces, et d'autant plus que l'enjeu est important. Comme on en est d'habitude avare, ces prétendues démonstrations produisent rarement sur le plan stratégique l'effet escompté. En effet, il est dangereux de déployer longtemps des forces considérables en un pur simulacre. Car il y aura toujours le danger d'avoir agi en vain et d'empêcher ces forces d'être présentes ensuite à l'endroit décisif.

Le général en guerre s'aperçoit toujours de cette sobre vérité, qui lui fait passer le goût de jouer avec une mobilité retorse. Le sérieux austère de la nécessité pénètre si profondément l'action immédiate qu'il ne reste plus de place pour ce genre de jeu. En un mot : il manque aux pions de l'échiquier stratégique cette mobilité qui est l'élément même de la ruse et de l'astuce.

La conclusion que nous tirons de tout ceci est qu'un regard juste et pertinent est une qualité plus nécessaire et plus utile au général que la ruse ; quoique celle-ci ne gâte rien, si elle ne s'exerce pas aux dépens de qualités plus indispensables, comme c'est trop souvent le cas.

Plus faibles sont les forces soumises au commandement stratégique, plus il aura recourt à la ruse. De sorte que le protagoniste qui est très faible et tout petit, à qui la prudence et la sagesse ne servent plus à rien, qui en est au point où tout savoir semble l'abandonner, voit dans la ruse son dernier recours. Plus sa situation est critique, plus il se trouve acculé à un dernier coup désespéré, plus la ruse accompagnera volontiers son audace. Lorsqu'elles se trouvent exonérées de tout calcul, libérées de toute sanction ultérieure, l'audace et la ruse se renforcent mutuellement, elles concentrent sur un point unique une imperceptible lueur d'espoir, un seul rayon capable encore peut-être de s'embraser.

Chapitre 11
Rassemblement des forces dans l'espace

La meilleure stratégie consiste à toujours *être très fort ;* d'abord en général et ensuite au point crucial. C'est pourquoi, en dehors de l'effort nécessaire à la constitution de l'armée, qui n'émane pas toujours du général, la stratégie ne connaît pas de loi plus haute et plus simple que celle-ci : *concentrer ses forces*. – Aucune unité ne doit être séparée de la masse principale de l'armée si une mission *urgente* ne l'exige : référons-nous à ce critère comme à un guide éprouvé. Nous prendrons peu à peu connaissance des causes raisonnables qui peuvent être à l'origine d'une division des forces. Nous verrons alors que ce principe n'a pas forcément les mêmes conséquences d'une guerre à l'autre, mais que celles-ci diffèrent selon les fins et les moyens.

Ce fait apparemment incroyable s'est pourtant produit des centaines de fois : on a divisé et séparé des forces armées par pure allégeance à une obscure tradition, sans raison clairement établie.

Considérer l'union de toutes les forces comme la norme, et toute séparation ou division comme une dérogation qui doit être motivée, permet à la fois d'éviter cette folie et de faire barrage aux fausses raisons de division.

Chapitre 12
Union des forces dans le temps

Nous sommes ici face à un concept qui, lorsqu'il s'insère dans le cours de la vie réelle, répand toutes sortes d'illusions fallacieuses. Il nous semble donc nécessaire de le définir clairement et de montrer ses applications. Aussi nous permettra-t-on une petite analyse.

La guerre est un choc entre des forces opposées. Il s'ensuit naturellement que les plus fortes anéantissent les plus faibles, mais aussi qu'elles les emportent dans leur élan. Cela interdit au fond tout effet étendu dans le temps, tout déploiement progressif des forces. Il faut au contraire employer simultanément toutes les forces choisies pour un seul choc ; cela apparaît comme une loi primordiale de la guerre.

Il en est bien ainsi dans la réalité, mais seulement lorsque le combat ressemble réellement à un choc mécanique. Quand il consiste en une interaction prolongée de forces qui se détruisent mutuellement, on peut alors envisager une action successive des forces. C'est le cas dans la tactique, d'abord parce que l'arme à feu est la base principale de toute tactique, mais aussi pour d'autres raisons. Lorsqu'un engagement aux armes à feu oppose 1 000 hommes à 500, l'ampleur de leurs pertes est fonction à la fois de l'ampleur de leurs forces et de celle des forces ennemies.

Mille hommes tirent deux fois plus de coups de feu que 500 ; mais les balles tirées sur les 1 000 toucheront plus d'hommes que celles tirées sur les 500, en admettant que leurs rangs sont plus serrés. Supposons que le nombre de balles qui font mouche est deux fois plus grand, les pertes seront alors les mêmes des deux côtés. Sur les 500 hommes, 200 par exemple seront hors de combat, et autant sur les 1 000. Or, si l'unité des 500 hommes en a 500 autres en réserve, demeurés jusque-là complètement à l'abri du feu, chacun des deux camps affrontera l'autre avec 800 hommes valides. Mais l'un disposera de 500 hommes frais, pleins de vigueur et de munitions, tandis que l'autre n'aura que 800 hommes complètement désorganisés, sans munitions suffisantes et déjà affaiblis. L'hypothèse selon laquelle les 1 000 hommes, en vertu de leur nombre deux fois plus grand, subiraient deux fois plus de perte que les 500 est inexacte. Il faut donc considérer comme un désavantage les pertes plus élevées subies par le camp qui a gardé en réserve la moitié de ses forces. Il faut convenir aussi que, dans la majorité des cas, les 1 000 hommes peuvent réussir dès le début à déloger leur adversaire de sa position et le forcer à se replier. Quant à savoir si ces deux avantages compensent le désavantage de se battre avec 800 hommes désorganisés contre un ennemi qui n'est pas sensiblement plus faible et qui possède 500 hommes frais, c'est ce dont l'analyse ne peut décider ; il faut s'appuyer ici sur l'expérience. Et tout officier qui a l'expérience du feu accordera le plus souvent la prépondérance à celui qui dispose de troupes fraîches.

On comprend ainsi que l'emploi de forces trop nombreuses peut devenir désavantageux. Même si la supériorité numérique offre au départ des avantages importants, on risque de la payer très cher par la suite.

Ce risque ne s'étend cependant pas au-delà du *désordre*, de *l'état de désagrégation et d'affaiblissement*, en un mot de la crise que tout engagement suscite, *même chez le vainqueur*. Dans cet état d'affaiblissement, l'intervention de troupes proportionnellement plus fraîches est décisive.

Mais lorsque cesse cet effet destructurant lié à la victoire, et que seule demeure la supériorité morale procurée dans un camp par la victoire, l'autre camp ne peut plus réparer ce qu'il a perdu en faisant appel à des troupes fraîches, elles sont elles aussi balayées. Une armée vaincue ne peut plus être menée le lendemain à la victoire par une force de réserve vigoureuse. *Nous sommes ici à la source d'une différence tout à fait essentielle entre la tactique et la stratégie.*

En effet, les succès tactiques, les succès remportés *à l'intérieur* de l'engagement et avant son dénouement, appartiennent *encore pour la plupart à cette phase de désagrégation et d'affaiblissement*. Les succès stratégiques en revanche, c'est-à-dire les succès qui retentissent sur l'ensemble de l'engagement – la victoire définitive, qu'elle soit grande ou petite –, *se situent en dehors de cette phase*. Ce n'est que lorsque les succès des engagements partiels se sont assemblés en un tout autonome que le succès stratégique entre en scène. Puis l'état de crise cesse, les forces reprennent leur configuration initiale et ne se trouvent diminuées que de ce qui fut réellement anéanti.

Il découle de cette différence que la tactique peut faire un usage successif des forces, tandis que la stratégie ne peut en faire qu'un usage simultané.

Si mon premier succès tactique ne peut être décisif, si je dois craindre pour la suite, il est évident que je ne dois pas déployer pour le premier succès plus de forces qu'il n'en faut apparemment pour le remporter ; je dois tenir les réserves en dehors de la sphère de destruction, éloignées aussi bien du feu que du corps à corps, afin d'opposer à des troupes fraîches d'autres troupes fraîches ou de battre avec elles des forces affaiblies. Mais il n'en va pas ainsi dans la stratégie. D'une part, comme nous venons de le montrer, elle n'a pas à craindre un revirement aussi facile une fois le succès survenu, car le succès met fin à la crise. D'autre part, toutes les forces stratégiques ne sont pas nécessairement *diminuées*. Seules sont diminuées celles qui ont été en contact *tactique* avec l'ennemi, dans les engagements partiels. Donc, si la tactique ne dilapide pas inutilement ces forces, cette déperdition ne touchera que le strict nécessaire et en aucun cas l'ensemble de ce qui est engagé dans le conflit stratégique. Les corps qui ont peu ou pas combattu en raison de la supériorité numérique des forces, et qui ont emporté la décision par leur simple présence, restent après la décision ce qu'ils étaient avant ; ils sont tout aussi disponibles pour servir de nouvelles fins que s'ils étaient demeurés au repos. Évidemment, la supériorité produite par ces corps contribue pour une grande part au succès final. Il n'est pas difficile non plus de comprendre à quel point ils peuvent amoindrir considérablement les pertes des unités engagées dans le conflit tactique.

Si dans la stratégie l'ampleur des pertes n'augmente pas avec l'importance des forces employées, mais a souvent tendance à diminuer, et que les chances d'une décision favorable croissent ainsi en proportion, il s'ensuit qu'on ne saurait jamais utiliser trop de forces, et que les troupes disponibles doivent être employées *simultanément*.

Nous devons cependant défendre cette thèse sur un autre terrain. Nous n'avons jusqu'à présent parlé que du combat lui-même ; il constitue l'activité guerrière proprement dite. Mais les hommes, l'espace et le temps, qui apparaissent comme les agents de cette activité, doivent être pris en considération ainsi que les produits de leurs effets.

Les peines, les efforts et les privations sont à la guerre un principe destructeur spécifique qui n'appartient pas essentiellement au combat mais lui est indissolublement lié, et relève tout particulièrement de la stratégie. Ils entrent certes aussi dans la tactique et peut-être même au plus haut degré, mais comme les actions tactiques sont plus brèves, les effets des efforts et des privations s'y font moins sentir. En revanche dans la stratégie, où l'espace et le temps sont plus vastes, leurs effets ne sont pas seulement sensibles en permanence, ils sont souvent tout à fait décisifs. Il n'est pas extraordinaire que les pertes d'une armée victorieuse soient moins dues aux combats qu'aux maladies.

Si nous considérons donc en stratégie cette sphère de destruction comme nous avons envisagé en tactique celle du feu et du corps à corps, nous voyons en effet que tout ce qui lui est exposé se trouve à la fin de la campagne (ou de toute autre période stratégique) dans un état d'affaiblissement qui rend *décisive* l'intervention de nouvelles forces fraîches. On pourrait donc, dans ce cas comme dans le précédent, être contraint de rechercher le succès initial avec le minimum de forces, afin de conserver des troupes fraîches pour la fin.

Pour mieux apprécier la valeur de cette idée qui semble se révéler très juste dans de nombreux cas concrets, il convient d'en examiner les différents aspects. Tout d'abord, il ne faut pas confondre le concept du pur renfort avec celui d'une force fraîche que l'on n'a pas encore utilisée. Rares sont les campagnes à l'issue desquelles le vainqueur comme le vaincu ne désirent vivement un nouvel apport de forces, qui leur semble décisif. Mais il n'est pas question de cela ici, car ce surcroît de forces ne serait pas nécessaire si les troupes avaient été suffisantes dès le début. L'expérience infirme l'idée qu'une armée fraîche qui entre en guerre disposerait d'une force morale supérieure à celle d'une armée déjà en campagne, comme c'est effectivement le cas pour une réserve tactique dont le moral est plus élevé qu'une troupe qui a déjà beaucoup souffert dans le combat. De même qu'une campagne désastreuse sape le courage et le moral des troupes, une campagne victorieuse les accroît. De sorte que ces effets se compensent dans la majorité des cas, et l'habitude de la guerre est alors tout ce qui reste comme gain net. En outre, il faut plutôt étudier ici les campagnes victorieuses que les campagnes désastreuses, car lorsque sa forte probabilité rend le désastre prévisible, c'est que les forces sont de toute façon insuffisantes, et il est impensable d'en réserver une partie pour un emploi ultérieur.

Ce point acquis, une autre question demeure : les pertes subies par une armée à cause des efforts et des privations croissent-elles avec l'ampleur des effectifs, comme c'est le cas dans l'engagement ? Il nous faut répondre « non ».

Les efforts résultent en grande partie des dangers dont chaque instant de l'acte militaire est plus ou moins imprégné. Affronter partout ces dangers pour progresser dans l'action avec assurance, tel est l'objet d'un grand nombre d'activités qui constituent l'objectif tactique et stratégique de l'armée. Plus l'armée s'affaiblit, plus cet objectif devient difficile, mais il sera d'autant plus facile que la supériorité face à l'armée ennemie s'accroît. Qui peut en douter ? Une campagne contre un ennemi beaucoup plus faible coûtera bien moins d'efforts qu'une campagne contre un ennemi dont la force est égale ou supérieure.

Voilà pour les efforts. Il en va un peu autrement pour les privations. Elles consistent principalement en deux choses : le manque de ravitaillement et le manque d'hébergement pour les troupes, aussi bien dans des quartiers que dans des campements convenables. Naturellement plus l'armée est nombreuse et concentrée au même endroit, plus ces deux questions seront problématiques. Cependant, la supériorité n'est-elle pas aussi précisément le meilleur moyen de se déployer et de trouver plus d'espace, et donc plus de moyens de ravitaillement et d'hébergement ?

Lorsque Bonaparte envahit la Russie en 1812, il réunit d'une manière inouïe les grandes masses de son armée sur une seule route, et provoqua par là des pénuries tout aussi inouïes. Il faut imputer cela à son principe de n'être jamais trop fort sur un point décisif. A-t-il appliqué ce principe de façon excessive, c'est une question qui ne nous concerne pas ici. Mais il est certain que s'il avait voulu éviter ces pénuries, il lui suffisait d'avancer sur un front plus large ; la Russie ne manquait pas d'espace pour cela et rares seront les cas où l'espace manquera. Rien dans cet argument ne prouve donc que l'emploi simultané de forces très supérieures entraîne forcément un plus grand affaiblissement. Mais supposons que les intempéries et les inévitables efforts de la guerre aient aussi affecté cette partie de l'armée que l'on aurait pu conserver comme force de réserve pour une utilisation ultérieure, en dépit du soulagement que cette partie aurait procuré à l'ensemble. Il nous faut donc à nouveau embrasser du regard la situation globale dans toute sa cohésion et nous poser la question suivante : cet affaiblissement équivaut-il au gain de forces que notre supériorité nous assure de nombreuses façons ?

Mais il reste encore un point capital à aborder. Dans un engagement partiel, on peut sans grande difficulté évaluer approximativement les forces nécessaires pour remporter un succès majeur que l'on s'est fixé comme objectif, et par conséquent estimer également celles qui seront superflues. En stratégie, cela est pratiquement impossible, car le succès stratégique n'a pas d'objet aussi net ni de limites aussi proches. Ce qui peut donc apparaître dans la tactique comme un excédent de forces doit être considéré dans la stratégie comme un moyen de pousser le succès plus avant, si l'occasion s'en présente. L'augmentation du gain est proportionnelle à l'ampleur du succès ; de cette manière, la prépondérance des forces peut rapidement en venir à un point que la plus scrupuleuse économie de forces n'aurait jamais atteint.

Grâce à son immense supériorité numérique, Bonaparte réussit en 1812 à avancer jusqu'à Moscou et à prendre cette capitale centrale. Si cette supériorité lui avait aussi permis d'anéantir entièrement l'armée russe, il aurait alors vraisemblablement signé à Moscou une paix qui lui était inaccessible de toute autre façon. Nous ne citons cet exemple que pour illustrer et non pour démontrer notre pensée ; cela exigerait un développement trop minutieux qui n'a pas sa place ici.

Toutes ces considérations portent uniquement sur l'idée d'un usage successif des forces et non sur le concept particulier de la réserve. Elles ne cessent de le côtoyer il est vrai, mais ce concept se rattache à d'autres notions, comme nous le verrons dans le chapitre suivant.

Ce que nous entendions montrer ici, c'est qu'en tactique la force armée subit déjà un affaiblissement par la simple *durée* de son emploi réel, et que le temps apparaît donc comme un facteur du résultat, ce qui n'est pas essentiellement le cas en stratégie. Les effets destructeurs que le temps exerce aussi dans la stratégie seront en partie amoindris par la masse des forces armées, et en partie compensés d'une autre manière. Il est donc hors de question que la stratégie se fasse un allié du temps *en soi* en employant les forces progressivement.

Nous disons *en soi*, car en raison d'autres facteurs à la fois suscités par le temps et distincts de lui, la valeur que le temps peut et doit même nécessairement avoir pour l'un des deux camps est tout autre chose. Cette influence, qui n'est rien moins qu'indifférente ou insignifiante, fera l'objet d'une autre analyse.

La loi que nous avons tenté de développer est donc celle-ci : toutes les forces disponibles affectées à une certaine fin stratégique doivent y être employées *simultanément*, et cette utilisation sera d'autant plus parfaite que tout sera condensé en une seule action et en un seul moment.

Mais la stratégie n'exclut pas pour autant la pression continue et l'effet persistant. Nous pouvons d'autant moins les négliger qu'ils constituent un moyen majeur de parvenir au succès final : le développement continu de forces neuves. Cela fera aussi l'objet d'un autre chapitre, et nous le mentionnons uniquement pour que le lecteur ne nous fasse pas dire ce que nous ne disons pas.

Tournons-nous à présent vers une question étroitement liée aux considérations qui nous ont occupés jusqu'ici, et dont la définition donnera à l'ensemble toute sa clarté, nous voulons parler de la *réserve stratégique*.

Chapitre 13
La réserve stratégique

Une réserve a deux fonctions, nettement distinctes l'une de l'autre : premièrement prolonger et renouveler le combat, deuxièmement servir en cas d'imprévus. La première fonction suppose l'intérêt d'une utilisation successive des forces et n'a donc pas sa place en stratégie. Les cas où un corps est envoyé vers un point qui risque d'être enlevé relèvent manifestement de la seconde catégorie, car la résistance qu'il faut ici opposer n'a pas été suffisamment prévue. Mais un corps destiné uniquement à prolonger le combat, et gardé pour cela en réserve, sera simplement placé hors de la zone de feu. Il est à la disposition de l'officier qui commande l'engagement et reste sous ses ordres ; il constitue donc une réserve tactique et non stratégique.

Le besoin de disposer d'une force prête à intervenir dans les cas imprévus peut néanmoins se présenter aussi en stratégie. Il peut donc également y avoir des réserves stratégiques, mais seulement dans les cas où l'on peut envisager l'éventualité d'événements imprévus. Dans la tactique, ce n'est qu'en les ayant vues directement que l'on prend connaissance des dispositions de l'ennemi. Chaque bosquet, chaque repli d'un terrain vallonné peut les dissimuler. Il faut naturellement s'attendre à des situations imprévues et être toujours prêt à les affronter, pour renforcer ensuite les points trop faibles de ses lignes et agencer ses forces suivant celles de l'ennemi.

Comme l'acte stratégique se rattache directement à l'acte tactique, la stratégie connaîtra elle aussi ce genre de situations. La stratégie est également contrainte de prendre de nombreuses dispositions d'après l'observation directe, d'après des renseignements incertains arrivant d'un jour à l'autre, d'une heure à l'autre, et enfin d'après le résultat réel de l'engagement. Garder en réserve pour un emploi ultérieur des forces proportionnelles à l'incertitude constitue donc une condition essentielle du commandement stratégique.

On sait que cela se produit continuellement dans la guerre défensive en général, et particulièrement lorsqu'on défend certains accidents de terrain comme les fleuves, les montagnes, etc.

Mais cette incertitude diminue à mesure que l'activité stratégique s'éloigne de l'activité tactique, et elle cesse presque complètement dans les sphères où la stratégie confine à la politique.

Seule l'observation directe permet de savoir dans quelle direction l'ennemi conduit ses colonnes pour les lancer dans la bataille : quelques dispositions prises peu auparavant nous indiquent l'endroit où il traversera un fleuve ; quant au côté par lequel il va attaquer notre pays, tous les journaux le proclament avant même qu'un coup de pistolet n'ait été tiré. Plus les préparatifs prennent de l'ampleur, moins ils surprendront. La durée et l'étendue de l'action sont alors si vastes, les circonstances dont elle découle si notoires et si stables, que la résultante est connue à temps ou découverte avec certitude.

D'ailleurs, dans cette sphère de la stratégie, plus les

dispositions seront générales, moins l'emploi d'une réserve (à supposer qu'elle existe réellement) sera efficace.

Nous avons vu que la décision d'un engagement partiel n'est rien en soi et que tous les engagements partiels ne trouvent leur résolution que dans la décision de l'engagement total.

Cependant, cette décision de l'engagement total n'a à son tour qu'une importance relative, dont les degrés sont très variables selon la taille et l'importance de l'unité vaincue par rapport à l'ensemble de l'armée à laquelle elle appartient. La défaite d'un corps peut être réparée par la victoire de l'armée ; et même la défaite d'une armée pourrait non seulement être contrebalancée, mais encore se transformer en un événement favorable, par la victoire d'une armée plus importante (les deux jours de Kulm, en 1813[1]). C'est indubitable. Mais il est tout aussi évident que chaque victoire (le résultat favorable de chaque engagement total) aura d'autant plus de poids que la partie vaincue était importante ; la possibilité de regagner ce qui a été perdu grâce à un événement ultérieur diminue donc dans la même proportion. Nous examinerons ailleurs cette question de façon plus précise ; il nous suffit ici d'avoir attiré l'attention sur l'existence avérée de cette progression.

Enfin, à ces deux considérations, ajoutons-en une troisième : dans la tactique, l'emploi successif des forces repousse toujours la décision capitale vers la fin de l'action globale ; à l'inverse dans la stratégie, la loi de l'emploi simultané fait presque toujours intervenir la décision

1. Les 29 et 30 août 1813, les coalisés remportèrent une victoire accidentelle sur l'armée napoléonienne du général Vandamme, dans le cadre de la bataille de Dresde. Vandamme défit une armée russe mais fut battu par l'arrivée imprévue d'une unité prussienne. *(N.d.T.)*

capitale (mais pas nécessairement finale) au début de l'action cruciale. Ces trois conclusions nous permettent donc d'affirmer que plus la réserve stratégique répond à une fonction *générale*, plus elle est superflue, inutile et même dangereuse.

Le point où l'idée d'une réserve stratégique commence à devenir contradictoire n'est pas difficile à fixer : il réside dans la *décision capitale*. La décision capitale doit mobiliser l'ensemble des forces, et toute réserve (*troupes prêtes au combat*) destinée à n'être employée qu'après cette décision est une absurdité.

La tactique avec ses réserves possède le moyen, non seulement de faire face aux dispositions imprévues de l'ennemi, mais encore de réparer le résultat imprévisible de l'engagement là où il fut défavorable ; alors que la stratégie est obligée de renoncer à ce moyen, au moins en ce qui concerne les grandes décisions. Elle ne peut, en règle générale, réparer les préjudices subis en un point donné qu'à l'aide des avantages acquis en un autre ; parfois en transférant des troupes d'un endroit à un autre. Mais jamais le stratège ne doit ni ne peut envisager de parer à l'avance un tel préjudice au moyen d'une force de réserve.

Nous avons présenté comme absurde l'idée d'une réserve stratégique qui ne collaborerait pas à la décision capitale. C'est une évidence tellement flagrante que nous n'aurions même pas tenté de l'analyser comme nous venons de le faire dans ces deux chapitres si, sous le couvert d'autres conceptions, elle n'apparaissait si souvent sous un meilleur jour. L'un y voit le comble de la sagesse et de la prudence stratégiques, l'autre la rejette et avec elle toute idée de réserve, y compris celle de réserve tactique. Ce chaos conceptuel contamine la réalité du terrain. [...]

Chapitre 14
L'économie des forces

Comme nous l'avons dit, les principes et les opinions empêchent souvent le chemin de la réflexion de se réduire à une simple ligne droite. Il reste toujours une certaine latitude. Il en va ainsi dans tous les arts pratiques de la vie. Les lignes de la beauté n'ont ni abscisses ni ordonnées, les cercles et les ellipses ne naissent pas de leurs formules algébriques. L'homme de guerre doit donc se fier au tact subtil de son jugement qui, issu d'une sagacité naturelle et formé par la réflexion, tombe juste de manière presque instinctive. Il doit tantôt simplifier la loi en la ramenant aux caractéristiques les plus saillantes qui en constituent les règles, tantôt s'en tenir aux méthodes traditionnelles pour guider sa conduite.

Veiller au concours de toutes les forces ou, en d'autres termes, penser encore et toujours à ne jamais en laisser une partie au repos, cela nous semble relever de ce procédé mental de simplification. Pendant que les troupes ennemies attaquent, c'est mal gérer ses forces que d'en laisser en des points où l'ennemi ne les accapare pas, ou d'en garder une partie en cours de marche, donc inactives dans le combat. Il y a là un gaspillage des forces plus grave encore que leur usage inopportun. Lorsque l'on doit agir, il faut avant tout que toutes les unités agissent. Car même l'activité la plus inopportune occupe et accable une partie des forces ennemies, alors qu'en même temps les forces tout à fait inactives sont absolument neutralisées. Ce point de vue rejoint indéniablement les principes des trois derniers chapitres ; c'est la même vérité, juste envisagée d'un point de vue plus global et exprimée en une seule idée.

Chapitre 15
L'élément géométrique

L'art des fortifications où presque tout, des plus grandes constructions aux plus petits détails, relève de la géométrie, nous montre à quel degré l'élément géométrique – ou la forme du déploiement des forces armées – peut devenir un principe prédominant à la guerre. La géométrie joue également un grand rôle dans la tactique. Elle est à la base de la tactique au sens strict, de la théorie du mouvement des troupes. Dans les fortifications de campagne, comme dans la théorie des positions et de leur attaque, ses angles et ses droites règnent comme des législateurs qui décideront du combat. On en a souvent fait une application erronée et parfois même puérile. Toutefois, c'est précisément dans la tactique actuelle, où chaque engagement vise à envelopper l'adversaire, que l'élément géométrique a retrouvé une grande efficacité, certes sous une forme d'application très simple mais toujours récurrente. Néanmoins, il domine davantage la guerre de siège que la tactique, où tout est plus mobile, où les forces morales, les traits individuels et le hasard importent davantage. Son influence dans la stratégie est encore plus minime. Sans doute la forme du déploiement des forces, la configuration des provinces et des États exercent-elles, là aussi, une grande influence. Mais le principe géométrique n'y est pas *décisif* comme dans l'art des fortifications, et il est loin d'y être aussi important que dans la tactique. De quelle manière cette influence se manifeste-t-elle ? Nous le découvrirons petit à petit, là où elle apparaît et mérite d'être prise en considération. Pour le moment, nous souhaitons plutôt attirer l'attention sur la différence qui existe à ce sujet entre tactique et stratégie.

Dans la tactique, l'espace et le temps se réduisent très vite à leur minimum absolu. Lorsqu'une unité est attaquée de flanc et de revers par l'ennemi, le point où toute retraite devient impossible est rapidement atteint. Une telle situation est proche de l'impossibilité absolue de continuer à combattre, l'armée doit donc s'en dégager ou l'éviter. Toutes les combinaisons tactiques qui visent à cet enveloppement sont donc d'une grande utilité, et leur efficacité réside en grande partie dans les appréhensions que leurs conséquences inspirent à l'adversaire. C'est pourquoi la disposition géométrique des forces armées constitue un facteur si important du résultat.

En raison de l'ampleur considérable qu'y prennent le temps et l'espace, la stratégie ne présente qu'un faible reflet de tout cela. On ne passe pas instantanément d'un théâtre de guerre à un autre ; il faut souvent des semaines et des mois pour réaliser un projet d'enveloppement stratégique. En outre, les espaces sont si vastes que la probabilité de frapper précisément au bon endroit reste très mince, même en ayant pris les meilleures dispositions.

Dans la stratégie, l'effet de combinaisons reposant sur l'élément géométrique est donc beaucoup plus faible. C'est aussi pourquoi l'effet de ce que l'on a réellement conquis provisoirement sur un point donné est bien plus important. Cet avantage a le temps de produire tout son effet avant d'être entravé ou complètement détruit par des contre-mesures adverses. Par conséquent, nous ne craignons pas d'ériger en vérité incontestable le fait qu'en stratégie le nombre et l'ampleur des engagements victorieux importent davantage que la forme des grandes lignes qui les rattachent les uns aux autres.

Les nouvelles théories ont pour thème favori l'opinion diamétralement opposée, par laquelle elles croient accorder une plus grande importance à la stratégie. Celle-ci passant pour une fonction supérieure de l'esprit, on croit ainsi anoblir la guerre et, à travers une nouvelle substitution des concepts, la rendre *plus scientifique*. L'un des principaux services que doit rendre une théorie complète est, à notre avis, d'ôter tout crédit à ce genre d'aberrations ; comme l'élément géométrique en est le point de départ habituel, nous l'avons expressément mis en relief.

Chapitre 16
Sur la suspension de l'acte militaire

Si l'on considère la guerre comme un acte de destruction mutuelle, on doit nécessairement concevoir que les deux parties sont dans un mouvement général de progression. Mais en ce qui concerne chaque instant séparément, on doit concevoir en même temps et tout aussi nécessairement que l'une des deux parties attend et que seule l'autre progresse. Car les circonstances ne seront jamais exactement les mêmes des deux côtés, ou ne le resteront pas. Avec le temps, il se produira un changement qui rendra un instant précis plus favorable à l'un qu'à l'autre. Supposons maintenant que les deux généraux possèdent une connaissance parfaite de ces circonstances ; elle sera un motif d'action pour l'un, et de ce fait un motif d'attente pour l'autre. Ils ne peuvent donc tous deux avoir en même temps intérêt à progresser, ni avoir en même temps intérêt à attendre. Cette exclusion mutuelle du même but ne dérive pas ici du principe de la polarité générale, et ne contredit donc pas l'affirmation du chapitre 5 du second livre[1]. Elle provient du fait que chacun des deux généraux aura une motivation identique : la pro-

1. L'idée se trouve en réalité au chapitre 1 du premier livre. *(N.d.T.)*

babilité d'une amélioration ou d'une détérioration de leur situation dans les événements futurs.

Même en admettant la possibilité d'une complète identité des positions, ou en considérant que la connaissance incomplète des situations réciproques puisse donner aux deux généraux l'illusion de cette identité, la différence des fins politiques exclut toute éventualité d'une suspension des opérations. Politiquement parlant, l'un des deux camps sera nécessairement l'assaillant, car aucune guerre ne peut découler d'une intention défensive bilatérale. Cependant le but de l'assaillant est positif, celui du défenseur uniquement négatif. L'action positive appartient donc au premier, car c'est pour lui la seule façon d'atteindre la fin positive. Dans les cas où les deux parties se trouvent dans des circonstances complètement identiques, l'assaillant est poussé à l'action par son but politique.

De ce point de vue, une suspension de l'acte militaire au sens strict est donc en contradiction avec la nature de la guerre. Car les deux armées, comme deux éléments incompatibles, doivent s'entredétruire sans répit, de même que l'eau et le feu ne s'équilibrent jamais et agissent l'un sur l'autre jusqu'à ce que l'un des deux ait complètement disparu. Que dirait-on de deux lutteurs s'étreignant pendant des heures sans faire un geste ? L'acte militaire devrait donc se dérouler dans un mouvement continu comme un mécanisme d'horlogerie bien remonté. Mais si sauvage qu'elle soit par sa nature, la guerre reste liée à la chaîne des faiblesses humaines ; et personne ne sera donc surpris par la contradiction qui apparaît ici : l'homme cherche et crée le danger tout en le redoutant.

Si nous tournons notre regard sur l'ensemble de l'histoire militaire, nous y trouvons tout le contraire d'une progression ininterrompue vers le but : de toute évidence *l'arrêt* et *l'inaction* constituent *l'état fondamental* de l'armée en guerre tandis que *l'action* est une *exception*. Cela nous ferait presque douter de la justesse de notre thèse. Mais si l'histoire de la guerre suscite ces doutes par la masse des événements qu'elle relate, les derniers en date confirment notre point de vue. Les guerres de la Révolution n'en montrent que trop la véracité et la nécessité. Avec elles, et particulièrement dans les campagnes de Bonaparte, la conduite de la guerre a atteint ce degré d'intensité absolu que nous avons considéré comme la loi naturelle de l'élément guerrier. Ce degré est donc possible, et s'il est possible il est donc nécessaire.

En effet, comment justifier raisonnablement la débauche de forces dépensées dans la guerre si la finalité n'en était pas l'action ? Le boulanger ne chauffe son four que pour y enfourner son pain ; on n'attelle les chevaux à la voiture que lorsqu'on veut prendre la route ; pourquoi alors fournir les efforts colossaux d'une guerre si l'on a pour unique but d'en susciter de semblables chez l'ennemi ?

Le principe général étant ainsi justifié, passons maintenant à ses modifications, pour autant qu'elles relèvent de sa nature et non de cas individuels.

Il faut noter ici trois causes qui opèrent comme des contrepoids internes pour contrecarrer le déroulement trop rapide ou trop continu du mouvement d'horlogerie.

La première produit une inclination constante à l'arrêt et constitue par là un principe retardant ; elle tient à la crainte et l'irrésolution naturelles à l'esprit humain, à une sorte de pesanteur dans l'univers moral qui n'est cependant pas due à des forces d'attraction mais de répulsion : la peur du danger et de la responsabilité.

Dans cet élément de feu et de flammes qu'est la guerre, les natures ordinaires se meuvent plus pesamment. Les impulsions qu'elles reçoivent doivent donc être plus violentes et plus fréquentes pour que le mouvement soit continu. Il est rare que la seule idée de la fin qui a présidé à l'armement des troupes suffise à vaincre cette pesanteur. Et s'il n'y a pas à leur tête un esprit martial et entreprenant, qui se sente dans la guerre comme un poisson dans l'eau, ou si elles ne subissent pas la pression d'une grande responsabilité venue d'en haut, l'arrêt sera la règle et la progression l'exception.

La deuxième cause réside dans l'imperfection du discernement et du jugement humains, qui est encore plus sensible à la guerre qu'ailleurs. Car personne ne connaît précisément à chaque instant la situation de son propre camp, et il faut deviner celle de l'adversaire à partir de quelques conjectures puisqu'elle nous est dissimulée. Cela débouche fréquemment sur le cas où chacune des deux parties considère que le même objet lui est avantageux, alors qu'en fait l'une y a plus intérêt que l'autre. Chacun croira donc sage d'attendre un autre moment, comme nous l'avons déjà dit dans le chapitre 5 du second livre[1].

La troisième cause qui, comme un cran d'arrêt, bloque les rouages de l'horlogerie et cause de temps à autre une suspension complète, consiste dans la supériorité de la défensive. A peut se sentir trop faible pour attaquer B et il ne s'ensuit pas que B soit assez fort pour attaquer A. Le supplément de forces que donne la défensive ne sera pas simplement perdu dans l'offensive mais il sera donné à l'adversaire ; de même qu'en termes arithmétiques $(a + b) - (a - b) = 2b$. C'est pourquoi les deux parties peu-

1. *Cf.* note précédente. *(N.d.T.)*

vent au même moment non seulement se sentir trop faibles, mais aussi l'être réellement.

Ainsi, au sein même de l'art de la guerre, la prudence inquiète et la crainte du danger excessif trouvent-elles des appuis commodes pour s'imposer et refréner la violence élémentaire de la guerre.

Toutefois, ces causes suffisent à peine à expliquer les longues périodes d'inaction qui affectaient les opérations dans les guerres d'autrefois, que nul intérêt vital ne stimulait et où l'oisiveté occupait les neuf dixièmes du temps que l'on passait sous les armes. Ce phénomène provient en premier lieu de l'influence exercée sur la conduite de la guerre par les exigences de l'un, l'état et l'humeur de l'autre, comme on l'a déjà exposé dans le chapitre sur l'essence et la finalité de la guerre[1].

Ces facteurs peuvent être d'une influence si prépondérante qu'ils réduisent la guerre à une demi-mesure. Les guerres ne sont souvent rien de plus qu'une neutralité armée, ou une attitude menaçante pour appuyer les négociations, ou bien une tentative modérée de prendre un petit avantage pour attendre la suite des événements, ou encore une désagréable obligation due à un traité d'alliance, que l'on remplit avec le plus de parcimonie possible.

Dans tous ces cas, le choc des intérêts est insignifiant, le principe d'hostilité est faible, on ne tient pas à faire grand mal à l'adversaire de même que l'on n'a pas grand-chose à redouter de lui. Bref, l'enjeu n'excite aucune pression ni aucune impulsion, les ministères ne veulent pas miser gros, et il en résulte cette guerre apprivoisée où l'esprit hostile de la guerre véritable est tenu enchaîné.

1. Chapitre remanié et remplacé par les deux premiers du livre premier. *(N.d.T.)*

Plus la guerre devient ainsi une demi-mesure, plus sa théorie se trouve privée des points fermes et des réfutations indispensables à son raisonnement ; le nécessaire se fait toujours plus rare et le fortuit plus fréquent.

Néanmoins, cette sorte de guerre possède aussi sa finesse ; peut-être son jeu est-il même plus varié et plus étendu que dans l'autre. Le jeu de hasard pour des piles de pièces d'or semble se transformer en jeu commercial où l'on échange des sous. La guerre se passe alors en maintes petites fioritures, en escarmouches d'avant-postes mi-sérieuses mi-bouffonnes, en longues manœuvres qui n'aboutissent à rien, en positions et en marches que l'on qualifie ensuite de savantes pour la seule raison que leur cause minuscule s'est évanouie et que le simple bon sens ne sait quoi en penser. C'est précisément dans ce type de conflit que nombre de théoriciens situent l'authentique art de la guerre : dans les feintes, les parades, les demis et quarts de coups des guerres anciennes, ils voient le but de toute théorie, la prédominance de l'esprit sur la matière, tandis que les guerres récentes leur apparaissent comme des coups de poing grossiers, dont il n'y a rien à apprendre et qu'il faut considérer comme des régressions vers la barbarie. Cette opinion est aussi mesquine que son objet. Lorsque les grandes forces, les grandes passions font défaut, une finesse habile peut certes montrer plus facilement son jeu. Mais diriger de vastes forces, gouverner dans la tempête et les déferlantes, n'est-ce pas en soi une activité supérieure de l'esprit ? Cette sorte d'escrime n'est-elle pas englobée et produite par cette autre conduite de la guerre ? Ne s'y rapporte-t-elle pas comme les mouvements sur un navire se rapportent aux mouvements du navire ? Elle ne peut exister qu'à la condition tacite que l'ennemi ne passe pas à un genre de guerre supérieur.

Et sait-on pendant combien de temps encore il remplira cette condition ? La Révolution française ne nous a-t-elle pas assailli au milieu de la sécurité illusoire de nos anciens systèmes, en nous expulsant de Châlons à Moscou ? Et Frédéric le Grand n'a-t-il pas surpris de manière similaire les Autrichiens assoupis sur leurs vieilles habitudes militaires et ébranlé leur monarchie ? – Malheur au gouvernement qui affronte avec une politique de demi-mesures et un art de la guerre bridé un adversaire qui pareil aux éléments ne connaît d'autre loi que celle de sa propre force ! Le moindre défaut d'activité et d'effort est un poids de plus dans le plateau de l'adversaire ; il n'est pas facile alors de transformer l'attitude d'un bretteur en celle d'un lutteur, et le plus léger choc suffit souvent à tout précipiter à terre.

Du fait de ces diverses causes, l'acte militaire d'une campagne ne se déroule pas en un mouvement continu, mais procède par à-coups : entre les différentes actions sanglantes s'intercale un temps d'observation pendant lequel les deux camps sont sur la défensive ; habituellement, une fin supérieure prédomine chez l'un, modifie sa manière d'agir et motive le principe de l'offensive ainsi qu'une disposition générale à la progression.

Chapitre 17
Sur le caractère de la guerre moderne

Tous les plans, et en premier lieu les plans stratégiques, doivent prendre en considération le caractère de la guerre moderne, qui exerce sur eux une grande influence.

Tous les moyens traditionnels ont été bousculés par la fortune et l'audace de Bonaparte, et des États de premier ordre furent anéantis presque d'un seul coup. Les Espagnols ont montré par leur combat opiniâtre ce que l'armement de la nation et les moyens insurrectionnels à grande échelle étaient capables de faire en dépit de leur faiblesse et de leur porosité à petite échelle. La Russie nous a appris par sa campagne de 1812, premièrement, qu'un empire de vastes dimensions ne peut être conquis (ce que l'on aurait pu raisonnablement prévoir), deuxièmement, que la probabilité du succès ne diminue pas toujours à mesure que l'on perd des batailles, des provinces et des capitales (ce qui était auparavant un principe irréfutable pour tous les diplomates, et qui les poussait à signer sur-le-champ une médiocre paix temporaire). Elle nous apprit au contraire que l'on est souvent le plus fort au milieu de son propre pays, lorsque la force offensive de l'ennemi s'est déjà épuisée, et que la défensive jaillit en offensive avec une immense puissance. En outre, la Prusse a montré en 1813 que des efforts soudains peuvent sextupler les forces ordinaires d'une armée par l'intervention de la milice et que celle-ci est aussi efficace à l'extérieur qu'à l'intérieur du pays. Tous ces événements ont indiqué la part colossale du cœur et des sentiments d'une nation dans la puissance de l'État, de la guerre et de ses forces armées. L'efficacité de toutes ces ressources étant prouvée, il est impensable que les gouvernements ne les utilisent pas dans les guerres futures, si le danger menace leur propre existence ou si une ambition impétueuse les y pousse.

On comprend aisément que les guerres menées de part et d'autre avec le poids entier de la puissance nationale doivent être conduites selon d'autres principes que celles où tout était évalué selon les rapports mutuels des armées permanentes. Ces dernières ressemblaient autrefois à des flottes, et les forces terrestres à des forces navales dans leur relation avec le reste de l'État. C'est pourquoi l'art de la guerre sur terre avait quelque chose de la tactique navale, qu'elle a complètement perdu aujourd'hui.

Chapitre 18
Tension et repos

La loi dynamique de la guerre

Nous avons vu au chapitre 16 de ce livre que dans la plupart des campagnes le temps de suspension et de repos est bien plus long que celui de l'action. Bien que les guerres modernes revêtent un tout autre caractère, comme le montre le chapitre précédent, il est néanmoins certain que l'action proprement dite sera toujours entrecoupée de pauses plus ou moins longues. Cela nous oblige à considérer de plus près la nature de ces deux états.

Lorsque survient une suspension dans l'acte militaire, c'est-à-dire lorsque aucun des deux camps ne veut quelque chose de positif, il se produit un répit et par conséquent un équilibre. Il s'agit certes d'un équilibre au sens le plus large du terme, où entrent en compte non seulement les forces de combat morales et physiques mais aussi toutes les conditions et tous les intérêts. Dès que l'un des deux camps se fixe une nouvelle fin positive et entre en action pour l'atteindre (ne serait-ce que par des préparatifs) et dès que l'adversaire lui résiste, la tension des forces renaît. Cette tension se prolonge jusqu'à la décision, c'est-à-dire jusqu'à ce que l'un renonce à sa fin ou que l'autre la lui cède.

Cette décision s'appuie toujours sur les effets des combinaisons adoptées de part et d'autre dans les engagements, et suscite immanquablement un mouvement orienté dans un sens ou dans l'autre.

Lorsque ce mouvement s'est épuisé dans les difficultés qu'il a fallu surmonter – comme sa propre friction – ou par l'intervention de nouveaux contrepoids, on retrouve le repos, ou alors un nouveau cycle de tension et de décision, puis un nouveau mouvement, habituellement dans la direction opposée.

Cette distinction spéculative entre équilibre, tension et mouvement est pour l'action pratique plus essentielle qu'il n'y paraît à première vue.

Dans l'état de repos et d'équilibre, différentes sortes d'activités peuvent régner, notamment celles qui procèdent simplement de causes occasionnelles sans viser à de grands changements. Ce genre d'activités peut inclure des engagements importants, et même des batailles capitales, mais leur nature demeure tout à fait différente et par conséquent leurs effets le sont aussi.

Lorsqu'il y a tension, la décision sera toujours plus efficace. En partie parce qu'il s'y manifeste plus de force de volonté et une pression plus lourde des circonstances, en partie parce que tout y est déjà prêt et orienté vers un grand mouvement. La décision ressemble alors à l'effet d'une mine bien enfouie et bien bourrée ; tandis qu'un événement peut-être tout aussi important qui survient en situation de repos est plus ou moins semblable à une charge de poudre éclatant à l'air libre.

Il va de soi d'ailleurs que l'état de tension comporte différents degrés ; il peut donc se rapprocher de l'état de repos par une gradation si subtile qu'il ne s'en distinguera finalement que très peu.

La leçon essentielle à tirer de ces réflexions est que toute mesure prise dans l'état de tension est plus importante et plus efficace que la même mesure prise en état d'équilibre, et que cette importance augmente infiniment lorsque la tension atteint des degrés extrêmes.

La canonnade de Valmy fut plus décisive que la bataille de Hochkirch[1].

Dans une région que l'ennemi nous abandonne parce qu'il ne peut pas la défendre, nous pouvons nous établir tout autrement que s'il avait battu en retraite avec le simple dessein d'emporter la décision dans d'autres conditions. Face à une attaque stratégique en cours d'exécution, une position mal prise, une seule marche mal exécutée peuvent avoir des conséquences décisives ; tandis qu'en état d'équilibre il faudrait que ces défaillances fussent vraiment insignes pour provoquer quelque activité de la part de l'adversaire.

La plupart des guerres anciennes, comme nous l'avons déjà dit, étaient en grande partie constituées par cet état d'équilibre ou du moins par un état de tension si minime, si vague, d'un si faible effet, que les événements qui s'y produisaient étaient rarement suivis de grandes conséquences : on livrait bataille pour célébrer l'anniversaire d'une reine (Hochkirch), pour satisfaire à l'honneur des armes (Kunesdorf[2]) ou la vanité d'un général (Freiberg[3]).

1. Bataille atypique de la guerre de Sept Ans (1758), qui vit la victoire des troupes autrichiennes dirigées par le maréchal von Daun contre les Prussiens de Frédéric le Grand qu'ils surprirent au bivouac. En raison de ses lourdes pertes, von Daun ne sut pas exploiter sa victoire. *(N.d.T.)*

2. Grande défaite subie par Frédéric le Grand, en 1759, qui mit en péril la Prusse entière. *(N.d.T.)*

3. Dernière bataille de la guerre de Sept Ans (1762). *(N.d.T.)*

Il nous apparaît de la plus haute nécessité que le général reconnaisse dûment ces différents états et qu'il ait le tact de guider sa conduite selon l'esprit de chacun d'entre eux. L'expérience de la campagne de 1806 nous a fait sentir à quel point cela pouvait parfois manquer. Dans cette tension effroyable, où tout se bousculait vers la décision capitale qui, à elle seule et avec toutes ses conséquences, aurait dû occuper entièrement l'esprit du commandant, on proposa et on exécuta certaines mesures (la reconnaissance vers la Franconie) qui, même dans un état d'équilibre, seraient passées pour un jeu futile de va-et-vient. Dans toutes ces décisions et ces réflexions confuses qui absorbèrent toute l'activité de l'armée, les mesures nécessaires, les seules mesures capables de la sauver, furent noyées.

En outre, la distinction spéculative que nous venons de faire est indispensable à la progression de notre théorie. Car tout ce que nous dirons sur le rapport entre l'attaque et la défense et sur l'exécution de cet acte bilatéral concerne l'état de crise dans lequel se trouvent les forces sous tension et en mouvement ; toute activité qui peut se dérouler dans l'état d'équilibre ne sera considérée et traitée que comme un corollaire. Car cette crise est la guerre proprement dite et cet équilibre n'en est que le reflet.

LIVRE QUATRIÈME

L'engagement

Chapitre 3
L'engagement en général

L'engagement est l'activité guerrière proprement dite, tout le reste n'en constitue que les piliers. Examinons donc attentivement sa nature.

L'engagement est un combat dont le but est d'anéantir ou de vaincre l'adversaire ; dans un engagement particulier, l'adversaire est la force armée opposée.

Telle est la notion dans sa simplicité, nous y reviendrons ; mais avant cela, nous devons faire intervenir une série d'autres notions.

Si nous nous figurons l'État et sa puissance militaire comme une unité, la représentation la plus naturelle est de concevoir la guerre comme un seul grand engagement. Il en va d'ailleurs à peu près ainsi dans les conditions primitives qui règnent chez les peuples sauvages. Cependant, nos guerres consistent en une infinité d'engagements grands et petits, simultanés ou successifs. Cette décomposition de l'activité en une multitude d'actions séparées se fonde sur l'extrême diversité des circonstances qui, chez nous, génèrent la guerre.

La fin ultime de nos guerres, la fin politique, n'est pas toujours d'une simplicité parfaite. Et même si elle l'était, l'action est liée à une telle quantité de conditions et de considérations que la fin ne peut plus être atteinte par un acte de guerre unique et de grande ampleur, mais par une quantité d'actes plus ou moins importants qui se rattachent à l'action d'ensemble. Chacune de ces activités particulières est donc une partie d'un tout et comporte par conséquent une fin déterminée qui la relie à celui-ci.

Nous avons déjà dit que toute action stratégique se rapporte à la notion d'engagement, puisque l'action stratégique est l'utilisation de la force armée et que l'idée d'engagement est toujours à la base de cette utilisation. Dans le domaine de la stratégie, nous pouvons donc ramener toute activité militaire à l'unité qui englobe les engagements séparés et nous occuper uniquement des fins de ces derniers. Nous découvrirons peu à peu ces fins particulières, à mesure que nous examinerons les causes dont elles surgissent. Contentons-nous ici de dire que chaque engagement, grand ou petit, a sa fin particulière, subordonnée à l'ensemble. S'il en est ainsi, anéantir et vaincre l'adversaire ne sont que les moyens d'atteindre cette fin ; et c'est effectivement le cas.

Cependant, cette conclusion n'est vraie que dans sa forme et elle ne vaut qu'en raison de la cohésion interne des représentations mentales ; nous n'avons voulu atteindre ce résultat que pour pouvoir nous en débarrasser.

Qu'est-ce que vaincre l'adversaire ? C'est toujours et simplement détruire sa force armée, par la mort ou les blessures, ou par tout autre moyen, que cette destruction soit totale ou juste suffisante pour lui ôter toute volonté de poursuivre le combat. Tant que nous faisons abstraction des fins spécifiques des engagements particuliers, nous pouvons donc considérer la destruction complète ou partielle de l'adversaire comme l'unique fin de tout engagement.

Or, nous affirmons que dans la majorité des cas, et

particulièrement dans les grands engagements, la fin particulière qui individualise l'engagement et le relie à l'ensemble n'est qu'une faible modification de la fin générale ou une fin secondaire qui s'y rattache. Elle est assez importante pour individualiser l'engagement, mais reste insignifiante comparée à la fin générale, de sorte que celui-ci ne remplit que la part la moins importante de sa fonction si seule cette fin secondaire est atteinte. Si cette affirmation est exacte, l'idée selon laquelle la destruction des forces armées ennemies n'est qu'un moyen et que la fin est toujours ailleurs apparaît clairement comme une vérité purement formelle. Elle conduirait à des conclusions erronées si l'on ne se souvenait pas que cette destruction de la force ennemie est comprise dans cette fin d'ensemble et n'en est qu'une faible modification.

L'oubli de cette réalité a engendré des vues complètement fausses au cours des guerres de l'époque qui a précédé la nôtre. Il a également produit des tendances et des fragments de systèmes qui donnaient à la théorie l'illusion de s'élever au-dessus de la pratique à mesure qu'elle croyait pouvoir se passer de son véritable instrument : la destruction des forces ennemies.

À vrai dire, un tel système n'aurait pu voir le jour sans le concours d'autres représentations erronées et le remplacement de la destruction des forces ennemies par d'autres méthodes parées d'une efficacité usurpée. Nous combattrons ces idées chaque fois que notre sujet en fournira l'occasion. Mais nous ne pouvons traiter de l'engagement sans revendiquer son importance et sa véritable valeur, et sans mettre en garde contre les égarements auxquels peut conduire une vérité purement formelle.

Mais comment prouver que, dans les cas les plus fréquents et les plus importants, le principal est la destruction des forces armées ennemies ? Comment réfuter cette conception extrêmement spécieuse, l'idée qu'on peut, au moyen d'une méthode très ingénieuse, infliger indirectement un dommage majeur à l'ennemi par une destruction directe et mineure de ses forces armées ou, grâce à de petites attaques particulièrement judicieuses, paralyser ses forces, infléchir sa volonté et réduire ainsi considérablement le chemin à parcourir ? Il est vrai qu'un engagement aura plus d'importance s'il est livré à un certain endroit plutôt qu'à un autre. Il est vrai qu'il existe même en stratégie un agencement ingénieux des engagements ; et la stratégie n'est d'ailleurs rien d'autre que l'art de les organiser. Notre intention n'est pas de le nier ; mais nous affirmons que la destruction immédiate des forces armées ennemies est toujours *ce qui prédomine*. C'est uniquement cette importance prédominante du principe de destruction que nous voulons établir, et rien d'autre.

Toutefois, nous ne devons pas oublier que nous sommes ici dans la stratégie et non dans la tactique, que nous ne parlons donc pas des moyens tactiques de détruire avec un minimum d'efforts un maximum de forces ennemies. Par destruction directe, nous entendons les succès tactiques. Nous affirmons donc que seuls les grands succès tactiques peuvent conduire à de grands succès stratégiques ou, comme nous l'avons déjà formulé de manière plus précise, que les succès *tactiques* sont d'une *importance prédominante* dans la conduite de la guerre.

La preuve de cette affirmation ne nous paraît pas difficile à fournir : elle réside dans le temps considérable qu'exige toute combinaison complexe. Une attaque simple sera-t-elle plus efficace qu'une attaque plus complexe et plus ingénieuse ? On peut trancher sans aucun doute en faveur de cette dernière tant que l'on conçoit l'adversaire comme un objet passif. Cependant, toute attaque complexe exige plus de temps ; et ce temps doit lui être octroyé sans qu'une contre-attaque menée sur l'une de ses parties détruise l'ensemble au cours de ses préparatifs. Or, si l'adversaire opte pour une attaque plus simple, menée plus brièvement, il prend alors de l'avance, gagne l'avantage et détruit à la fois nos plans grandioses et l'effet escompté. Pour déterminer la valeur d'une attaque complexe, il faut donc prendre en considération tous les dangers que l'on encourt lors de sa préparation, et ne l'exécuter que si l'on ne risque pas d'être interrompu par une attaque plus prompte de l'adversaire. Si ce risque existe, il faut soi-même choisir le plan le plus rapide et le simplifier autant que le caractère, la situation de l'adversaire et les autres circonstances l'exigent. Si on abandonne les impressions vagues laissées par les concepts abstraits pour descendre dans la réalité concrète, on y trouvera alors un adversaire rapide, courageux et résolu, qui ne laissera pas le temps de composer des opérations ingénieuses à longue échéance ; et c'est précisément contre un adversaire de ce genre qu'on aura le plus besoin de tout son art. Cela nous semble suffisant pour démontrer la *prédominance* des succès simples et immédiats sur les succès complexes.

Nous ne prétendons pas que l'attaque simple est la meilleure, mais nous croyons plutôt qu'il ne faut pas chercher à atteindre ce qui est hors de portée ; et plus l'adversaire est belliqueux, plus ce principe conduit à un combat direct. Donc, plutôt que d'essayer de surpasser l'adversaire par la complexité des plans, il faut au contraire toujours chercher à le devancer par la simplicité.

Si l'on creuse pour rechercher les pierres de fondation qui supportent ces contraires, on trouvera d'un côté l'intelligence, de l'autre le courage. Or, il est très séduisant d'imaginer qu'un courage moyen accompagné d'une grande intelligence produirait des effets plus remarquables qu'une intelligence moyenne jointe à un grand courage. Mais, à moins de se figurer ces éléments dans une disproportion illogique, nul n'a le droit d'accorder à l'intelligence cet avantage sur le courage, dans un domaine qui se nomme danger et qui est par excellence celui du courage.

Après ces réflexions abstraites, nous ajouterons simplement que l'expérience, bien loin de déboucher sur une autre conclusion, est plutôt l'unique raison qui nous a poussés dans cette direction et conduits à de telles considérations.

Quiconque se penche objectivement sur l'histoire ne peut échapper à la certitude que, de toutes les vertus martiales, c'est *l'énergie dans la conduite de la guerre* qui a toujours contribué le plus à la gloire et au triomphe des armes.

Nous montrerons par la suite comment appliquer notre principe – selon lequel la destruction des forces armées ennemies est le principal, non seulement dans la guerre tout entière mais aussi dans chaque engagement particulier – et comment l'adapter à toutes les formes et conditions exigées par les circonstances qui mènent à la guerre. Pour le moment, nous n'avons cherché qu'à établir son importance générale. Cela fait, nous pouvons revenir à l'engagement.

Chapitre 4
L'engagement en général (suite)

Nous avons conclu à l'issue du chapitre précédent que le but de l'engagement est la destruction de l'adversaire. Nous avons cherché à démontrer par une réflexion particulière que cela se vérifie dans la majorité des affrontements comme dans les grandes batailles, car la destruction de la force armée ennemie est toujours ce qui prédomine dans la guerre. Nous donnerons, dans le chapitre suivant, une définition générale des autres objectifs qui peuvent s'ajouter à cette destruction de la force ennemie et même plus ou moins l'éclipser. Nous chercherons ensuite à en affiner progressivement notre connaissance. Pour le moment, laissons-les radicalement de côté, pour considérer la destruction de l'adversaire comme un objectif qui suffit pleinement à l'engagement particulier.

Que faut-il donc entendre par destruction de la force armée de l'ennemi ? Amoindrir proportionnellement ses forces plus qu'il n'amoindrit les nôtres. Si nous jouissons d'une grande supériorité numérique sur l'ennemi, les mêmes pertes en valeur absolue auront naturellement moins d'impact chez nous que chez lui, ce qui constitue donc déjà un avantage pour nous. Ayant ici dépouillé l'engagement de tout autre but, il faut aussi exclure le cas où il ne sert que de manière indirecte à infliger à l'ennemi des pertes plus lourdes. Par conséquent, seul ce gain direct obtenu dans le processus de destruction réciproque peut être considéré comme le but, car ce gain est absolu. Il reste acquis pendant toute la durée de la campagne et se solde toujours au terme de celle-ci par un bénéfice net. Toute autre sorte de victoire sur l'adversaire trouverait sa justification dans d'autres buts (dont nous faisons ici abstraction), ou ne procurerait qu'un avantage relatif et provisoire. Un exemple permettra de bien le faire comprendre.

Supposons que par un habile déploiement nous avons mis notre adversaire dans une situation si défavorable qu'il ne peut poursuivre l'engagement sans danger et qu'il se replie après une certaine résistance : nous pouvons dire que nous l'avons vaincu sur ce point précis. Mais si nous avons perdu autant de forces que lui dans cette opération, au moment du bilan de la campagne il ne restera rien de cette victoire, si l'on peut appeler ainsi un tel résultat. Vaincre l'adversaire – c'est-à-dire le placer dans une situation telle qu'il soit obligé d'abandonner le combat – n'entre donc pas en soi en ligne de compte, et par conséquent ne peut pas être inclus dans la définition du but. Comme nous l'avons dit, il ne reste alors que le gain direct acquis dans le processus de destruction. Il ne se compose pas seulement des pertes encourues lors de l'engagement, mais aussi des pertes subies après la retraite de la partie vaincue et qui en sont une conséquence directe.

Il y a rarement une grande différence entre les pertes physiques subies au cours de l'engagement par le vainqueur et le vaincu. L'expérience a montré qu'elle est parfois nulle, et même parfois à l'avantage du vaincu. Les pertes les plus décisives pour ce dernier, celles que le vainqueur ne partage pas, n'apparaissent qu'avec la retraite.

Les faibles débris des bataillons déjà ébranlés sont pourchassés par la cavalerie, les hommes à bout de forces gisent à terre, entre des canons détruits et des caissons de poudre abandonnés, d'autres ne peuvent être évacués assez vite sur les mauvais chemins et sont interceptés par la cavalerie, des groupes isolés s'égarent dans la nuit et tombent désarmés aux mains de l'ennemi. C'est ainsi que la victoire ne devient souvent réalité qu'après la décision. Il y aurait ici un paradoxe s'il n'était résolu de la manière suivante.

Lors de l'engagement, les forces armées des deux camps ne subissent pas que des pertes physiques ; les forces morales sont elles aussi ébranlées, brisées et ruinées. On ne perd pas seulement des hommes, des chevaux et des canons, mais aussi l'ordre, le courage, la confiance, la cohésion et le plan. Et lorsqu'on se demande si l'on peut poursuivre ou non l'engagement, ce sont avant tout ces forces morales qui emportent la décision ; et chaque fois que les pertes étaient égales chez le vainqueur et le vaincu, ce sont elles seules qui ont tranché.

La proportion des pertes physiques est en outre difficile à estimer dans le feu du combat, mais celle des pertes morales ne l'est pas. Elle se traduit principalement par deux indices. Le premier est la perte du terrain sur lequel on se bat, le second la prépondérance des réserves ennemies. Plus nos réserves diminuent par rapport à celles de l'ennemi, plus nous avons dépensé de forces pour maintenir l'équilibre. Il y a déjà là une preuve tangible de la supériorité morale de l'adversaire, qui manque rarement de susciter dans l'esprit du général quelque amertume et un certain dédain envers ses propres troupes. Mais le principal, c'est que les troupes qui ont combattu depuis un certain temps sans désemparer ressemblent toujours plus ou moins à des résidus calcinés ; elles n'ont plus de munitions, elles ont fondu, leurs forces morales et physiques sont épuisées, même leur courage est brisé. Abstraction faite de la diminution de son effectif, cette troupe n'est plus, et de loin, le tout organique qu'elle était avant l'engagement. De ce fait, la perte des forces morales peut se mesurer à l'aune des réserves consommées.

Le terrain perdu et le manque de réserves fraîches sont donc les deux raisons principales qui provoquent habituellement la décision de battre en retraite ; mais il ne faut pas exclure ni laisser dans l'ombre d'autres causes qui peuvent résider dans la cohésion des unités, le plan d'ensemble, etc.

Tout engagement est donc un nivellement sanglant et destructeur des forces physiques et morales. Celui qui possède à la fin la plus grande somme des unes et des autres en est le vainqueur.

Dans l'engagement, les pertes morales sont la cause prédominante de la décision ; une fois celle-ci acquise, ces pertes continuent à augmenter pour atteindre leur point culminant à la fin de l'action tout entière. Elles deviennent donc le moyen d'acquérir à travers la destruction des forces physiques ce gain qui constitue le véritable objectif de l'engagement. Une fois l'ordre et l'unité disparus, la résistance de certaines sections leur est souvent fatale ; le courage de l'ensemble est brisé ; la tension qui faisait oublier les dangers, excitée au début par l'espoir des gains et la crainte des pertes, s'est dissoute ; pour beaucoup le danger n'est plus un défi au courage mais un châtiment cruel. Ainsi, l'instrument émoussé et affaibli dès le premier instant de la victoire ennemie n'est plus en état de répondre au danger par le danger.

C'est de cet instant que le vainqueur doit tirer parti afin d'obtenir de la destruction des forces physiques un véritable gain ; seul ce gain-là lui restera acquis avec certitude, car l'adversaire retrouvera peu à peu toutes ses forces morales : l'ordre sera rétabli, le courage se relèvera. Dans la majorité des cas, il ne subsistera de la suprématie acquise qu'une part très mince, parfois nulle, et dans quelques rares cas la haine attisée et la vengeance provoquent l'effet *inverse*. En revanche, les tués, les blessés, les prisonniers et les canons enlevés sont définitivement gagnés et ne s'effaceront plus jamais du compte.

Pendant la bataille on compte surtout des tués et des blessés ; après la bataille, on perd des canons et des prisonniers. Dans le premier cas, les pertes sont plus ou moins partagées par le vainqueur et par le vaincu, elles ne le sont pas dans le second. Aussi, elles ne se présentent généralement que dans l'un des deux camps, ou du moins, seul l'un des deux côtés en accumule un excédent considérable.

C'est pourquoi les canons et les prisonniers ont été de tout temps les véritables trophées de la victoire ; ils en donnent en même temps la mesure car ils manifestent incontestablement son ampleur. Ils indiquent mieux que tout le reste le degré de supériorité morale, surtout si on les compare au nombre de tués et de blessés ; le facteur moral y trouve une nouvelle puissance.

Nous avons dit que les forces morales ruinées dans l'engagement et dans ses premières conséquences se restaurent peu à peu et que leur destruction ne laisse souvent aucune trace. C'est le cas pour les petites unités de l'ensemble, rarement pour les grandes. Cela vaut parfois aussi pour l'armée, mais rarement ou jamais pour l'État et le gouvernement auxquels cette armée appartient. On y évalue la situation avec plus d'impartialité et d'un point de vue plus élevé. La quantité de trophées abandonnés à l'ennemi, leur rapport avec les pertes, morts et blessés, y apparaît comme un indice trop clair de notre déficience et de nos propres faiblesses.

En général, il ne faut pas sous-estimer la rupture de l'équilibre moral sous prétexte qu'il n'a pas de valeur absolue et n'apparaît pas immanquablement dans la somme finale des succès. Il peut au contraire acquérir un poids si prépondérant qu'il écrase tout avec une violence irrésistible. C'est pourquoi cet équilibre peut souvent devenir un objectif majeur de l'action, ce dont nous parlerons ailleurs. Il nous reste ici à considérer certains facteurs qui conditionnent son origine.

L'effet moral d'une victoire augmente avec l'abondance des forces armées engagées ; ce n'est pas seulement une question de mesure, mais de degrés, car cette augmentation ne progresse pas simplement en volume mais aussi en intensité. Dans une division battue, l'ordre est rapidement rétabli. De même qu'un seul membre engourdi par le froid se réchauffe vite au contact du reste du corps, le courage d'une division battue sera facilement ranimé par le courage de l'armée dès qu'elle l'aura rejointe. Les effets d'une petite victoire ne disparaissent donc pas complètement, mais on les perd rapidement. Il n'en va pas de même quand l'armée tout entière succombe à une défaite ; tout s'effondre alors en même temps. Un vaste incendie atteint des températures bien plus élevées que plusieurs petits foyers.

Un autre facteur qui détermine le poids moral de la victoire consiste dans la proportion des forces armées en présence. Vaincre une troupe nombreuse avec une poignée d'hommes, ce n'est pas seulement vaincre doublement, c'est aussi faire preuve d'une supériorité d'ordre général qu'à l'avenir le vaincu doit toujours craindre d'affronter. Toutefois dans la réalité, cet impact est *imperceptible.* Lors de l'action, on se fait habituellement une opinion si imprécise des effectifs réels de l'adversaire, et on estime si mal ses propres forces, que le camp qui détient la supériorité du nombre refuse absolument d'admettre la disproportion ou du moins de l'admettre dans toute sa vérité ; il échappe ainsi en grande partie au préjudice moral que cela aurait occasionné pour lui. Ce n'est que plus tard, dans l'histoire, que cette force émerge de l'oppression où la maintenaient l'incertitude, la vanité ou la prudence circonspecte. Elle accorde alors la gloire à l'armée et à son chef, mais son poids moral n'exerce plus aucun impact sur des événements passés depuis longtemps.

Si la victoire prend corps et se cristallise véritablement dans la capture des prisonniers et des canons, c'est cet objectif qui sera préféré dans l'organisation de l'engagement ; la destruction de l'adversaire par la mort et les blessures n'est plus qu'un simple moyen.

L'influence de ce moyen sur l'agencement de l'engagement ne concerne en rien la stratégie. Mais il affecte les dispositions prises pour l'engagement lui-même, et particulièrement celles qui visent à protéger ses propres arrières et à menacer ceux de l'ennemi. Le nombre de prisonniers et de canons enlevés dépend grandement de cette question et celle-ci dépasse la tactique dans bien des cas, notamment lorsque les conditions stratégiques lui sont trop défavorables.

La menace d'avoir à se battre sur deux fronts et le péril plus grave encore de se voir couper toute retraite paralyse les mouvements, sape la force de résistance et retentisse sur l'alternative entre défaite et victoire. En cas de défaite, ces dangers augmentent les pertes et les portent souvent à leur degré extrême, c'est-à-dire jusqu'à l'anéantissement. La menace qui pèse sur les arrières rend donc la défaite en même temps *plus probable* et *plus décisive*.

C'est là la source d'un véritable instinct pour tous les aspects de la conduite de la guerre, une tendance instinctive qui se manifeste particulièrement dans les engagements, grands et petits : assurer ses propres arrières et prendre ceux de l'ennemi. Cet instinct découle du concept de victoire qui, comme nous l'avons vu, diffère du massacre pur et simple.

Cet effort instinctif nous révèle donc la *première destination* du combat, une destination plus précise et tout à fait universelle. L'engagement est inconcevable sans que cet effort ne se joigne sous ses deux aspects au choc de la pure violence, qu'il s'agisse de protéger ses arrières ou d'attaquer ceux de l'ennemi. Même la plus petite section ne se jettera pas sur l'adversaire sans penser à sa retraite, et dans la plupart des cas elle recherchera celle de l'ennemi.

On rencontre fréquemment des cas complexes où l'on interdit à cet instinct de suivre son cours, où il doit céder devant les difficultés soulevées par des considérations d'un ordre plus élevé. Mais leur examen nous entraînerait trop loin. Contentons-nous de faire de cet instinct une loi naturelle et générale de l'engagement.

Il agit donc partout, il pèse partout de son poids naturel et devient alors le pivot de presque toutes les manœuvres tactiques et stratégiques.

Si nous nous penchons à nouveau sur le concept général de victoire, nous y discernerons trois éléments :

1. l'adversaire subit des pertes supérieures en forces physiques ;

2. des pertes supérieures en forces morales ;

3. il les admet ouvertement et renonce à ses intentions.

Les communiqués concernant le nombre de morts et de blessés ne sont jamais exacts, d'un côté comme de l'autre ; ils sont rarement véridiques et même intentionnellement déformés dans la plupart des cas. Même le nombre de trophées que l'on déclare est rarement authentique : s'il n'est pas considérable, il peut laisser planer des doutes sur la victoire. Quant aux pertes morales, il n'existe en dehors des trophées aucune mesure valable. Dans bien des cas, l'abandon du combat reste donc la seule preuve véritable de la victoire. Abaisser les couleurs, c'est donc avouer que l'on est vaincu, et que l'on reconnaît dans ce cas précis le droit et la supériorité de l'adversaire. L'humiliation et la honte, distinctes de toutes les autres conséquences morales dues au renversement de l'équilibre, sont une partie essentielle de la victoire. En dehors de l'armée, ce sont elles seules qui agissent sur l'opinion publique, sur le peuple et le gouvernement des deux États belligérants et de tous les autres participants.

Mais se retirer du champ de bataille ne signifie pas renoncer à ses intentions, même lorsque le combat a été long et acharné. Personne n'accusera un avant-poste qui s'est replié après une résistance opiniâtre d'avoir renoncé à ses desseins. Même dans des engagements dont le but est de détruire les forces armées ennemies, quitter le champ de bataille n'est pas toujours abandonner ce but, par exemple lors d'une retraite intentionnelle où le territoire est disputé pied à pied. Tout ceci trouvera sa place dans ce que nous dirons de la finalité particulière des engagements. Nous voulons ici seulement attirer l'attention sur la difficulté qu'il y a dans la plupart des cas à faire la différence entre l'abandon des intentions et le retrait du champ de bataille ; il ne faut pas sous-estimer l'impression que ce retrait produit à l'intérieur comme à l'extérieur de l'armée.

Pour des généraux et des armées qui ne jouissent pas d'une renommée bien établie, cela constitue un aspect particulièrement scabreux d'une démarche imposée par les circonstances : une série d'engagements s'achevant par une retraite peut, sans l'être le moins du monde, apparaître comme une série de défaites ; et cette apparence peut avoir des répercussions très préjudiciables. Dans ce cas, il est impossible pour le général qui élude le combat de prévenir cette impression morale en expliquant sa véritable intention. Car pour que son explication ait quelque efficacité, il lui faudrait dévoiler intégralement son plan, ce qui irait bien évidemment à l'encontre de son intérêt.

[…]

LIVRE SIXIÈME

La défense

Chapitre 1
Attaque et défense

1. Le concept de défense

Qu'est-ce que le concept de défense ? C'est parer un coup. Quelle est alors sa caractéristique ? L'attente de ce coup. C'est là la caractéristique d'une action défensive, et c'est elle seule qui distingue dans la guerre l'attaque de la défense. Une défense absolue contredit entièrement le concept de guerre car, dans ce cas, seul l'un des belligérants ferait la guerre. Ainsi la défense ne peut-elle être que relative. Sa caractéristique s'applique donc uniquement au concept dans sa totalité, et ne doit pas être étendue à toutes ses parties. Un engagement partiel est défensif lorsque nous attendons l'avance et l'assaut de l'ennemi ; une bataille est défensive lorsque nous attendons l'attaque, c'est-à-dire l'apparition de l'ennemi devant notre position, sous notre feu ; une campagne est défensive lorsque nous attendons son incursion dans notre théâtre de guerre. Dans tous ces cas, la caractéristique de l'attente et de la parade relève du concept général, sans qu'il s'ensuive aucune contradiction avec le concept de guerre. Car il peut être avantageux d'attendre la charge contre nos baïonnettes, ou l'attaque de notre position et de notre théâtre de guerre. Mais comme on doit rendre son coup à l'ennemi si l'on veut réellement faire la guerre, cette attaque dans une guerre défensive est en quelque sorte placée sous le signe de la défense, c'est-à-dire que l'offensive que nous lançons entrera dans le concept de position ou de théâtre de guerre. On peut donc se battre de manière offensive dans une campagne défensive, utiliser offensivement ses différentes divisions dans une bataille défensive et enfin, dans une simple position défensive, accueillir la charge de l'ennemi par une volée de balles offensives. La conduite défensive de la guerre n'est pas un simple bouclier ; ce sont les coups habiles que l'on porte qui font le bouclier.

2. *Avantages de la défensive*

Quelle est la finalité de la défense ? *Conserver*. Il est plus facile de conserver que d'acquérir. En supposant que l'on dispose des mêmes moyens, il s'ensuit donc qu'il est plus facile de défendre que d'attaquer. Mais comment ce fait-il que conserver et protéger jouissent d'une plus grande facilité ? C'est parce que tout le temps que l'attaquant n'a pas mis à profit joue en faveur du défenseur. Il récolte là où il n'a pas semé. Toute cessation de l'attaque, par défaut d'appréciation, par crainte ou par inertie profite au défenseur. C'est ce qui a sauvé plus d'une fois l'État prussien de la ruine pendant la guerre de Sept Ans. Cet avantage de la défensive, résultant de son concept et de sa finalité, réside dans la nature de toute défense. On le retrouve dans la vie courante, et particulièrement dans les affaires judiciaires qui ressemblent tellement à la guerre ; c'est ce qu'exprime le proverbe latin *beati sunt possidentes*. Un autre avantage, profondément lié à la nature de la guerre, est le secours de la topographie, qui favorise avant tout la défense.

Après avoir défini ces concepts généraux, il est temps d'étudier plus précisément la nature du sujet.

Dans la tactique, tout engagement grand ou petit est *défensif* si nous cédons l'initiative à l'ennemi en attendant qu'il se manifeste sur notre front. Dès lors, nous pouvons nous servir de tous les moyens offensifs sans perdre les deux avantages de la défensive mentionnés plus haut, à savoir l'attente et la topographie. Dans la stratégie, la campagne prend d'abord la place de l'engagement, et le théâtre de guerre celle de la position ; ensuite, la guerre entière prend la place de la campagne et le pays tout entier remplace le théâtre de guerre ; mais dans les deux cas, la défensive reste ce qu'elle était dans la tactique.

On a déjà remarqué de manière générale que la défense est plus facile que l'attaque. La défense a un but négatif, celui de *conserver*, et l'attaque un but positif, qui est de *conquérir*. Mais comme la conquête accroît le potentiel de guerre, ce que ne fait pas la conservation, il faut donc dire, très précisément, que *la conduite défensive de la guerre est en soi plus puissante que l'offensive*. Telle est la conclusion à laquelle nous voulions parvenir. Car, bien qu'elle soit parfaitement conforme à la nature des choses et qu'elle ait été confirmée des milliers de fois par l'expérience, elle va néanmoins à l'encontre de l'opinion dominante – preuve de la manière dont les penseurs superficiels peuvent embrouiller les idées.

Comme la défensive est une forme de guerre plus puissante, mais à but négatif, on ne doit naturellement l'employer que si sa propre faiblesse y oblige, et l'abandonner dès que l'on se trouve assez fort pour poursuivre un but positif. Être vainqueur par la défensive entraîne habituellement un rapport de forces plus favorable, c'est pourquoi le cours naturel de la guerre est de commencer par la défensive et de finir par l'offensive. Il est donc contraire au concept de la guerre de faire de la défensive le dernier objectif du conflit ; de même, il était tout aussi contradictoire de croire que la passivité s'appliquait aux actions défensives comme à la défensive dans son ensemble. En d'autres termes : une guerre où les victoires ne servent qu'à parer les coups sans essayer de les rendre serait tout aussi absurde qu'une bataille où toutes les directives seraient dictées par la défensive la plus absolue (la passivité).

On pourrait opposer à cette définition générale nombre d'exemples de guerres où la défense est demeurée jusqu'au bout uniquement défensive, sans le moindre projet de réaction offensive. Ce serait oublier qu'il est question ici d'une conception générale, et que de tels exemples doivent tous être considérés comme des cas où la possibilité de la réaction offensive ne s'était pas encore présentée.

[...]

Après avoir défini le concept de défense tel qu'il se dégage de la guerre, et après avoir tracé les limites de la défensive, revenons encore une fois à notre affirmation selon laquelle *la défensive est la façon la plus puissante de conduire la guerre*.

Cela surgira très clairement d'un examen plus précis et d'une comparaison plus serrée de l'offensive et de la défensive. Remarquons pour le moment que l'affirmation opposée entre en contradiction avec elle-même et avec l'expérience. Si la forme offensive était la plus puissante, il n'y aurait alors plus aucune raison d'utiliser la défensive, puisque son but est strictement négatif ; tout le monde voudrait attaquer et la défense serait un non-sens. Mais à l'inverse, il est tout à fait naturel de vouloir parvenir à un but supérieur par des sacrifices plus grands. Celui qui se croit assez fort pour se servir de la forme la plus faible, l'offensive, peut viser un but supérieur. Celui qui se fixe un but moins important ne peut le faire que pour profiter de l'avantage de la forme la plus efficace, la défensive. L'expérience nous assure qu'il serait proprement inouï de voir sur un théâtre de guerre l'offensive menée par l'armée la plus faible et sur un autre l'armée la plus forte rester sur la défensive. C'est toujours et partout le contraire qui s'est produit. Ce qui prouve bien que les généraux, en dépit de leur inclination résolue pour l'offensive, considèrent toutefois la défensive comme la forme la plus forte. Nous expliquerons encore quelques points préliminaires dans les chapitres suivants.

Chapitre 2
Rapports mutuels de l'attaque et de la défense dans la tactique

Examinons tout d'abord les circonstances qui mènent à la victoire au cours de l'engagement.

Nous ne parlerons pas ici de la supériorité numérique, de la bravoure, de l'exercice ou des autres qualités d'une armée. Car, en règle générale, elles dépendent d'éléments extérieurs à l'art de la guerre dont il est ici question ; ces facteurs exerceraient d'ailleurs le même effet en attaque et en défense. Nous ne prendrons même pas en considération la *supériorité numérique en général*, puisque le nombre de troupes est aussi une donnée sur laquelle la volonté du général n'a pas d'influence. Tous ces aspects n'entretiennent pas de rapports particuliers avec l'attaque et la défense. En revanche, seuls trois facteurs nous semblent être d'une importance décisive : *la surprise*, *l'avantage du terrain* et *l'attaque sur plusieurs flancs*. La surprise fait son effet lorsqu'on oppose à l'ennemi en un point précis beaucoup plus de troupes qu'il n'en attendait. Cette supériorité ponctuelle est très différente de la supériorité numérique en général ; elle est l'agent essentiel de l'art de la guerre. – La part que prend l'avantage du terrain dans la victoire se comprend aisément. Il nous suffit de remarquer qu'il ne s'agit pas uniquement des obstacles auxquels se heurte l'assaillant dans sa progression (les terrains escarpés, les hautes montagnes, les cours d'eau marécageux, les taillis, etc.), mais que l'avantage du terrain donne aussi l'occasion d'y dissimuler une position. Même un terrain sans particularités peut aider celui qui le connaît bien. L'attaque sur plusieurs fronts comprend tous les mouvements tactiques d'enveloppement, grands ou petits. Son effet se fonde en partie sur l'efficacité doublée des feux croisés, et en partie sur la crainte d'être coupé du gros des troupes.

Quels sont alors les rapports de l'attaque et de la défense avec ces facteurs ?

Si l'on garde à l'esprit les trois principes de la victoire exposés plus haut, on répondra à cette question en disant que l'assaillant ne bénéficie que d'une petite partie du premier et du dernier principe, tandis que la plus grande partie de l'un et de l'autre ainsi que l'intégralité du second principe avantagent le défenseur.

L'assaillant n'a que l'avantage de l'attaque surprise de l'ensemble par l'ensemble. Le défenseur, lui, est sans cesse en mesure de le surprendre au cours de l'engagement, en modulant la force et la forme de ses attaques.

Par rapport au défenseur, l'attaquant a plus de facilités pour envelopper et couper l'ensemble ; car le défenseur est statique, tandis que l'attaquant se déplace par rapport à cette position fixe. Mais l'avantage de ce mouvement enveloppant ne concerne que l'ensemble car, dans le cours de l'engagement, c'est le défenseur qui pourra plus facilement attaquer sur plusieurs fronts des parties séparées du dispositif d'attaque ; *parce que le défenseur, comme nous l'avons dit plus haut, est mieux à même de surprendre par la force et la forme de ses contre-attaques.*

Il est évident que le défenseur profite mieux de l'aide du terrain. La supériorité que lui procure la surprise de ses attaques (dans leur forme et leur force) est due au fait que l'assaillant doit emprunter des voies et des routes où il est facile de l'observer, tandis que le défenseur dissimule sa position et reste presque invisible jusqu'au moment décisif. Depuis que la bonne méthode de défense est de mise, les reconnaissances, elles, sont complètement passées de mode, c'est-à-dire qu'elles sont devenues impossibles. Certes, on part encore en reconnaissance de temps en temps, mais on en rapporte rarement grand-chose. L'avantage de pouvoir choisir le terrain pour établir sa position et de le connaître parfaitement avant l'engagement est immense ; le défenseur qui se tient en embuscade sur ce terrain surprendra plus facilement son adversaire que ne le fera l'assaillant. Malgré ces évidences, on n'a pas encore réussi à se débarrasser de la vieille idée selon laquelle une bataille acceptée est déjà à moitié perdue. Cela provient du type de défense que l'on pratiquait il y a vingt ans et qui était déjà partiellement appliqué pendant la guerre de Sept Ans. La seule aide que l'on attendait du terrain était d'offrir un front difficile d'accès (versants montagneux abrupts, etc.). Le manque de profondeur dans l'ordre de bataille et le peu de mobilité des ailes rendaient les armées si faibles qu'elles se livraient à des escarmouches d'une montagne à une autre, ce qui empirait le mal. Si l'on trouvait quelque point d'appui, l'armée se trouvait alors tendue comme un canevas sur un tambour à broder et l'on ne pensait plus qu'à l'empêcher de se faire trouer. Le terrain conquis acquérait en tout point une valeur immédiate, il devait donc être immédiatement défendu. Dans ces conditions, il ne pouvait être question dans la bataille ni de mouvement ni de surprise ; c'était tout le contraire de ce que peut être une bonne défense et de ce qu'elle est réellement devenue plus récemment.

En réalité, le mépris de la défensive est toujours le fruit d'une époque où une certaine méthode de défense a fait son temps ; c'est le cas de la méthode évoquée ci-dessus, qui jadis eut son heure, lorsqu'elle l'emportait réellement sur l'attaque.

[…]

Si l'offensive devait inventer quelque nouvelle et puissante méthode – ce qui est rendu bien improbable par la simplicité et la nécessité interne que les choses ont acquises – la défense devrait alors elle aussi modifier la sienne. Mais elle aura toujours l'avantage du terrain, et comme les caractères topographiques imprègnent aujourd'hui plus que jamais l'action militaire, sa supériorité naturelle sera en général assurée.

Chapitre 3
Rapports mutuels de l'attaque et de la défense dans la stratégie

Nous commencerons par examiner à nouveau les circonstances qui assurent un résultat favorable dans la stratégie.

Comme nous l'avons déjà dit, il n'y a pas de victoire en stratégie. D'une part, le succès stratégique tient à la préparation réussie de la victoire tactique ; plus ce succès est grand, plus la victoire dans l'engagement sera indubitable. D'autre part, le succès stratégique réside dans l'exploitation de la victoire acquise par l'engagement. Plus la stratégie, grâce à ses combinaisons, pourra susciter d'événements dans le sillage de la bataille qui vient d'être remportée, plus elle tirera profit de la dévastation causée par le combat ; plus elle engrange en masse ce qui doit être péniblement conquis pièce à pièce dans la bataille, plus grand est son succès. – Les principaux facteurs qui occasionnent ou facilitent en premier lieu ce succès, et qui sont par conséquent les grands principes de l'efficacité stratégique, sont les suivants :

1. L'avantage du terrain.

2. La surprise, soit sous la forme de l'attaque surprise proprement dite, soit par le déploiement inattendu de forces supérieures en des points donnés.

3. L'attaque sur plusieurs flancs ; ces trois principes sont les mêmes que dans la tactique.

4. L'appui du théâtre de guerre, par les forteresses et tout ce qui en dépend.

5. L'appui du peuple.

6. L'exploitation des grandes forces morales*.

Quels sont alors les rapports entre l'attaque et la défense eu égard à ces principes ?

Le défenseur a l'avantage du terrain, l'assaillant celui de la surprise ; il en va ici dans la stratégie comme dans la tactique. Mais il faut remarquer que l'attaque surprise est un moyen infiniment plus efficace et plus important en stratégie qu'en tactique. Tactiquement, il est rare de pouvoir transformer une attaque surprise en grande victoire ; tandis qu'on a souvent vu une surprise stratégique mettre fin d'un seul coup à toute une guerre. Mais il faut à nouveau remarquer que l'utilisation de ce moyen suppose de la part de l'adversaire des erreurs *capitales*, *exceptionnelles* et *décisives*, de sorte qu'il ne pèse pas d'un poids considérable dans le plateau de l'offensive.

Surprendre l'adversaire en concentrant des forces supérieures en certains points, cela ressemble beaucoup au cas tactique analogue. Si le défenseur est obligé de diviser ses forces sur plusieurs points d'accès de son théâtre de guerre, l'assaillant possède alors l'avantage manifeste de pouvoir fondre sur un seul point avec toute sa puissance.

* L'adepte des conceptions stratégiques de M. von Bülow ne comprendra pas que nous ayons ici exclu l'ensemble de la stratégie bülowienne, ni plus ni moins. Mais nous n'y sommes pour rien si M. von Bülow ne traite que de banalités connues. Un garçon de course pourrait tout autant s'étonner de ne pas trouver de référence à la règle de trois ou de cinq dans le sommaire d'un livre d'arithmétique. Mais les vues de M. von Bülow sont si peu pratiques que la comparaison se fonde sur d'autres raisons. *(Note de l'auteur.)*

Cependant, le nouvel art de la défensive a ici aussi insensiblement engendré d'autres principes grâce à d'autres procédés. Si le défenseur ne craint pas que l'adversaire se jette, par une route non défendue, sur un magasin ou un dépôt importants, ou sur une place forte mal préparée, ou sur la capitale, il n'a donc pas à contrer l'assaillant sur la route choisie par ce dernier de peur de se faire couper la retraite : il n'a alors aucune raison de diviser ses forces. Car, si l'assaillant choisit une autre route que celle où se trouve le défenseur, quelques jours plus tard celui-ci peut lancer contre lui toutes ses forces sur cette route-là. Il peut même être sûr que l'assaillant lui fera l'honneur d'aller l'y provoquer. Mais si l'assaillant se voit obligé d'avancer en ordre dispersé, ce qui est presque toujours inévitable pour des raisons de ravitaillement, le défenseur possède alors l'avantage très net de pouvoir fondre avec ses forces entières sur une partie de son adversaire.

Les attaques de flanc et de revers changent profondément de nature dans la stratégie, car elles se rapportent alors aux arrières et aux côtés du théâtre de guerre.

1. L'efficacité doublée des feux croisés n'a plus lieu d'être, car on ne tire pas d'une extrémité du théâtre de guerre à une autre.

2. La crainte de se voir couper toute retraite est bien moindre, car les espaces stratégiques ne peuvent être obstrués comme en tactique.

3. Dans la stratégie des grands espaces, on peut mieux profiter de l'efficacité des lignes intérieures (qui sont plus courtes), ce qui constitue un contrepoids important aux attaques sur plusieurs flancs.

4. On voit apparaître un nouveau principe, celui de la vulnérabilité des lignes de communication, c'est-à-dire de l'effet produit par leur simple interruption.

Il est clair qu'en raison de la plus grande étendue des espaces stratégiques, seul celui qui a l'initiative, c'est-à-dire l'assaillant, peut attaquer par enveloppement ou sur les flancs. À la différence de la tactique, le défenseur n'est pas en mesure au cours de l'action d'envelopper à son tour celui qui l'enveloppe, parce qu'il ne peut positionner ses troupes avec la profondeur requise ni les dissimuler aussi bien. Mais quel secours l'assaillant peut-il attendre de la souplesse de l'enveloppement s'il ne peut disposer de ses avantages ? C'est pourquoi il est absolument impossible en stratégie de faire de l'attaque enveloppante un principe de victoire si l'on ne prend pas en considération son effet sur les lignes de communication. Mais ce facteur est rarement important dans les premiers instants, lorsque l'attaque et la défense se rencontrent et sont encore campées sur leur position d'origine. Il ne commence vraiment à jouer que dans le déroulement d'une campagne, lorsque l'assaillant, en progressant dans le pays ennemi, devient peu à peu défenseur. C'est alors que les lignes de communication de ce nouveau défenseur s'affaiblissent, et le défenseur initial peut désormais tirer profit de cette faiblesse en position d'assaillant. Mais cette supériorité de l'attaque ne peut être attribuée à l'offensive en général ; car elle est créée en réalité par la situation supérieure de la défensive.

Le quatrième principe, *l'appui du théâtre de guerre*, est naturellement favorable au défenseur. Lorsque l'armée assaillante ouvre la campagne, elle quitte son propre théâtre et s'affaiblit, puisqu'elle laisse derrière elle des forteresses et des dépôts de toutes sortes. Plus l'espace d'opérations qu'elle doit traverser est vaste, plus elle sera affaiblie (par les marches et les garnisons). L'armée qui se défend n'est coupée de rien, elle s'appuie sur ses forteresses, n'est en aucune façon affaiblie et reste proche de ses sources d'approvisionnement.

Toute défense, il est vrai, ne dispose pas toujours de l'appui du peuple comme cinquième principe ; car on peut mener une campagne défensive en territoire ennemi. Mais ce principe n'en résulte pas moins uniquement du concept de défense et s'applique dans la majorité des cas. Il renvoie d'ailleurs ici de préférence (mais pas exclusivement) à l'activité des milices nationales et territoriales, et à l'armement du peuple. Il permet en outre d'atténuer toutes les frictions et de rapprocher toutes les sources d'approvisionnement dont la circulation se fait alors plus abondante.

[...]

Les grandes forces morales qui imprègnent parfois l'élément de la guerre comme un véritable ferment, et dont le général peut se servir dans certains cas pour renforcer son action, jouent tout autant du côté de la défense que de l'attaque. Celles qui favorisent particulièrement l'attaque, comme la panique et la confusion dans les rangs ennemis, ne se manifestent d'habitude qu'après le coup décisif, et par conséquent contribuent rarement à lui donner son orientation.

Nous pensons avoir ainsi suffisamment justifié notre thèse selon laquelle *la défensive est une forme de guerre plus puissante que l'offensive*. Il reste toutefois à mentionner un petit facteur, passé jusqu'ici sous silence : le courage, le sentiment de supériorité d'une armée, qui surgit de la conscience d'appartenir à la force offensive. Ce sentiment est vrai en soi, mais il se dissout très vite dans l'état d'esprit plus général et plus puissant qui s'empare de l'armée du fait de sa victoire ou de sa défaite, du talent ou de l'incompétence de son chef.

Chapitre 5
Caractère de la défense stratégique

Nous avons déjà dit en quoi consiste la défense : elle n'est rien d'autre que la forme de guerre la plus puissante. Elle permet d'atteindre la victoire après avoir conquis la suprématie, afin de passer à l'attaque, c'est-à-dire au but positif de la guerre.

Même si une guerre ne propose que le simple maintien d'un *statu quo*, se borner à parer les coups est en contradiction avec le concept de guerre ; il est en effet incontestable que faire la guerre n'est pas endurer passivement. Si le défenseur a remporté un avantage significatif, la défense a alors joué son rôle. Il doit, sous le couvert de cet avantage, rendre le coup s'il ne veut pas s'exposer au désastre. La sagesse exige de battre le fer tant qu'il est chaud, de profiter de la supériorité acquise pour prévenir un second assaut. Comment, quand et où cette réaction doit se produire, tout cela est assurément soumis à beaucoup d'autres conditions et nous le développerons plus tard. Contentons-nous ici de dire que ce passage à la riposte est une tendance naturelle de la défense, et en constitue donc une part essentielle. Chaque fois que l'on n'a pas utilisé d'une manière ou d'une autre dans l'économie de la guerre la victoire acquise grâce à la méthode défensive et qu'on l'a laissé s'étioler sans s'en servir, on a commis une grave erreur.

Le passage rapide et puissant à l'attaque – l'épée fulgurante de la vengeance – est l'instant le plus éclatant de la défense. Si ce moment n'est pas d'emblée présent à l'esprit du commandant, s'il n'est pas d'emblée inclus dans son concept de défense, ce chef ne comprendra jamais la supériorité de la défensive. Il ne pensera qu'aux moyens ennemis détruits et capturés grâce à l'attaque ; c'est-à-dire qu'il ne songera qu'à la manière de serrer le nœud, mais pas à celle de le défaire. De plus, c'est une erreur totale de penser que l'attaque consiste toujours à se lancer à l'assaut, comme de ne voir dans la défense que détresse et désarroi.

Certes, le conquérant prend la décision d'entrer en guerre avant l'inoffensif défenseur. Et, s'il sait tenir ses dispositions secrètes, il l'attaquera même souvent par surprise. Mais c'est là quelque chose de foncièrement étranger à la guerre elle-même, car il ne doit pas en être nécessairement ainsi. La guerre existe davantage pour le défenseur que pour le conquérant, car seule l'invasion provoque la défense, et avec elle la guerre. Le conquérant est toujours pacifique (comme Bonaparte l'a constamment affirmé) : il envahirait volontiers notre État sans combat. Mais pour l'en empêcher, il nous faut vouloir la guerre et donc aussi la préparer. En d'autres termes : ce sont précisément les faibles, ceux qui sont contraints à se défendre, qui doivent toujours être armés pour ne pas se laisser surprendre. Ainsi le veut l'art de la guerre.

[…]

Chapitre 26
Le peuple en armes

Le phénomène de la guerre populaire est apparu dans l'Europe cultivée au XIXe siècle. Il a ses partisans et ses détracteurs. Ces derniers invoquent des motifs politiques : ils la considèrent comme un moyen révolutionnaire, un état d'anarchie légalisée, aussi dangereux pour l'ordre social à l'intérieur que pour l'ennemi à l'extérieur. Mais ils invoquent aussi des motifs militaires, estimant que ses succès ne correspondent pas aux forces dépensées. Le premier point ne nous concerne pas ici, car nous considérons la guerre populaire uniquement comme un moyen de combat, donc dans ses rapports avec l'ennemi. Mais le second point nous suggère que la guerre populaire en général est une conséquence de l'irruption de l'élément guerrier qui pulvérise de nos jours toutes les vieilles contraintes artificielles ; qu'elle est une extension et une intensification de l'ensemble de ce processus de fermentation que nous appelons guerre. Le système des réquisitions, le gonflement inouï de la masse des armées grâce à ce système, la conscription générale, l'emploi des milices, tout cela – du point de vue limité de l'ancien système militaire – va dans la même direction ; et l'appel à la milice territoriale comme l'armement du peuple vont eux aussi dans le même sens. Les premiers de ces nouveaux moyens sont la conséquence naturelle et nécessaire de l'effondrement des barrières. Ils ont accru la force de ceux qui s'en sont servis les premiers avec une telle puissance que les autres nations furent entraînées et contraintes de les adopter. Il en sera de même avec la guerre populaire. Dans la majorité des cas, le peuple qui s'en servira avec intelligence obtiendra la suprématie sur celui qui la dédaignera. S'il en est ainsi, la seule question est de savoir si cette nouvelle amplification de l'élément guerrier est salutaire ou non à l'humanité ; question tout aussi problématique que celle de la guerre elle-même – nous les abandonnons toutes les deux aux philosophes. Mais on peut aussi penser que les forces consommées dans la guerre populaire pourraient être employées avec plus de succès dans un autre moyen de combat. Nul besoin cependant d'un examen approfondi pour se persuader que ces forces, pour la plus grande part d'entre elles, ne sont ni disponibles, ni utilisables à volonté. Un élément essentiel de ces forces, à savoir le facteur moral, ne peut exister que par leur emploi dans la guerre populaire. Ainsi, ne demandons plus : qu'est-ce que coûte à un peuple la résistance qu'il soutient les armes à la main ? Mais plutôt : quelle influence cette résistance peut-elle exercer ? Quelles sont ses conditions ? Comment peut-on l'utiliser ?

Il va de soi qu'une résistance si dispersée n'est pas apte à de grandes opérations où l'action est concentrée dans le temps et l'espace. Elle opère à la manière du processus physique de l'évaporation, en fonction de la surface exposée. Plus celle-ci est grande et plus le contact avec l'armée ennemie augmente, cette dernière se dispersera donc sur un territoire plus étendu et les effets du peuple en armes seront alors d'autant plus importants. Comme un brasier qui lentement se propage, l'insurrection populaire dévore les fondements de l'armée ennemie. Comme elle a besoin de temps pour réussir, il se crée un état de tension pendant que les deux éléments agissent l'un sur l'autre. Cette tension va soit se relâcher peu à peu, si la guerre populaire est étouffée ici et s'éteint doucement ailleurs, soit conduire à une crise, si les flammes de cet incendie général embrasent l'armée ennemie et l'obligent à évacuer le pays avant d'être complètement détruite. Pour que la guerre populaire puisse à elle seule provoquer cette crise, il faut que le pays envahi dispose d'une surface immense (qu'aucun État européen ne possède, en dehors de la Russie), ou alors qu'il existe une disproportion entre l'armée d'invasion et la surface du pays, ce qui ne se produit jamais dans la réalité. Si l'on veut éviter de poursuivre un fantôme, il faut donc concevoir la guerre populaire en relation avec la guerre de l'armée régulière, et les réunir dans un plan global.

Les conditions requises pour que la guerre populaire soit efficace sont les suivantes :

1. La guerre doit être menée à l'intérieur du pays.
2. Son sort ne doit pas être tranché par une catastrophe unique.
3. Le théâtre de guerre doit occuper une portion considérable du pays.
4. Le caractère national doit pouvoir soutenir les mesures prises.
5. Montagnes, forêts, marais ou mode d'exploitation du sol doivent rendre le pays très accidenté et inaccessible.

Que la population soit nombreuse ou pas n'est pas un facteur décisif, car c'est toujours d'hommes que l'on manque le moins. De même, que les habitants soient riches ou pauvres n'est pas très important, ou du moins ne devrait pas l'être ; mais il faut admettre qu'une classe d'hommes pauvres, habitués aux travaux pénibles et aux privations, se montre généralement plus vigoureuse et plus martiale.

La dispersion de l'habitat, telle qu'on la rencontre dans nombre de provinces d'Allemagne, est une particularité du pays qui favorise singulièrement l'action de la guerre populaire. Le territoire est ainsi plus découpé et mieux couvert ; les routes sont plus mauvaises, quoique plus nombreuses ; le cantonnement des troupes se heurte à d'infinies difficultés. Cela reproduit à petite échelle la caractéristique de la guerre populaire à grande échelle : le principe de résistance est présent partout et nulle part. Si les habitants vivent réunis en villages, les plus agités seront occupés par des troupes ou seront châtiés par le pillage et l'incendie ; il serait difficile de recourir à ce genre de méthode avec une communauté paysanne de Westphalie.

La milice territoriale et les bandes de civils armés ne peuvent ni ne doivent être employées contre le corps principal de l'armée ennemie, ni même contre des corps importants. Elles ne doivent pas broyer le noyau, mais ronger la surface et la périphérie. Elles doivent se soulever dans les provinces jouxtant le théâtre de guerre, où l'assaillant ne viendra pas en force, pour soustraire complètement ces régions à son emprise. Ces nuages d'orages menaçants qui s'amoncellent à ses côtés doivent le suivre partout à mesure qu'il avance. Là où l'ennemi ne s'est pas encore montré, le courage de s'armer contre lui ne manque pas, et la masse des habitants voisins s'enflamme peu à peu à cet exemple. Le feu se propage ainsi comme l'incendie sur la lande, et finit par atteindre le territoire où l'assaillant est basé ; il saisit ses lignes de communication et consume les fils auxquels tient son existence. Sans exagérer la toute-puissance de la guerre populaire, ou la considérer comme un élément inépuisable et invincible que nulle force armée ne peut maîtriser (pas plus que l'homme ne contrôle le vent ou la pluie), bref, sans fonder son jugement sur les discours de propagande, il faut toutefois admettre que l'on ne dirige pas des paysans armés comme un détachement de soldats. Ces derniers se tiennent serrés comme un troupeau et se laissent mener par le bout du nez, tandis que les paysans égaillés se dispersent de tous côtés sans avoir besoin d'un plan élaboré. C'est ce qui rend si dangereuse la marche d'une petite section à travers la montagne, la forêt où même un terrain très accidenté ; car à tout moment la marche peut se transformer en combat. Et même s'il y a longtemps que l'on n'a pas vu de bandes armées ennemies, les mêmes paysans chassés par la tête d'une colonne peuvent pourtant resurgir à tout moment sur son arrière. Les méthodes utilisées par les avant-postes ou les patrouilles de l'armée pour détruire des routes ou barrer d'étroits défilés sont à celles d'une bande de paysans insurgés ce que sont les mouvements d'un automate par rapport aux mouvements d'un être humain. Contre les actions des milices territoriales, l'ennemi ne peut que détacher de nombreuses sections pour escorter ses convois, occuper les relais militaires, les cols, les ponts, etc. Les premiers faits de la milice seront modestes, ces détachements envoyés pour y faire face le seront donc aussi, par crainte d'une trop grande dispersion des forces. C'est au contact de ces petits détachements que s'allume le feu de la guerre populaire ; par sa masse elle s'en rendra maîtresse sur quelques points, le courage et l'enthousiasme grandiront, l'intensité du combat augmentera jusqu'à l'approche du point culminant qui doit décider de son issue.

La guerre populaire, telle que nous la concevons, pareille à un brouillard, à une nuée, ne doit jamais se concrétiser en un corps solide ; l'ennemi dirige sinon sur ce noyau dur une force proportionnée, le détruit et fait de nombreux prisonniers. Alors le courage s'effondre, chacun croit que la question du conflit est tranchée, que tout effort supplémentaire est vain, et le peuple lâche les armes. D'un autre côté, il est pourtant nécessaire que ce brouillard se condense en certains points et s'épaississe en masses compactes, pour former des nuages menaçants d'où peut enfin jaillir un éclair terrible. Ces points se situent principalement sur les ailes du théâtre de guerre ennemi, comme nous l'avons déjà dit. Les insurgés doivent alors s'y regrouper en ensembles plus grands et plus ordonnés, appuyés par un petit supplément de troupes régulières, pour leur donner l'apparence d'une armée régulière et la capacité de se lancer dans des entreprises plus ambitieuses. Plus elle s'éloigne de ces points, moins la milice doit être dense afin d'atteindre les arrières de l'ennemi, là où il est le plus vulnérable. Les masses les plus denses ont pour mission de fondre sur les garnisons plus importantes que l'ennemi envoie pour renforcer ses positions. En outre, elles instillent la crainte et l'inquiétude, elles amplifient l'impact moral de l'insurrection ; sans elles, cette impression d'ensemble n'aurait pas assez de force et la situation générale ne serait pas assez inquiétante pour l'ennemi.

Le général suscitera efficacement cette forme de l'insurrection populaire en prélevant de petites unités sur l'armée régulière pour soutenir les milices. Sans le soutien et l'encouragement des soldats réguliers, les habitants manqueront généralement de confiance et d'élan pour prendre les armes. L'avalanche qui doit déferler sera d'autant plus grande que les unités dépêchées pour cette tâche sont vigoureuses et leur force d'attraction puissante. Mais cette méthode a ses limites ; d'une part il serait pernicieux de diviser l'armée entière au profit de cet objectif subordonné, de la dissoudre en quelque sorte dans la milice, et de former ainsi une ligne de défense étendue et faible en tous ses points, provoquant à coup sûr la destruction simultanée et radicale de l'armée et de la milice. D'autre part, l'expérience semble montrer que lorsqu'il y a trop de troupes régulières dans une province, la guerre populaire a tendance à perdre de son énergie et de son efficacité. En effet, cette concentration attire dans la province des troupes ennemies trop nombreuses, les habitants se reposent alors sur les troupes régulières, et finalement la présence de troupes trop importantes accapare l'énergie des habitants sous d'autres formes : le cantonnement, les transports, l'approvisionnement, etc.

Un autre moyen d'empêcher une réaction trop violente de l'ennemi contre la guerre populaire constitue en même temps un principe capital dans l'utilisation de l'insurrection : cette importante composante de la défense stratégique ne doit jamais, ou rarement, devenir un moyen de défense tactique. Le caractère d'un *combat insurrectionnel* est le même que celui de tous les combats livrés avec des troupes de médiocre qualité : beaucoup de violence et d'ardeur dans l'assaut initial, mais peu de sang-froid et de ténacité dans la durée. De plus, il n'est pas grave qu'un corps de milice soit battu et dispersé, car il est fait pour cela. Mais il ne doit pas être ravagé par un trop grand nombre de tués, de blessés et de prisonniers ; car ces défaites étoufferaient bientôt le brasier. Ces deux caractéristiques sont absolument opposées à la nature de la défense tactique. L'engagement défensif exige une action lente, persistante, planifiée, où le risque et l'audace sont décisifs. Une simple tentative que l'on peut interrompre quand on veut ne conduira jamais à un succès défensif. Si la milice doit défendre un secteur donné, il ne faut jamais que son action tourne à l'engagement défensif décisif ; car même si les circonstances lui sont favorables, elle sera défaite. La milice peut et doit donc défendre les contreforts d'une montagne, les digues d'un marais, les gués d'un fleuve, tant qu'elle est en mesure de le faire. Mais dès qu'elle a été enfoncée, elle doit se disperser et poursuivre la défense par des attaques inattendues au lieu de se concentrer dans une position défensive formelle et se laisser emprisonner dans un étroit et dernier refuge. – Aussi courageux que soit un peuple, aussi martiales que soient ses mœurs, aussi vive que soit sa haine envers l'ennemi, aussi favorable que lui soit le terrain, il est indéniable que la guerre populaire ne peut perdurer dans une atmosphère saturée par le danger. Pour qu'elle puisse former un grand brasier, il faut qu'elle amasse son combustible en des points éloignés où il y a suffisamment d'air et où elle ne pourra être étouffée d'un seul coup.

Ces considérations sont davantage une juste intuition de la vérité qu'une démonstration objective, car leur objet n'est pas encore assez répandu et il n'a pas été assez décrit par ceux qui l'ont longtemps observé de leurs propres yeux. Ajoutons que le plan de défense stratégique peut inclure la coopération de la guerre populaire de deux façons différentes : soit comme ultime recours après une bataille perdue, soit comme un secours naturel avant une bataille décisive. Le dernier cas suppose la retraite vers l'intérieur du pays et la forme de réaction indirecte dont nous avons parlé dans les chapitres 8 et 24 de ce livre[1]. Il nous faut ajouter encore quelques mots sur la mobilisation de la milice territoriale après la perte d'une bataille.

Nul État ne doit croire que son destin, c'est-à-dire son existence entière, dépend d'une bataille unique, si décisive soit-elle. En cas de défaite, l'aide extérieure d'un allié, la levée de nouvelles forces et l'affaiblissement que la durée de l'offensive inflige naturellement à l'assaillant peuvent produire un revirement complet de la situation. Il est toujours temps de mourir. Comme l'homme en train de couler se raccroche instinctivement à la moindre planche, c'est dans l'ordre naturel de l'univers moral qu'une nation au bord de l'abîme ait recours aux derniers moyens qui s'offrent à elle pour assurer son salut.

Si faible et si petit que soit un État par rapport à son ennemi, il ne doit pas renoncer à ces ultimes efforts, faute de quoi on dira : cette nation n'a plus d'âme. Cela n'exclut pas la possibilité d'échapper à l'effondrement total par une paix lourde de sacrifices ; mais l'intention de signer la paix n'écarte pas l'utilité de nouvelles mesures défensives. Elles ne rendront pas la paix plus difficile ni pire, mais plus facile et meilleure. Ces mesures sont encore plus nécessaires si cet État attend l'aide d'autres pays qui ont intérêt à sa sauvegarde. Un gouvernement qui, après la perte d'une bataille capitale, ne songe plus qu'à offrir rapidement à son peuple le repos de la paix et, terrassé par la chute de ses espérances, ne sent plus en lui ni le courage ni le désir de stimuler ses forces, commet par faiblesse une grave inconséquence ; il montre qu'il est

1. Ces chapitres n'ont pas été retenus pour la présente édition. *(N.d.T.)*

indigne de la victoire et qu'il en était peut-être aussi incapable.

Si décisive que soit la défaite subie par un État, la retraite de l'armée vers l'intérieur du pays peut montrer l'efficacité des forteresses et de l'armement du peuple. Si les ailes du principal théâtre d'opérations sont délimitées par des montagnes ou des contrées très accidentées, cela présente l'avantage de pouvoir en faire des bastions qui tiendront les flancs de l'envahisseur sous le feu stratégique.

Si le vainqueur est en pleins préparatifs de siège, il aura laissé partout derrière lui de fortes garnisons pour assurer ses lignes de communication, ou même détaché des corps de troupes pour garder les coudées franches et maintenir l'ordre dans les provinces avoisinantes. S'il est déjà affaibli par des pertes diverses en hommes et en matériel, le moment est alors venu pour l'armée défensive d'entrer à nouveau en lice et d'ébranler par un coup bien porté l'assaillant bloqué dans sa position.

ESQUISSE D'UN SEPTIÈME LIVRE

L'attaque

Chapitre 2
Nature de l'attaque stratégique

À la guerre, comme nous l'avons vu, la défense en général – et donc aussi la défense stratégique – n'est ni une attente ni une parade absolues, elle ne consiste pas à subir de manière purement passive. Elle est au contraire un état relatif, et par conséquent plus ou moins imprégné de principes offensifs. De même, l'attaque n'est pas un tout homogène ; la défense s'y amalgame sans cesse. Mais la différence réside dans le fait que la défense est impensable sans la contre-attaque qui en est une composante essentielle. Cela n'est pas le cas pour l'attaque : le coup ou l'acte qui consiste à attaquer est en lui-même un concept complet. La défense ne lui est pas nécessaire en soi. L'espace et le temps auxquels l'attaque est liée introduisent la défense comme un mal nécessaire, et ce pour deux raisons. *Premièrement*, l'attaque ne peut pas être poursuivie de manière continue jusqu'à son achèvement ; elle exige des moments de répit, et c'est dans ce temps de repos, lorsque son action est neutralisée, que la défense intervient d'elle-même. *Deuxièmement*, l'espace que la force de combat laisse derrière elle dans sa progression, et dont elle a un besoin vital, n'est pas toujours couvert par l'attaque elle-même et doit être particulièrement protégé.

À la guerre, et avant tout en stratégie, l'acte qui consiste à attaquer est une alternance et une combinaison constantes d'attaque et de défense. Cette dernière ne doit pas être considérée comme une préparation active de l'attaque ni comme une intensification de celle-ci. Elle n'est donc pas un principe agissant, mais seulement un mal nécessaire ; elle est le poids retardateur dû à la seule pesanteur de la masse ; elle est pour l'attaque péché originel et principe de mort. Nous disons : un poids *retardateur* car, même si la défense ne contribue pas à l'attaque, elle en diminue l'effet par la simple perte de temps qu'elle représente. Mais cette composante défensive qui intervient dans toute attaque ne peut-elle pas aussi agir au détriment de celle-ci ? Si l'on se dit que *l'attaque est la forme la plus faible de guerre et la défense la forme la plus puissante*, il semble en découler que celle-ci ne peut réellement affaiblir celle-là. Car tant que l'on a encore assez de forces pour la forme la plus faible, on en aura bien suffisamment pour la plus forte. C'est en général vrai, pour l'essentiel, et nous exposerons cela plus précisément dans le chapitre sur « Le point culminant de la victoire ». Mais n'oublions pas que la supériorité de la *défense stratégique* est en partie fondée sur le fait que l'attaque elle-même ne peut exister sans une certaine proportion de défense, et d'une défense d'un type bien moins efficace. L'attaque doit traîner avec elle les éléments les plus encombrants de la défense. Ce qui valait pour l'ensemble de la défense ne vaut plus pour eux. On comprend ainsi comment ces éléments défensifs peuvent devenir pour l'attaque un facteur réel d'affaiblissement. Ce sont précisément ces moments de faible défensive au cours de l'attaque que le principe offensif *de la défense* doit exploiter dans une activité positive. Observons la différence de situation pendant les douze heures de repos qui suivent d'habitude une journée d'action. Le défenseur tient une position qu'il a choisie, qu'il connaît bien et qu'il a préparée ; l'assaillant arrive à son bivouac en tâtonnant comme un aveugle. Pendant une période de repos plus longue due au ravitaillement, à l'attente de renforts, etc., le défenseur est proche de ses forteresses et de ses dépôts, tandis que l'assaillant est comme l'oiseau sur la branche. Toute attaque doit aboutir à une défensive dont la nature dépendra des circonstances. Elles peuvent être très favorables si les forces armées ennemies sont détruites, mais aussi très difficiles si ce n'est pas le cas. Bien que cette défense n'appartienne plus à l'offensive elle-même, sa nature réagit pourtant forcément sur l'attaque et a une incidence sur sa valeur.

Il en résulte que toute attaque doit prendre en considération la défense qu'elle intègre nécessairement, afin d'en voir clairement les inconvénients et de pouvoir s'y préparer.

D'un autre point de vue, l'attaque est toujours une seule et même chose, alors que la défense possède différents degrés selon la gestion du principe d'attente. Cela produit des formes d'action essentiellement différentes, comme nous l'avons développé dans le chapitre consacré aux moyens de résistance.

Comme l'attaque n'a qu'*un seul* principe actif, et que sa composante défensive n'est qu'un poids mort, elle ne présente pas la même diversité de formes que la défense. Certes, l'énergie de l'attaque, la rapidité et la puissance du coup peuvent varier énormément, mais ce n'est qu'une différence de degré, non de nature. – On pourrait imaginer que l'assaillant lui-même choisisse à l'occasion la forme défensive pour mieux atteindre son but ; en s'établissant par exemple sur une position solide où il voudra être attaqué. Mais ces cas sont si rares qu'il n'est pas nécessaire de les intégrer à notre catalogue de concepts et de faits, toujours fondé sur la pratique. L'attaque ne connaît pas de progression comparable à celle des méthodes de résistance.

Enfin, les moyens offensifs disponibles se limitent en règle générale à la force armée ; il faut y ajouter naturellement les forteresses proches du théâtre de guerre ennemi, qui exercent sur l'attaque une influence sensible. Mais cette influence diminue à mesure qu'on progresse. Et il est évident que les forteresses ne peuvent jamais jouer dans l'attaque un rôle aussi important que dans la défense, où elles deviennent souvent un enjeu capital. Le soutien populaire peut coopérer à l'attaque dans les cas où les habitants sont plus favorables à l'assaillant qu'à leur propre armée. Enfin, l'assaillant peut avoir des alliés, mais ils ne sont que la conséquence de circonstances particulières ou accidentelles, et non un apport issu de la nature de l'attaque. Si nous avons intégré dans la défense les forteresses, l'insurrection populaire et les alliés comme des moyens de résistance disponibles, nous ne pouvons le faire pour l'attaque ; ils appartiennent à la nature de la défensive, tandis qu'ils sont rares et fortuits dans l'offensive.

Chapitre 3
Des objets de l'attaque stratégique

La finalité de la guerre est de terrasser l'ennemi, la destruction de ses forces armées en est le moyen. Cela vaut pour l'attaque comme pour la défense. Celle-ci mène à l'attaque par la destruction des forces armées ennemies, et l'attaque mène à la conquête du pays. Tel est donc l'objet de l'attaque ; mais il n'est pas nécessaire de conquérir la totalité du territoire, on peut se limiter à une partie, une province, une bande de terrain, une forteresse, etc. Qu'on les garde ou qu'on les échange, elles peuvent toutes avoir une valeur politique suffisante pour peser dans les négociations de paix.

L'objet de l'attaque stratégique peut donc revêtir des nuances infinies, depuis la conquête de l'intégralité du pays jusqu'à la prise de la place la plus insignifiante. Dès que cet objet est atteint et que cesse l'attaque, la défense commence. – On pourrait donc se figurer une attaque stratégique comme une unité bien délimitée. Mais il n'en est rien si l'on considère les choses d'un point de vue pratique, c'est-à-dire en fonction des phénomènes réels. La transformation de l'attaque en défense, dans les intentions et les dispositions prises, est souvent tout aussi indéterminée que celle du plan défensif en plan offensif. Il est rare, ou du moins inhabituel, que le général se fixe exactement des objets de conquête ; il s'en remet plutôt au cours des événements. Son attaque le conduit souvent au-delà de sa première intention ; après un repos plus ou moins court, il retrouve souvent une force nouvelle, sans avoir voulu diviser l'action en deux actes distincts. Une autre fois, il s'arrêtera plus tôt que prévu, sans toutefois abandonner son plan ni passer réellement à la défensive. Si une défense victorieuse peut insensiblement se transformer en attaque, on voit donc à l'inverse que l'attaque peut se muer en défense. Il ne faut pas perdre de vue cette gradation si l'on ne veut pas faire une application erronée de ces préceptes généraux de l'attaque.

Chapitre 4
Force décroissante de l'attaque

La baisse de puissance de l'attaque est l'un des principaux objets de la stratégie. En l'évaluant correctement dans chaque cas particulier, le stratège jugera avec justesse de ce qu'il peut faire.

Les causes de l'affaiblissement de la puissance absolue sont :

1. l'objectif de l'attaque, l'occupation du territoire ennemi ; cela n'intervient généralement qu'après la première décision, mais l'attaque ne doit pas cesser avec la première action décisive ;
2. la nécessité pour l'armée assaillante d'occuper les arrières du pays, afin d'assurer ses lignes de communication et de subsistance ;
3. les pertes dues aux engagements et aux maladies ;
4. l'éloignement des sources d'approvisionnement et de renforts ;
5. les sièges et l'investissement des forteresses ;
6. le relâchement des efforts ;
7. la défection des alliés.

Mais face à ces difficultés qui affaiblissent l'attaque, il existe aussi d'autres facteurs qui peuvent la renforcer. Il est évident que le résultat général est déterminé par l'équilibre de ces différents éléments. Ainsi, par exemple, l'affaiblissement de l'attaque peut être totalement ou partiellement contrebalancé par l'affaiblissement de la défense. Ce dernier cas est rare ; il ne faut d'ailleurs pas seulement comparer toutes les forces en campagne, mais seulement celles qui sont à la pointe ou qui s'affrontent aux points décisifs. – Différents exemples : les Français en Autriche et en Prusse, en Russie ; les coalisés en France, les Français en Espagne.

Chapitre 5
Le point culminant de l'attaque

Dans l'attaque, le succès résulte d'une supériorité effective des forces physiques et morales réunies. Nous avons montré dans le chapitre précédent que la force de l'attaque s'épuise peu à peu ; il est possible qu'en même temps la supériorité s'accroisse, mais dans la grande majorité des cas elle diminue. L'assaillant achète des intérêts dont la valeur comptera lors des négociations de paix, mais il doit les payer comptant sur le terrain avec ses forces armées. S'il maintient jusqu'à la paix la prépondérance de l'attaque qui décroît de jour en jour, son but est atteint. – Certaines attaques stratégiques ont conduit immédiatement à la paix ; mais les exemples de ce type sont très rares. La plupart ne mènent qu'au point où les forces suffisent tout juste à se tenir sur la défensive et à attendre la paix. – Au-delà de ce point se situe le revirement, le contrecoup, dont la violence est habituellement bien supérieure à celle du coup initial. C'est ce que nous appelons le point culminant de l'attaque. – Comme le but de l'attaque est la possession du territoire ennemi, il s'ensuit que la progression doit durer jusqu'à ce que la supériorité s'épuise ; c'est ce qui pousse l'attaque vers son objectif et peut facilement la pousser plus loin encore. – Si l'on songe au nombre d'éléments qui composent l'équation des forces, on comprend à quel point il est difficile en bien des cas de la résoudre et de déterminer quel camp détient la supériorité. Souvent, tout n'est suspendu qu'au fil de soie de l'imagination.

Tout dépend donc de la subtilité intuitive du jugement qui va discerner le point culminant. – Nous nous heurtons ici à une apparente contradiction. – Si la défense est plus puissante que l'attaque, on devrait donc croire que cette dernière ne peut jamais conduire trop loin, car tant que la forme la plus faible demeure assez forte, il en va de même et d'autant plus pour la plus forte.

Chapitre 6
Destruction des forces armées ennemies

La destruction des forces armées ennemies est le moyen utilisé pour parvenir à sa fin. – Que faut-il entendre par là ? – Quel est le prix à payer pour cela ? – Différents points de vue sont possibles :

1. ne détruire que ce que requiert l'objet de l'attaque ;
2. ou détruire tout ce qu'il est possible de détruire ;
3. sauvegarder ses propres forces doit être le point de vue principal ;
4. cela peut aller jusqu'au point où l'attaque destinée à détruire les forces armées ennemies n'a lieu *que dans des circonstances favorables ;* cela peut aussi être le cas pour l'objet de l'attaque, comme nous l'avons déjà vu au chapitre 3.

L'unique moyen de détruire les forces armées ennemies est l'engagement, mais il opère naturellement de deux manières : 1. directement ; 2. indirectement, par une combinaison d'engagements. – Par conséquent, si la bataille est le moyen principal, elle n'est pourtant pas le seul. La prise d'une place forte ou d'une portion du territoire est déjà en soi une destruction des forces ennemies ; mais elle peut aussi conduire à une destruction plus importante et devenir ainsi également un moyen indirect.

L'occupation d'une région non défendue, en dehors de la valeur qu'elle possède en tant qu'objectif directement atteint, peut aussi valoir comme destruction des forces ennemies. Faire manœuvrer l'ennemi pour le chasser d'une contrée qu'il occupe est quelque chose d'analogue ; il faut donc le considérer selon le même point de vue et non comme un succès des armes proprement dit. – Ces moyens sont souvent surestimés – ils ont rarement la valeur d'une bataille ; et il faut toujours craindre d'ignorer la position défavorable à laquelle ils conduisent ; ils ne coûtent qu'un prix modique, ce qui les rend séduisants.

Il faut toujours les envisager comme des enjeux modestes qui ne rapportent que de maigres gains, appropriés à des circonstances limitées et à de faibles motifs. Mais ils valent évidemment mieux que des batailles sans objet. – Victoires dont les résultats ne peuvent être exploités.

Chapitre 7
La bataille offensive

Ce que nous avons dit de la bataille défensive éclaire déjà beaucoup la bataille offensive.

Il s'agissait de la bataille où la défense est dans sa plus grande puissance, ce qui nous a permis de rendre sa nature plus sensible – mais de telles batailles sont rares, la plupart sont des demi-*rencontres*[1] où le caractère défensif se perd. Il n'en va pas de même avec la bataille offensive ; elle conserve son caractère en toutes circonstances et peut l'affirmer avec d'autant plus d'assurance que le défenseur n'est pas dans son propre élément, il s'est écarté de son *esse*[2]. C'est pourquoi il subsiste toujours une certaine différence entre la bataille dont le caractère défensif est peu prononcé et les véritables *rencontres*. La caractéristique principale de la bataille offensive est l'enveloppement ou le mouvement tournant, et du même coup l'initiative de livrer bataille.

L'engagement par lignes enveloppantes possède naturellement de grands avantages en soi ; c'est une question qui relève de la tactique. L'attaque ne peut renoncer à ces avantages sous prétexte que la défense a un moyen de les

1. En français dans le texte. *(N.d.T.)*
2. En latin dans le texte (« être »). *(N.d.T.)*

contrer ; car l'attaquant lui-même ne peut employer ce moyen, dans la mesure où il est étroitement lié aux autres conditions défensives. Afin de réussir à envelopper à notre tour l'ennemi qui cherche à nous envelopper, il faut occuper une position choisie et préparée avec soin. Mais ce qui est bien plus important, c'est que tous les avantages qu'offre la défense ne peuvent être réellement appliqués. La plupart des défenses sont un médiocre expédient et les défenseurs sont le plus souvent harcelés et très menacés ; s'attendant au pire ils vont à la rencontre de l'attaquant. Par conséquent, les batailles d'enveloppement ou à front changé, qui devraient normalement découler d'une disposition favorable des lignes de communication, sont habituellement la conséquence d'une supériorité morale et physique. Marengo, Austerlitz, Iéna. – Au cours de la première bataille, même si les appuis de l'assaillant ne sont pas supérieurs à ceux de la défense, ils sont cependant considérables puisqu'il est proche de ses frontières ; il peut donc d'emblée prendre des risques. – L'attaque de flanc, c'est-à-dire la bataille à front changé, est plus efficace que la bataille enveloppante. – Il est erroné de penser qu'une progression stratégique enveloppante doit être liée dès le début à l'attaque de flanc, comme à Prague. Il est rare qu'il y ait entre elles quelque chose de commun, et c'est une entreprise très hasardeuse ; nous en dirons davantage à propos de l'attaque d'un théâtre de guerre. – Alors que, dans la bataille défensive, le général a besoin de retarder la décision le plus longtemps possible afin de gagner du temps, car une bataille défensive indécise au coucher du soleil est souvent une bataille gagnée, à l'inverse, dans la bataille offensive, le général a besoin de hâter la décision. Mais d'autre part, la précipitation est très dangereuse, car on risque d'y dilapider ses forces.

Une particularité de la plupart des batailles offensives réside dans l'incertitude quant aux positions de l'adversaire ; c'est réellement tâtonner dans l'inconnu. Austerlitz, Wagram, Hohenlinden, Iéna, Katzbach. Plus cette incertitude est grande, plus il faut concentrer les forces, et plus il faut déborder de flanc plutôt qu'envelopper. Le chapitre 12 du livre quatrième nous a déjà appris que les fruits principaux de la victoire ne se conquièrent que dans la poursuite. Du fait de sa nature, la poursuite fait partie intégrante de la bataille offensive plus que de la défensive.

Chapitre 22
Sur le point culminant de la victoire

À la guerre, le vainqueur n'est pas toujours en mesure de terrasser complètement l'adversaire. La plupart du temps, il existe un point culminant de la victoire. L'expérience le montre suffisamment. La question est particulièrement importante pour la théorie de la guerre et fonde presque tous les plans de campagne. À sa surface, comme des couleurs chatoyantes, flotte le miroitement d'apparentes contradictions. C'est pourquoi nous voulons l'examiner de plus près et nous intéresser à ses causes internes.

La victoire, en règle générale, résulte de la somme prépondérante de toutes les forces morales et physiques. Elle accroît sans aucun doute cette prépondérance, sinon on ne la rechercherait pas et on ne la paierait pas si cher. C'est indubitablement un produit de la victoire *elle-même*, comme c'est aussi un produit de ses conséquences, mais seulement jusqu'à un certain point et non jusqu'à l'extrême fin. On peut atteindre ce point très rapidement, et parfois si rapidement que la bataille victorieuse n'aura pour résultat que l'augmentation de la supériorité morale. Il nous faut étudier à présent comment tout cela est lié.

Dans la progression de l'acte militaire, une armée rencontre sans cesse des éléments qui accroissent sa force et d'autres qui la diminuent. Tout dépend donc de leur prépondérance. Comme tout affaiblissement est un renforcement de l'ennemi, il s'ensuit naturellement que ce double courant de flux et de reflux s'exerce autant lorsque les troupes avancent que lorsqu'elles reculent.

Il suffit de rechercher les causes principales de ce changement dans un cas pour pouvoir les déceler dans l'autre.

Lorsque les troupes avancent, les raisons principales de renforcement sont :

1. les pertes essuyées par l'armée ennemie, car elles sont habituellement supérieures aux nôtres ;
2. les pertes subies par l'ennemi en ressources matérielles, comme les magasins, les dépôts, les ponts, etc., que nous ne partageons absolument pas avec lui ;
3. dès la pénétration en territoire ennemi, la perte des provinces, et par conséquent des sources de forces fraîches ;
4. le gain pour nous d'une part de ces ressources ; en d'autres termes : l'avantage de vivre aux frais de l'ennemi ;
5. la perte de sa cohésion interne et du fonctionnement régulier de toutes ses parties ;
6. les alliés de l'ennemi l'abandonnent, et d'autres se tournent vers nous ;
7. enfin le découragement de l'adversaire, qui lui fait tomber les armes des mains.

Les raisons de l'affaiblissement sont :

1. l'obligation d'assiéger, de prendre ou de surveiller les places fortes ennemies ; ou le fait que l'ennemi, qui a fait de même avant notre victoire, ajoute au corps principal de ses forces les unités qui se replient ;
2. dès que nous entrons en territoire ennemi, la nature du théâtre de guerre se transforme pour devenir hostile ; nous devons l'occuper car il ne nous appartient que si nous l'occupons ; l'ensemble de la machine se heurte alors

partout à des difficultés qui tendent nécessairement à affaiblir ses effets ;

3. nous nous éloignons de nos ressources, pendant que l'adversaire se rapproche des siennes ; cela entraîne un délai qui retarde le remplacement des forces dépensées ;

4. le péril dans lequel se trouve l'État que nous menaçons alarme d'autres puissances qui viennent à son secours ;

5. enfin, l'adversaire décuple ses efforts devant l'ampleur du danger, tandis que l'État victorieux relâche les siens.

Tous ces avantages et ces inconvénients peuvent coexister, se croiser, et poursuivre leur chemin dans des directions opposées. Seul le dernier point oppose des avantages et des inconvénients vraiment antithétiques, sans que les uns puissent surmonter les autres, et qui ne peuvent donc que s'exclure mutuellement. Cela suffit à montrer à quel point les effets de la victoire peuvent être infiniment différents ; ils peuvent anesthésier le vaincu ou le galvaniser.

[...]

Tant que l'attaque progresse, on pourrait croire qu'elle détient encore la supériorité. Comme la défense, qui commence à la fin de l'avance victorieuse, est une forme de guerre plus puissante que l'attaque, on pourrait croire aussi que l'assaillant n'a pas à craindre de devenir inopinément le plus faible. Mais c'est pourtant ce qui se produit. Si l'on se réfère à l'histoire, il faut admettre que le plus grand danger de revirement intervient précisément au moment où l'attaque prend fin et se transforme en défense. Nous devons en chercher la raison.

La supériorité que nous avons attribuée à la forme de guerre défensive réside :

1. dans l'exploitation du terrain ;

2. dans la possession d'un théâtre de guerre organisé ;
3. dans l'appui du peuple ;
4. dans l'avantage de l'attente.

Il est clair que ces principes n'existent et n'agissent pas toujours au même degré. Par conséquent, une défense n'est pas toujours semblable à une autre, et la supériorité de la défense sur l'attaque ne sera jamais exactement la même. C'est notamment le cas pour une défense qui commence après l'épuisement d'une attaque, et dont le théâtre de guerre se trouve à la pointe d'une poussée offensive en triangle très engagée en territoire ennemi. Des quatre principes mentionnés ci-dessus, seul le premier (l'exploitation du terrain) reste inchangé, en général le deuxième disparaît, le troisième devient négatif et le quatrième est très atténué. Ce dernier point demande quelques mots d'éclaircissement.

Dominées par l'idée d'un équilibre imaginaire, des campagnes entières ne se soldent pas par un succès parce que le général auquel revient l'initiative ne fait pas preuve de la résolution nécessaire ; c'est là que l'on rencontre l'avantage de l'attente. – Si une action offensive détruit cet équilibre, lèse l'intérêt de l'ennemi et le pousse à vouloir agir, il est fort improbable qu'il reste irrésolu et inactif. Une défense menée en territoire conquis revêt un caractère bien plus provocateur que sur son propre sol. Le principe offensif lui est en quelque sorte inoculé et sa nature s'en trouve affaiblie. Daun accorda à Frédéric II en Silésie et en Saxe un répit qu'il n'aurait pas toléré en Bohême.

Ainsi, il est évident que tous les principes essentiels de la défense sont affaiblis lorsqu'elle se mêle à une entreprise offensive ; elle perd donc la supériorité qui lui revenait à l'origine.

De même qu'aucune campagne défensive n'est composée d'éléments purement défensifs, aucune campagne offensive n'est constituée d'éléments uniquement offensifs. En dehors des brefs intervalles où, dans toute campagne, les deux armées se tiennent sur la défensive, toute attaque qui ne mène pas à la paix doit nécessairement se terminer par une défense.

En ce sens, c'est la défense elle-même qui contribue à affaiblir l'attaque. Ceci est loin d'être une argutie oiseuse ; au contraire, nous pensons que l'inconvénient majeur de l'attaque est de se changer ultérieurement en une défense très désavantageuse.

Ceci explique comment la différence de puissance qui existe à l'origine entre les formes de guerre offensives et défensives devient peu à peu de plus en plus ténue. Nous allons maintenant montrer comment elle peut totalement disparaître et même se convertir en son contraire pendant une courte durée.

Que l'on nous permette, pour nous faire comprendre plus vite, d'avoir recours à un exemple tiré de la nature.

Il s'agit du temps dont toute force a besoin pour produire son effet dans l'univers des corps matériels. Une force suffisante pour arrêter un corps en mouvement ne lui résistera pas si elle est appliquée lentement et graduellement et si le temps d'action est trop court. Cette loi du monde inanimé fournit une image pertinente de maints phénomènes de notre vie intérieure. Une fois que nos pensées se sont engagées dans une certaine direction, aucune raison suffisante en soi pour la modifier ou l'arrêter n'y parviendra. Il faut du temps, du calme, une impression durable sur la conscience. Il en va de même dans la guerre. Une fois que l'esprit s'est lancé sur la trajectoire qui le mènera à son but, ou qu'il a choisi le repli vers un havre, les raisons qui forceraient l'un à s'arrêter et l'autre à agir sont rarement ressenties dans toute leur force. Pendant ce temps, l'action progresse, et le flot du mouvement fait alors franchir la limite de l'équilibre et le point culminant sans qu'on s'en aperçoive. Il peut même arriver que l'assaillant, malgré son épuisement, soutenu par les forces morales propres à l'offensive, trouve moins pénible de progresser que de s'arrêter, comme les chevaux qui tirent leur fardeau sur une route de montagne. Nous pensons avoir ainsi montré sans contradiction interne comment l'assaillant peut dépasser ce point qui lui promettrait encore des succès s'il s'arrêtait pour se mettre en position défensive, c'est-à-dire le point d'équilibre. Il est donc important, lorsqu'on ébauche un plan de campagne, de déterminer précisément ce point ; cela vaut pour l'assaillant, afin qu'il ne dépasse pas ses capacités et qu'il ne s'endette pas, en quelque sorte, et tout autant pour le défenseur, afin qu'il discerne et exploite l'erreur que commet l'assaillant.

Revenons sur tous les facteurs que le général doit avoir en tête lorsqu'il prend sa décision, en nous rappelant qu'il doit estimer la tendance et la valeur des principaux facteurs en fonction de beaucoup d'autres conditions proches ou lointaines, qu'il doit dans une certaine mesure les *deviner* ; – deviner si l'armée ennemie va former après le premier assaut un noyau plus dur et montrer une densité croissante, ou bien se briser en mille morceaux à la première fêlure comme un flacon en verre de Bologne ; – deviner l'ampleur de l'affaiblissement et de la paralysie causés dans l'état des forces ennemies par le tarissement de certaines sources et l'interruption de certaines lignes de communication ; – deviner si l'adversaire va s'évanouir sous le coup de la blessure cuisante qu'il lui inflige, ou décupler sa rage comme un taureau blessé ; – deviner si les autres puissances sont effrayées ou irritées, si telle alliance politique sera nouée ou dénouée. – Il doit appréhender tout cela et d'autres choses encore avec la subtilité instinctive de son jugement et toucher juste, comme le tireur atteint sa cible ; nous devons reconnaître que cet acte de l'esprit humain n'est pas des moindres. Des milliers de voies s'offrent au jugement, qui se perdent çà et là ; et ce que le nombre, la confusion et la complexité de ces facteurs ne produisent pas, le danger et les responsabilités l'accomplissent.

Voilà pourquoi la grande majorité des généraux préfère rester bien en deçà du but plutôt que l'approcher de trop près, tandis qu'un superbe courage et un esprit très entreprenant iront souvent trop loin et manqueront donc leur objectif. Seul celui qui accomplit beaucoup avec peu de moyens atteint vraiment son but.

LIVRE HUITIÈME

Le plan de guerre

Chapitre 1
Introduction

Dans le chapitre sur l'essence et la finalité de la guerre, nous avons en quelque sorte esquissé son concept d'ensemble et indiqué ses rapports avec les phénomènes qui l'entourent, afin de commencer sur une base conceptuelle solide. Nous avons laissé entrevoir les multiples difficultés auquel l'entendement se heurte, en nous réservant le droit d'y revenir plus tard pour un examen plus minutieux. Nous en étions restés à la conclusion que l'objectif primordial de l'acte militaire tout entier est de terrasser l'adversaire, et par conséquent de détruire ses forces armées. Cela nous a permis de montrer dans le chapitre suivant que l'engagement est l'unique moyen utilisé par l'acte militaire. Nous pensons avoir ainsi atteint pour l'instant un point de vue exact.

Nous avons ensuite examiné une à une les situations et les configurations principales qui interviennent dans l'action militaire en dehors de l'engagement, afin de préciser leur valeur, en partie selon leur nature propre et en partie d'après l'expérience apportée par l'histoire de la guerre. Nous les avons ainsi débarrassées des conceptions vagues et ambiguës qui leur sont habituellement attachées, et nous avons montré que l'objectif propre à l'acte militaire, la destruction de l'ennemi, est aussi ce qu'il y a d'essentiel en elles. Retournons à présent à la guerre dans son ensemble, en nous proposant de parler des plans de guerre et de campagne ; ce qui nous oblige à renouer avec les idées de notre livre premier.

Ces chapitres, qui traitent la question dans son ensemble, concernent la stratégie pure, dans ce qu'elle a de plus vaste et de plus important. Ce n'est pas sans une certaine appréhension que nous entrons au plus intime de son domaine, dans ce saint des saints vers lequel tous les autres fils convergent.

Cette appréhension est en effet parfaitement justifiée.

Nous voyons d'une part que l'action militaire semble extrêmement simple. Nous entendons et nous lisons que les plus grands généraux en parlent avec beaucoup de simplicité et de sobriété. Dans leur bouche, diriger et mouvoir cette lourde machine composée de cent mille membres n'est pas plus difficile que s'il s'agissait uniquement de leur propre individu ; si bien que l'immense ensemble de l'acte de guerre se trouve individualisé en une sorte de duel. Ils réduisent les motifs de leur action à quelques idées simples ou à un élan de leur tempérament. Ils saisissent le problème avec aisance, sûreté, et l'on pourrait presque dire avec légèreté. – D'autre part, nous voyons la quantité de facteurs, les distances si grandes et souvent indéterminées que couvrent les fils de l'action entre ses causes et ses effets, et l'infinité des combinaisons qui se présente à l'esprit qui examine la question. Si l'on pense que la théorie a pour tâche de concevoir toutes ces choses de façon systématique, c'est-à-dire clairement et intégralement, en ramenant toujours l'action à une raison nécessaire et suffisante, on est envahi avec une violence irrésistible par la crainte de pérorer avec pédantisme, de ramper dans les régions inférieures de concepts lourds et massifs et de ne jamais atteindre le coup d'œil facile et léger du grand général. Si tel est le résultat des efforts du théoricien, il aurait aussi bien, ou même mieux valu, ne pas les avoir déployés ; ils attirent sur la théorie le mépris des hommes talentueux et tombent rapidement dans l'oubli. Et d'autre part, ce coup d'œil aisé et léger du général, cette manière simple de raisonner, cette personnification de l'action militaire dans son ensemble sont indéniablement le cœur même de toute bonne conduite de la guerre. Aussi est-il impensable de concevoir autrement que de cette manière grandiose la liberté de l'esprit qui doit régner sur les événements et non subir leur règne.

Nous allons donc poursuivre notre démarche avec quelque appréhension ; et nous ne pouvons avancer qu'en suivant le chemin que nous nous sommes tracé au départ. La théorie doit éclairer avec une vive lumière la masse des objets, afin que l'entendement s'y retrouve plus facilement ; elle doit arracher les mauvaises herbes que l'erreur a partout semées ; elle doit montrer les relations mutuelles entre les choses, séparer l'essentiel de l'accessoire. Si les idées se réunissent d'elles-mêmes en un noyau de vérité que nous appelons principe, si elles s'alignent spontanément dans un enchaînement qui forme une règle, la théorie doit l'indiquer.

Or, ce que l'esprit ramène de cette exploration souterraine parmi les conceptions fondamentales des choses, les rayons de lumière qui se sont éveillés en lui, tout cela est le fruit de la théorie. Elle ne peut pas lui fournir des formules toutes faites pour résoudre les problèmes. Les principes qu'elle déploie des deux côtés ne peuvent pas limiter le cheminement de l'esprit à la voie ténue de la nécessité. La théorie offre à ce dernier un regard lucide sur la masse des objets et sur leurs rapports, pour le renvoyer ensuite aux régions supérieures de l'action. L'esprit peut alors agir à la mesure de ses talents naturels à travers une activité concentrée. Il se saisit du *vrai* et du *juste* comme d'une seule idée claire, surgie sous la pression d'ensemble de toutes ces forces, qui semble davantage un produit du danger que de la pensée.

Chapitre 2
Guerre absolue et guerre réelle

Le plan de guerre synthétise l'ensemble de l'acte militaire. Il devient, grâce à lui, une action unique dotée d'une fin ultime et définitive qui concilie toutes les fins particulières. On ne commence pas une guerre – ou on ne devrait pas raisonnablement en commencer une – sans se demander ce que cette guerre veut atteindre et comment ; le premier point est la fin, le second l'objectif. Toutes les orientations, l'étendue des moyens, la quantité d'énergie, sont fixées par cette idée capitale qui exerce son influence jusque dans les plus petits détails de l'action.

Nous avons dit dans le premier chapitre que l'objectif naturel de l'acte militaire est de terrasser l'adversaire, et qu'il ne peut au fond y en avoir d'autre si l'on veut demeurer dans la rigueur philosophique du concept. Comme cette idée doit être émise par les deux parties belligérantes, il s'ensuit qu'il ne pourra pas y avoir de suspension dans l'acte militaire ni de repos jusqu'à ce que l'une des deux parties soit complètement écrasée.

Dans le chapitre sur la suspension de l'acte militaire, nous avons montré comment le pur principe d'hostilité, tel qu'il s'incarne dans son agent humain et dans toutes les circonstances qui composent la guerre, peut être suspendu et diminué par des causes inhérentes à la machine de la guerre elle-même.

Mais cette modification est loin d'être suffisante pour nous transporter du concept originel de la guerre jusqu'à la forme concrète qu'elle revêt presque partout. La plupart des guerres ne semblent être qu'une explosion de rage réciproque, où chacun prend les armes pour se protéger, pour effrayer l'adversaire et à l'occasion lui administrer un coup. Il ne s'agit donc pas du contact de deux éléments qui se détruisent mutuellement, mais de tensions entre deux éléments encore séparés qui se déchargent dans de petits chocs espacés.

Mais quelle est donc cette cloison isolante qui empêche une décharge intégrale ? Pourquoi le concept philosophique ne se réalise-t-il pas ? Cette cloison est constituée par le grand nombre de choses, de forces, de facteurs que la guerre affecte dans la vie de l'État. À travers leurs méandres infinis, la causalité logique ne peut poursuivre son cours comme si elle suivait le simple fil de quelques conclusions. Elle reste bloquée dans ces méandres. Et l'homme, qui a l'habitude d'agir dans les grandes comme dans les petites circonstances selon des sentiments et des idées personnelles prédominantes plutôt que selon les strictes conséquences logiques, sera à peine conscient de sa confusion, de son insuffisance et de son inconséquence.

Même si l'intelligence qui est à l'origine de la guerre pouvait embrasser réellement tous ces rapports sans perdre de vue un instant leur objectif, toutes les autres intelligences qui y concourent dans l'État ne pourraient pas en faire autant. Cela produirait donc une résistance et rendrait nécessaire l'existence d'une force capable de surmonter l'inertie de la masse, et cette force est la plupart du temps insuffisante.

Cette inconséquence se produit chez l'une ou l'autre des parties, ou chez les deux. C'est elle qui fait que la guerre devient quelque chose de complètement différent de ce qu'elle devrait être selon son concept, c'est elle qui en fait une chose hybride, un être sans cohésion interne.

C'est ainsi qu'elle se présente presque partout, et l'on pourrait douter que notre conception de la guerre comme absolu ait quelque réalité si nous n'avions précisément vu de nos jours la guerre réelle dans cette perfection absolue. Après la brève introduction de la Révolution française, l'impitoyable Bonaparte l'a rapidement portée jusqu'à ce point. Avec lui, la guerre était menée sans trêve jusqu'à ce que l'adversaire s'effondre ; et les contre-attaques se suivaient avec la même continuité. N'est-il pas naturel et nécessaire que ce phénomène nous ramène au concept originel de la guerre avec toutes ses conséquences rigoureuses ?

Devons-nous en rester là et juger toutes les guerres selon ce critère, même si elles s'en éloignent considérablement ? Toutes les exigences de la théorie doivent-elles en dériver ?

Il faut trancher, car nous ne pouvons rien dire de sensé sur le plan de guerre sans avoir décidé si la guerre ne peut être qu'absolue ou si elle peut encore être d'une autre nature.

Si nous optons pour la première proposition, notre théorie se rapprochera à tous égards de la nécessité logique, elle sera plus claire, mieux ordonnée. Mais que dire alors de toutes les guerres menées depuis Alexandre le Grand et certaines campagnes des Romains jusqu'à Bonaparte ? Il faudrait les rejeter en bloc, ce qu'il nous serait difficile de faire sans avoir honte de notre présomption. Mais le pire, c'est qu'il nous faut admettre que la décennie à venir verra peut-être une nouvelle guerre du second type, en dépit de notre théorie, et que cette théorie avec sa logique rigoureuse reste complètement impuissante face à la force des circonstances. Il faudra donc nous résoudre à construire la guerre comme elle doit être, sans la faire dériver de son pur concept, mais en y intégrant tous les éléments étrangers qui s'y mêlent et la modifient, toute l'inertie et la friction naturelles des parties, toute l'inconséquence, la confusion et la pusillanimité de l'esprit humain. Nous devrons admettre que la guerre et la forme qu'on lui donne proviennent d'idées, de sentiments et de circonstances qui prédominent à un instant donné. Si nous voulons être tout à fait sincère, nous devrons concéder que ce fut le cas même quand la guerre prit sa forme absolue, à savoir sous Bonaparte.

Si nous suivons cette voie, nous devons reconnaître que la guerre ne surgit pas et ne reçoit pas sa forme d'un ajustement final de tous les innombrables facteurs qu'elle affecte, mais seulement de certains facteurs prédominants. Elle repose donc sur un jeu de possibilités, de probabilités, de chance et de malchance, où se perd souvent le strict raisonnement logique qui devient un instrument cérébral très imparfait et très incommode. Il s'ensuit que la guerre sera parfois plus et parfois moins qu'une guerre.

La théorie doit concéder tout cela, mais il est de son devoir de placer au premier rang la forme absolue de la guerre et de s'en servir comme d'un point de repère général, afin que celui qui veut apprendre quelque chose de la théorie s'habitue à ne jamais la perdre de vue, à la considérer comme la mesure originelle de tous ses espoirs et de ses craintes, pour s'en rapprocher *quand il le peut* ou *quand il le doit*.

Une idée capitale qui sous-tend notre pensée et notre action leur donne une certaine tonalité et un certain caractère, même quand les motifs de décision immédiats viennent d'une tout autre sphère, tout comme le peintre donne telle ou telle tonalité à son tableau grâce aux couleurs avec lesquelles il a brossé les fonds.

Si la théorie peut agir ainsi efficacement aujourd'hui, elle le doit aux dernières guerres. Sans ces exemples qui nous ont avertis de la force destructrice de l'élément déchaîné, elle se serait égosillée en vain ; personne n'aurait cru possible ce que chacun a vécu.

La Prusse aurait-elle osé envahir la France en 1798 avec 70 000 hommes, si elle avait pressenti qu'en cas d'insuccès le contrecoup serait assez violent pour détruire l'ancien équilibre européen ?

La Prusse se serait-elle lancée en 1806 dans la guerre contre la France avec 100 000 hommes si elle avait soupçonné que le premier coup de pistolet serait le feu mis à la mine qui la ferait sauter ?

Chapitre 3 A
Cohésion interne de la guerre

Selon que l'on envisage la guerre sous sa forme absolue ou sous une forme réelle qui en est plus ou moins éloignée, deux conceptions différentes du succès apparaissent.

Dans la guerre absolue, où tout se passe selon des causes nécessaires, où tout s'enchaîne rapidement, il n'existe, si je puis dire, aucun intervalle neutre ou vide. En raison des multiples interactions que la guerre recèle en elle-même[1], en raison de la cohésion qui relie *stricto sensu* toute la série des engagements successifs[2], en raison du point culminant qu'atteint toute victoire, au-delà duquel s'ouvre le champ des pertes et de la défaite[3], en raison de tous ces facteurs propres à la guerre, dis-je, il n'y a qu'un seul succès : le *succès final.* Avant d'y arriver rien n'est joué, rien n'est gagné, rien n'est perdu. C'est là qu'il faut se répéter sans cesse que la fin couronne l'ouvrage. Selon cette conception, la guerre est donc un tout indivisible, dont les membres (les succès remportés un à un) n'ont de valeur que par rapport au tout. La prise de

1. Livre premier, chapitre 1. *(Note de l'auteur.)*
2. Livre premier, chapitre 2. *(Note de l'auteur.)*
3. Livre septième, chapitre 22 (« Sur le point culminant de la victoire »). *(Note de l'auteur.)*

Moscou et de la moitié de la Russie en 1812 n'avait de valeur pour Bonaparte que si elle lui procurait la paix qu'il escomptait. Elle n'était qu'une pièce de son plan de campagne auquel il manquait encore une partie : l'anéantissement de l'armée russe. S'il s'était ajouté aux autres succès, la paix était certaine, autant que peut l'être ce genre de choses. Bonaparte ne pouvait plus s'assurer cette seconde partie, car il l'avait laissé échapper auparavant. Et ainsi toute la première partie de son plan ne devenait pas seulement inutile, mais funeste.

Cette conception de la cohésion des succès dans la guerre, que l'on peut considérer comme un extrême, s'oppose à un autre extrême. Celui selon lequel la guerre est composée de succès particuliers qui se suffisent à eux-mêmes, comme les différentes manches d'un jeu, le résultat précédent n'exerçant aucune influence sur le suivant. Dans ce cas, tout dépend donc de la somme des succès, et l'on peut mettre de côté chaque succès comme un jeton de plus dans la pile.

De même que la première conception tire sa vérité de la nature de la guerre, la seconde tire la sienne de l'histoire. Quantité de cas montrent qu'il est possible de gagner un petit avantage sans en faire une condition aggravante. Plus on atténue la vigueur de la guerre, plus ces cas sont fréquents. Mais tout comme la guerre absolue ne fut jamais parfaitement réalisée, il n'y a pas de guerres où la seconde conception soit absolument juste au point d'exclure la première.

Si nous nous en tenons à la première conception, il nous faut reconnaître une nécessité : toute guerre y est conçue d'emblée comme un tout ; dès le premier pas, le général a déjà en vue l'objectif vers lequel toutes les lignes convergent.

Si nous admettons la seconde conception, des avantages subalternes peuvent y être recherchés pour eux-mêmes, et le reste abandonné aux événements à venir.

Comme aucune de ces deux conceptions n'est tout à fait stérile, la théorie ne peut se priver ni de l'une ni de l'autre. Elle établit une différence dans la façon de s'en servir : la première est l'idée qui sous-tend la totalité de l'action, tandis que la seconde n'est qu'une modification justifiée par les circonstances.

[...]

Chapitre 3 B
Sur l'ampleur de la fin militaire et de l'effort exigé

La contrainte que nous devons faire subir à notre adversaire dépend de l'ampleur de nos revendications politiques et des siennes. Pour autant qu'elles sont mutuellement connues, elles fixeront la mesure des efforts. Cependant elles ne sont pas toujours aussi évidentes, et cela peut constituer un premier motif de différence entre les moyens déployés par les deux camps.

La situation et la condition présente des États belligérants ne sont pas identiques, et cela peut devenir un second motif.

La force de volonté, le caractère, les compétences des gouvernements ne le sont pas davantage ; c'est un troisième motif.

Ces trois considérations introduisent un facteur d'incertitude dans l'estimation de la résistance que l'on va rencontrer, et par conséquent dans l'évaluation des moyens qu'il faut déployer et de l'objectif que l'on doit se fixer.

À la guerre l'insuffisance des efforts peut non seulement générer l'insuccès mais aussi un dommage bien réel, c'est pourquoi chaque partie s'efforce de surpasser l'autre, ce qui produit une interaction.

Cela pourrait entraîner une course aux extrêmes et mener l'effort à son paroxysme, si tant est qu'on puisse le déterminer. Mais on perdrait alors de vue les exigences différentes des revendications politiques, les moyens n'auraient plus de rapport avec la fin, et dans la plupart des cas, cette intention de parvenir à l'effort extrême échouerait face au contrepoids des conditions qui sont inhérentes à la guerre.

Le belligérant est ainsi ramené à un juste milieu. Le principe direct auquel il obéit alors lui commande de limiter son objectif et la quantité de forces employées à la stricte réalisation de sa fin politique. Pour rendre ce principe applicable, il doit renoncer à toute nécessité absolue de succès et exclure de son calcul les possibilités lointaines.

L'activité de l'esprit quitte ici le domaine de la science exacte, de la logique et des mathématiques. Elle se mue en art, au sens large du terme, c'est-à-dire en une aptitude à déceler, dans une quantité incalculable d'objets et de circonstances, les faits les plus décisifs et les plus importants par la subtilité instinctive du jugement. Celle-ci consiste indiscutablement en une comparaison plus ou moins intuitive des données et des relations ; il s'agit d'écarter celles qui sont éloignées et insignifiantes et de détecter celles qui sont proches et importantes, bien plus rapidement que ne le ferait le strict raisonnement logique.

Pour déterminer l'ampleur des moyens à mobiliser pour la guerre, il nous faut considérer sa fin politique, de notre côté et du côté de l'adversaire. Nous devons évaluer les forces de l'État ennemi, sa situation et la nôtre ; le caractère de son gouvernement et de son peuple, leurs capacités, ainsi que les nôtres ; les alliances politiques avec d'autres États et les modifications que la guerre peut y apporter. On comprend facilement que soupeser ces multiples objets et leurs multiples relations est une vaste tâche ; il faut un véritable éclair de génie pour y découvrir rapidement ce qui est vrai, alors qu'une simple réflexion méthodique ne permet absolument pas de maîtriser cette multiplicité.

Bonaparte a dit très justement à ce propos que cela formerait un problème d'algèbre devant lequel même un Newton reculerait.

La multiplicité et l'ampleur des données, ainsi que l'incertitude sur la juste mesure à adopter, compliquent singulièrement la voie vers un résultat favorable. Mais nous ne devons pas oublier que *l'importance* immense et incomparable de la guerre, si elle n'augmente pas la complexité et la difficulté du problème, rehausse pourtant la valeur de la solution. Chez l'homme ordinaire, la liberté et l'activité de l'esprit ne sont pas accrues par le danger et les responsabilités, mais amoindries. En revanche, lorsque ces deux facteurs renforcent le jugement et lui donnent des ailes, on est sans nul doute en présence d'un esprit d'une grandeur exceptionnelle.

Il faut admettre avant tout que le jugement porté sur une guerre imminente, sur le but à lui donner et sur les moyens nécessaires, ne peut naître que d'une vue d'ensemble embrassant toutes les données, dont les traits caractéristiques du moment présent. Ce jugement, comme tout autre jugement établi à la guerre, ne peut jamais être purement objectif : il est déterminé par les qualités intellectuelles et morales des princes, des hommes d'État et des chefs de guerre, que ces rôles soient ou non tenus par une seule personne.

[...]

Nous refermons ici notre aperçu historique. Notre dessein n'était pas de donner rapidement quelques principes sur la conduite de la guerre valables pour toutes les époques, mais seulement de montrer comment chaque époque a eu ses propres formes de guerre, ses propres conditions restrictives et ses propres préjugés. Chacune a donc aussi sa propre théorie de la guerre, même si l'on a eu partout tendance, à un moment ou à un autre, à l'élaborer selon des principes philosophiques. Il faut donc juger les événements de chaque époque en considérant soigneusement ses particularités. Seul celui qui se replace dans la situation de l'époque, moins par une étude scrupuleuse de toutes les petites circonstances que par un regard pénétrant sur les grandes, est à même de comprendre et d'apprécier ses généraux à leur juste valeur.

Mais cette conduite de la guerre, bien qu'elle soit conditionnée par la situation particulière des États et de leur force militaire, doit cependant receler quelque chose de plus général, ou plutôt d'universel, que la théorie traitera au premier chef.

Notre époque, où la guerre a atteint sa violence absolue, illustre au plus haut point cette validité et cette nécessité universelles. Mais il est également improbable que les guerres à venir montrent toutes ce caractère imposant, et que les vastes barrières que la guerre a vues s'ouvrir devant elle se ferment à nouveau complètement. Une théorie qui s'en tiendrait à cette guerre absolue exclurait ou nierait tous les faits et toutes les influences extérieures qui modifient sa nature. Telle ne peut être la fin de la théorie, qui doit être la science d'une guerre dont les circonstances ne sont pas idéales mais réelles. La théorie, en jetant sur les objets un regard qui scrute, qui tranche et qui classe, ne doit donc jamais perdre de vue la dissemblance des circonstances d'où peut surgir la guerre ; elle en tracera les grandes lignes de sorte que les besoins du temps et du moment y trouvent leur place.

Nous devons ajouter que l'objectif que se fixe le belligérant, les moyens qu'il déploie se conforment aux caractères tout à fait spécifiques de sa situation ; ils dépendent précisément du caractère de l'époque et de ses circonstances générales. Enfin, *ils demeurent soumis aux conclusions générales que l'on doit tirer de la nature de la guerre.*

Chapitre 4
Définitions plus précises de l'objectif militaire : terrasser l'ennemi

[...]

Quel que soit le pôle de la puissance adverse contre lequel nous devons diriger nos opérations, vaincre et détruire sa force armée en sont le commencement le plus sûr et en tous les cas un élément essentiel.

La masse des expériences nous permet de croire que les conditions principales pour terrasser l'adversaire sont les suivantes :

1. L'anéantissement de son armée, si elle forme une puissance un tant soit peu effective.

2. La prise de la capitale ennemie, si elle n'est pas simplement le centre administratif de l'État mais aussi le siège des corps politiques et des partis.

3. Un coup énergique contre son allié principal, si celui-ci est plus puissant que l'adversaire.

Jusqu'ici nous avons toujours envisagé l'adversaire comme une unité, ce qui convenait pour les analyses générales. Mais, après avoir dit que terrasser l'adversaire consiste à vaincre la résistance concentrée dans son centre de gravité, nous devons abandonner cette hypothèse, et distinguer le cas où nous avons affaire à plusieurs adversaires.

Si deux États ou plus se liguent contre un troisième, cela ne forme, en termes politiques, qu'*une seule* guerre ;

cependant cette unité politique possède aussi ses degrés.

La question est de savoir si chaque État possède un intérêt indépendant et une force indépendante qui lui permettent de le poursuivre, ou bien si l'un des coalisés soutient les autres en leur prêtant ses intérêts et ses forces. Plus on se rapproche de ce second cas de figure, plus il est facile de considérer les différents adversaires comme un seul, et plus nous pouvons concentrer nos opérations majeures en un coup capital. Dans la mesure où cela reste possible d'une manière ou d'une autre, c'est encore le moyen le plus efficace de parvenir au succès.

On peut donc établir ce principe : tant que nous sommes capables de vaincre tous les adversaires en battant l'un d'entre eux, terrasser ce dernier doit être l'objectif de la guerre, car nous frappons dans cet adversaire unique le centre de gravité commun de toute la guerre.

Rares sont les cas où cette conception est inadmissible, et où cette réduction de plusieurs centres de gravité en un seul ne correspond pas à la réalité. Mais dans ce cas, il ne reste rien d'autre à faire que d'envisager la guerre comme deux ou trois guerres séparées, dont chacune possède son propre but. Comme ce cas de figure suppose l'indépendance de plusieurs ennemis, et par conséquent la grande supériorité de leur nombre, il ne pourra plus du tout être question de terrasser l'adversaire.

Il faut ensuite se poser plus précisément la question suivante : quand un tel but est-il possible et opportun ?

Tout d'abord, notre force armée doit être suffisante :

1. pour remporter une victoire décisive sur l'armée ennemie ;

2. pour déployer les forces nécessaires jusqu'au point où le rétablissement de l'équilibre n'est plus concevable une fois la victoire obtenue.

Nous devons ensuite être sûrs que notre situation politique ne permettra pas que notre succès nous crée de nouveaux ennemis qui pourraient nous contraindre à nous détourner de notre adversaire initial. [...]

Chapitre 5
Définitions plus précises de l'objectif militaire : terrasser l'ennemi (suite)
Objectif limité

Nous avons expliqué dans le précédent chapitre comment l'objectif véritable et absolu de l'acte militaire est de terrasser l'ennemi, en admettant que cela soit réalisable. Nous souhaitons à présent examiner ce qui reste à faire lorsque les conditions qui permettent d'atteindre ce but ne sont pas remplies.

Ces conditions présupposent une grande supériorité physique ou morale, ou bien un esprit d'entreprise exceptionnel, un penchant pour les risques extrêmes. En l'absence de ces qualités, l'objectif de l'acte militaire ne peut être que de deux sortes : soit la conquête de quelque portion réduite ou moyenne du territoire ennemi, soit la sauvegarde de son propre territoire dans l'attente d'un moment plus propice ; la seconde hypothèse est le mode habituel de la guerre défensive.

Dans le choix entre ces deux cas, il faut se souvenir de l'expression que nous avons employée à propos du second. *L'attente d'un moment plus propice* suppose en effet que l'on est en droit d'espérer sa venue. Cette attente propre à la guerre défensive est toujours motivée par cette perspective. En revanche, la guerre offensive, c'est-à-dire l'exploitation du moment présent, s'impose toujours lorsque l'avenir offre de meilleures perspectives à l'ennemi qu'à soi.

Le troisième cas, peut-être le plus courant, se présente lorsque l'avenir ne propose rien de précis à aucune des deux parties et ne leur fournit donc aucun motif de décision. Dans ce cas, la guerre offensive s'impose de façon évidente à celui qui a pris politiquement l'initiative de l'attaque, c'est-à-dire à celui qui dispose d'un motif positif. Car c'est à cette fin qu'il a pris les armes, et tout moment perdu sans raison suffisante est autant de temps perdu *pour lui*.

Ici, nos critères de choix entre guerre offensive et défensive n'ont plus rien à voir avec le rapport de force entre les belligérants, même s'il peut sembler plus naturel de faire totalement reposer ce choix sur ce rapport. Selon nous, ce serait cependant une erreur. Personne ne contestera l'exactitude logique d'un raisonnement aussi simple ; mais nous voulons maintenant voir si, dans la réalité, il ne conduit pas *ad absurdum*[1].

Imaginons un petit État entré en conflit avec des forces très supérieures, mais qui prévoit que sa situation s'aggravera d'année en année. S'il ne peut éviter la guerre, ne doit-il pas tirer profit du temps pendant lequel sa situation n'est pas encore trop grave ? Il doit donc attaquer. Non parce que l'attaque *en soi* lui garantit des avantages – elle augmentera plutôt l'inégalité des forces – mais parce qu'il se trouve dans la nécessité soit de régler définitivement les choses avant que le pire moment n'advienne, soit de conquérir en attendant quelques avantages qui lui permettront de tenir. Cette théorie est loin d'être absurde. Si ce petit État est tout à fait sûr que ses adversaires vont marcher sur lui, il peut et doit utiliser la défensive pour remporter l'avantage initial ; il ne risque pas de perdre du temps.

1. En latin dans le texte (« à des conclusions absurdes »). *(N.d.T.)*

Imaginons encore un petit État engagé dans une guerre contre un État plus grand, où l'avenir n'exerce aucune influence sur leurs décisions. Si le petit État a pris politiquement l'initiative de l'attaque, il doit impérativement marcher vers son objectif.

S'il a eu la hardiesse de se fixer une fin positive contre un État plus puissant, il doit alors agir, c'est-à-dire attaquer l'adversaire, si celui-ci ne lui en épargne pas le soin. Attendre serait absurde. Sauf si le petit État a changé de politique au moment d'exécuter l'action, ce qui arrive fréquemment et contribue à donner aux guerres un caractère indéterminé, et guère utilisable par le philosophe.

Notre examen de l'objectif limité nous oriente vers la guerre offensive à but limité et vers la guerre défensive. Nous comptons étudier ces deux cas dans des chapitres particuliers. Mais il nous faut auparavant nous tourner encore dans une autre direction.

Jusqu'ici nous avons déduit les modifications subies par la fin militaire uniquement de motifs intrinsèques. Nous n'avons pris en considération la nature du dessein politique que dans la mesure où il formule, ou non, une exigence positive. Tout ce qui existe d'autre dans le dessein politique est fondamentalement étranger à la guerre. Cependant, nous avons déjà admis dans le chapitre 2 du livre premier (« Fin et moyen dans la guerre ») que la nature de la fin politique, l'ampleur de nos revendications politiques ou de celles de l'ennemi et l'ensemble de notre situation politique exercent en fait l'influence décisive sur la conduite de la guerre ; c'est pourquoi nous allons nous y intéresser spécialement dans le chapitre suivant.

Chapitre 6 A
Influence de la fin politique sur l'objectif militaire

On ne verra jamais un État s'ingérant dans les affaires d'un autre les prendre à cœur autant que les siennes. L'allié dépêche une armée de secours de taille moyenne ; si elle n'est pas victorieuse, il considère que l'affaire est réglée et cherche à s'en tirer à moindres frais.

Il est de coutume dans la politique européenne que les États s'engagent par des traités d'assistance mutuelle dans des alliances offensives et défensives. Non qu'ils embrassent les intérêts et les querelles des autres, mais ils se promettent à l'avance une puissance militaire déterminée, et habituellement très moyenne, sans tenir compte de l'objet de la guerre ni des efforts de l'adversaire. Dans un traité d'alliance de ce genre, l'allié ne se considère pas engagé avec l'adversaire dans un véritable conflit qui doit nécessairement commencer par une déclaration de guerre et se terminer par un traité de paix. D'ailleurs, cette idée elle-même demeure floue et l'usage varie.

Les choses gagneraient en cohérence et la théorie de la guerre en clarté, si le contingent promis de dix mille, vingt mille ou trente mille hommes était entièrement cédé à l'État engagé dans la guerre, de sorte qu'il puisse l'employer à son gré ; on pourrait alors le considérer comme une troupe à sa solde. Mais c'est loin d'être le cas dans la pratique. Les troupes auxiliaires ont habituellement leur propre général, qui ne dépend que de la Cour de son pays, et celle-ci lui assigne l'objectif le mieux adapté aux demi-mesures de ses propres desseins.

Mais même si deux États sont réellement en guerre contre un troisième, cela ne signifie pas forcément qu'ils doivent considérer ce troisième pays comme leur ennemi et l'anéantir pour qu'il ne les anéantisse pas ; l'affaire se règle plutôt comme une transaction commerciale. En fonction des risques encourus et des avantages qu'il espère, chacun investit de trente mille à quarante mille hommes et agit comme s'il ne pouvait pas se permettre de perdre plus que ce placement.

Ce comportement ne se présente pas seulement lorsqu'un État vient en secourir un autre pour une affaire qui lui est passablement étrangère. Même lorsque deux États partagent un intérêt commun considérable, rien ne peut se faire sans un soutien diplomatique. Et les parties contractantes ne s'accordent qu'un petit contingent, afin d'employer le reste de leurs forces militaires à des fins particulières que la politique pourrait peut-être susciter.

Tout le monde envisageait la guerre d'alliance de cette manière. Ce n'est qu'à notre époque que les esprits se sont engagés dans des voies plus naturelles, quand le danger extrême les y poussa *contre* Bonaparte et quand une puissance illimitée les y contraignit *sous* Bonaparte. Cette conception traditionnelle était une demi-mesure, une anomalie, car la guerre et la paix sont des concepts qui ne connaissent fondamentalement aucune gradation. Mais elle n'en était pas pour autant une simple tradition diplomatique, que la raison pourrait négliger ; il s'agit d'une pratique profondément enracinée dans la faiblesse et la limitation naturelles de l'homme.

Enfin, les causes politiques de certaines guerres sans alliés exercent aussi sur elles et sur leur conduite une puissante influence.

Si nous n'attendons de l'ennemi qu'un sacrifice insignifiant, nous nous contenterons alors de ne gagner grâce à la guerre qu'un équivalent insignifiant, et nous pouvons y parvenir avec des efforts modérés. L'adversaire arrive aux mêmes conclusions. Mais si l'un ou l'autre s'aperçoit qu'il s'est trompé dans son calcul, qu'il n'est pas légèrement supérieur à l'ennemi, comme il le croyait, mais inférieur, il n'est pas rare qu'il manque alors d'argent, de toutes les autres ressources et d'une impulsion morale suffisante pour raffermir son énergie. Il fait donc ce qu'il peut, il espère de l'avenir des événements favorables que rien ne laisse présager, tandis qu'entre-temps la guerre se traîne comme un corps débile et maladif.

Il arrive ainsi que l'interaction, la rivalité, la violence et tout ce que la guerre a d'irrépressible se perdent dans une stagnation dénuée de motivation ; les deux parties se meuvent alors dans des cercles très restreints avec une certaine sécurité.

Dès que l'on admet, comme il convient, l'influence de la fin politique sur la guerre, il n'y a alors plus de limites et l'on doit accepter de s'abaisser jusqu'à une forme de guerre où l'on ne fait *que menacer l'adversaire* pour *appuyer les pourparlers*.

Il est clair que la théorie de la guerre, si elle veut être et rester une réflexion philosophique, se trouve ici dans l'embarras. Tout ce qui est nécessité dans le concept de guerre semble disparaître, et la théorie risque de perdre tout point d'appui. Mais l'issue naturelle apparaît bientôt. Plus le principe modérateur pèse sur l'acte militaire, ou plutôt, plus les motifs d'action faiblissent, plus l'action se transforme alors en souffrance passive, plus elle se fait rare, et moins on a besoin de principes conducteurs. L'art de la guerre tout entier se fait simple prudence, veillant principalement à ce que l'équilibre chancelant ne se renverse soudain à notre détriment et ne transforme cette demi-guerre en guerre complète.

Chapitre 6 B
La guerre est un instrument de la politique

Jusqu'à maintenant nous avons considéré la contradiction entre la nature de la guerre et les autres intérêts humains, individuels ou sociaux en faisant un tour d'horizon complet, afin de ne négliger aucun de ces éléments opposés. Comme le fondement de cette contradiction réside dans l'être humain lui-même, la raison philosophique ne peut la résoudre. Nous voulons à présent chercher cette unité qui rassemble ces éléments contradictoires dans la vie pratique, où ils se neutralisent partiellement les uns les autres. Nous aurions défini cette unité dès le début s'il n'avait pas été nécessaire de faire ressortir précisément cette contradiction et d'étudier séparément ces différents éléments. Cette unité n'est autre que le concept selon lequel *la guerre n'est qu'une partie des relations politiques, et n'est donc absolument pas autonome.*

On sait bien sûr que la guerre n'est suscitée que par les relations politiques des gouvernements et des peuples. Mais on imagine généralement que la guerre suspend ces relations, faisant apparaître alors un état tout différent qui n'est soumis qu'à ses propres lois.

Nous affirmons au contraire que la guerre n'est rien d'autre qu'une continuation des relations politiques par l'immixtion d'autres moyens. Nous disons « par l'immixtion d'autres moyens » afin d'affirmer en même temps que ces relations politiques ne cessent pas avec la guerre elle-même. Elles ne se transforment pas en quelque chose de complètement différent mais elles subsistent dans leur essence, quels que soient les moyens dont elles se servent. Les lignes de force selon lesquelles les événements militaires se produisent et auxquelles ils se rattachent ne sont que les linéaments d'une politique qui se poursuit à travers la guerre jusqu'à la paix. Comment concevoir les choses autrement ? Est-ce que les relations politiques des nations et des gouvernements prennent fin quand on cesse d'échanger des notes diplomatiques ? La guerre n'est-elle pas simplement une autre façon d'écrire et de dire leurs pensées ? Elle possède certes sa propre grammaire, mais non sa propre logique.

C'est pourquoi la guerre ne peut jamais être séparée des relations politiques. Et si cela se produisait en quelque point de notre réflexion, tous les fils de ces relations seraient pour ainsi dire rompus, et ce qui en naîtrait serait inutile et insensé.

Cette conception serait indispensable même si la guerre était pleinement guerre, si elle était le déchaînement de l'élément d'hostilité. Car tous les objets sur lesquels elle repose et qui déterminent son orientation majeure : la puissance des deux adversaires, les alliés des deux camps, le caractère respectif des peuples et des gouvernements, etc., tout ce que nous avons énuméré au chapitre 1 du livre premier, ne sont-ils pas de nature politique, et leurs rapports avec l'ensemble des relations politiques n'est-il pas si étroit qu'il est impossible de les en séparer ? – Mais cette conception s'impose doublement lorsque nous pensons que la guerre réelle n'est pas un effort vers l'extrême aussi important que le voudrait son pur concept, mais qu'elle est une chose hybride, une contradiction en soi. En tant que telle, elle ne peut suivre ses propres lois ; il faut la considérer comme une partie d'un tout plus vaste – et ce tout est la politique.

La politique, dans la mesure où elle se sert de la guerre, évite toutes les conséquences rigoureuses qui découlent de la nature de la guerre. Elle se soucie peu des possibilités finales et s'en tient uniquement aux probabilités les plus proches. Beaucoup d'incertitude s'introduit ainsi dans toute l'action, et la guerre devient une sorte de jeu ; chaque cabinet a confiance en sa politique et croit, dans ce jeu, surpasser le cabinet adverse en adresse et en perspicacité.

Du grandiose élément de la guerre, la politique fait donc un simple instrument ; de l'effroyable glaive qu'il faut soulever à deux mains, de toute sa force, pour ne frapper qu'une fois et une seule, elle fait une épée légère et maniable, parfois une simple rapière, en alternant les coups, les feintes et les parades.

Ainsi se résolvent les contradictions que la guerre enchevêtre autour de l'homme, craintif par nature ; si l'on admet que cette solution en est une.

Si la guerre appartient à la politique, elle en revêtira le caractère. Lorsque la politique devient imposante et puissante, la guerre le sera aussi, et elle pourra même atteindre les sphères supérieures où elle parvient à sa forme absolue.

D'après cette conception, il ne faut donc pas perdre de vue la guerre sous sa forme absolue ; au contraire, son image doit être continuellement présente à l'arrière-plan.

Seule cette façon de la concevoir restituera à la guerre son unité ; ce n'est qu'ainsi que l'on peut considérer toutes les guerres comme étant d'*une seule* nature. Le jugement se placera ainsi du seul point de vue précis et exact à partir duquel on conçoit et on juge de vastes plans.

Certes, l'élément politique ne s'infiltre pas profondément dans les détails de la guerre : on n'établit pas une vedette[1] et l'on ne conduit pas une patrouille selon des considérations politiques. Mais elles exercent une influence décisive sur l'ensemble du plan de guerre, de campagne et même souvent de bataille.

C'est pourquoi nous ne nous sommes pas empressé de présenter ce point de vue dès le départ. En ce qui concerne l'étude des objets pris séparément, il ne nous aurait pas été très utile et aurait plutôt dispersé notre attention. Mais maintenant que nous étudions le plan de guerre et de campagne, ce point de vue est indispensable.

Rien n'est plus important dans la vie que de déterminer exactement le point de vue selon lequel les choses doivent être saisies et jugées, et de s'y tenir. Car nous ne pouvons saisir comme une unité la quantité des phénomènes que d'*un seul* point de vue, et seule l'unité de vue peut nous garder des contradictions.

Si l'élaboration du plan de guerre exclut un double ou un triple point de vue d'où l'on pourrait envisager les choses selon l'œil du soldat, de l'administrateur, du politicien, etc., il faut alors se demander s'il est nécessaire que la *politique* occupe le premier rang et que tout le reste lui soit subordonné.

On supposera que la politique réunit et équilibre tous les intérêts de l'administration intérieure, tous les intérêts humains et tout ce que l'esprit philosophique peut

1. En termes militaires, une vedette est un poste d'observation isolé. *(N.d.T.)*

ajouter. Car la politique n'est rien en elle-même sinon le simple mandataire de tous ces intérêts auprès des autres États. Qu'elle puisse être mal orientée, qu'elle puisse servir en priorité l'ambition, l'intérêt personnel, la vanité des dirigeants, cela ne nous concerne pas ici. Car l'art de la guerre ne peut en aucun cas être considéré comme le précepteur de la politique ; nous ne pouvons considérer ici la politique qu'en tant que représentant des intérêts de la société tout entière.

Mais la question demeure : dans l'élaboration du plan de guerre, le point de vue politique doit-il se retirer devant le point de vue purement militaire (si ce dernier est concevable), c'est-à-dire disparaître complètement ou lui être subordonné, ou bien doit-il au contraire continuer à dominer et voir le point de vue militaire lui être subordonné ?

Si les guerres n'étaient que des combats à mort inspirés par la pure hostilité, il serait concevable que le point de vue politique disparaisse complètement avec le début de la guerre. Telles qu'elles sont en réalité, les guerres ne sont rien d'autre que l'expression de la politique elle-même, comme nous l'avons montré. La subordination du point de vue politique au point de vue militaire serait absurde, car c'est la politique qui a produit la guerre. Elle est l'intelligence, la guerre est l'instrument, et non l'inverse. Ainsi, seule la subordination du point de vue militaire au point de vue politique reste-t-elle possible.

Si nous songeons à la nature de la guerre réelle, nous nous rappellerons ce que nous avons dit au chapitre 3 de ce livre : *toute guerre doit être comprise avant tout selon la probabilité de son caractère et de son contour, tels qu'ils résultent des données et des conditions politiques*. Souvent – et de nos jours nous pourrions bien dire *la plupart du temps* – la guerre doit être conçue comme un tout organique et indivisible, où chaque activité isolée participe au tout et trouve son origine dans l'idée de ce tout. Il devient alors pour nous parfaitement clair et sûr que le point de vue suprême dans la conduite de la guerre, d'où partent les lignes directrices, ne peut être autre que celui de la politique.

Les plans découlent de ce point de vue comme s'ils sortaient d'un même moule ; comprendre et juger devient plus facile et plus naturel ; les convictions sont plus fortes, les motifs plus satisfaisants, et l'histoire plus compréhensible.

Ce point de vue a l'avantage d'exclure toute querelle entre les intérêts politiques et militaires du fait de la nature de leurs rapports ; si conflit il y a, il ne provient que de vues imparfaites. Si la politique formule envers la guerre des exigences que cette dernière ne peut remplir, elle enfreint la condition stipulant qu'elle connaît l'instrument dont elle va se servir, condition naturelle et tout à fait indispensable. Mais si la politique juge correctement le cours des événements militaires, c'est à elle et à elle seule de déterminer les événements et la direction des actions qui correspondent à l'objectif de la guerre.

En un mot, l'art de la guerre à son stade suprême se mue en politique, mais une politique qui, au lieu d'écrire des notes diplomatiques, livre des batailles.

En ce sens, il serait inadmissible et même nuisible de juger un grand événement militaire ou son plan *selon des critères purement militaires*. Oui, il est absurde de consulter des militaires afin qu'ils jugent les plans de guerre de manière *purement militaire*, comme le font d'habitude les cabinets. Mais lorsque les théoriciens exigent que tous les moyens disponibles soient délégués au général pour dresser un plan de guerre ou de campagne purement militaire, voilà qui est encore plus absurde. L'expérience nous enseigne aussi qu'en dépit de la grande diversité et du développement technique de la guerre, les linéaments d'un conflit sont encore déterminés par les cabinets, c'est-à-dire, pour parler techniquement, par un organisme uniquement politique et non militaire.

C'est parfaitement dans la nature des choses. Il est impossible d'établir aucun des plans principaux nécessaires à une guerre sans une pleine compréhension des circonstances politiques. Et lorsqu'on parle (ce qui arrive souvent) de l'influence nuisible de la politique sur la conduite de la guerre, on dit en fait quelque chose de complètement différent de ce que l'on voudrait exprimer. Ce n'est pas cette influence, mais la politique elle-même qu'il faut incriminer. Si la politique est juste, c'est-à-dire si elle convient à son objectif, elle ne peut agir sur la guerre que de façon favorable. Et si cette influence éloigne de l'objectif recherché, seule une politique erronée en est la cause.

[…]

Chapitre 7
Objectif limité. La guerre offensive

Même si nous ne pouvons nous fixer comme but de terrasser totalement l'adversaire, nous pouvons pourtant poursuivre un objectif directement positif, et il n'y en a qu'un : la conquête d'une partie du territoire ennemi.

L'utilité de cette conquête, c'est que nous affaiblissons les forces de l'État ennemi, et par conséquent ses forces armées, tandis que nous renforçons les nôtres ; dans une certaine mesure, nous menons donc la guerre à ses frais. En outre, au moment de signer la paix, la possession de provinces ennemies est un gain net, car nous pouvons les conserver ou les échanger contre d'autres avantages.

C'est là une manière très naturelle de concevoir la conquête de l'État ennemi ; la seule objection qu'elle soulève concerne la situation défensive et les doutes qu'elle occasionne, car après l'attaque il faut se soucier de défendre ce qui a été conquis.

Le chapitre sur le point culminant de la victoire a suffisamment exposé la manière dont ce genre d'offensive affaiblit les forces armées, et comment la situation qui lui succède peut faire craindre des conséquences dangereuses.

Cet affaiblissement de notre force armée par la conquête d'une portion du territoire ennemi possède ses degrés, et ceux-ci dépendent surtout de la situation géographique de cette bande territoriale. Plus elle constitue un supplément de notre propre territoire, enclavé ou contigu, situé sur notre ligne de progression principale, moins sa conquête affaiblira notre force armée. [...]

Devons-nous nous fixer un tel objectif, pouvons-nous espérer rester en possession de la conquête réalisée, son occupation provisoire (invasion, diversion) vaut-elle la dépense de forces, et ne faut-il pas surtout craindre une contre-attaque puissante qui nous ferait perdre complètement l'équilibre ? Telles sont les questions qui se posent. Le chapitre consacré au point culminant de la victoire a énuméré la quantité de facteurs qu'entraînent ces questions dans chaque cas particulier.

Il faut encore ajouter une chose.

Une offensive de ce genre ne convient pas toujours pour compenser ce que nous avons perdu sur d'autres points. Pendant que nous sommes occupés à une conquête partielle, l'ennemi peut faire de même ailleurs. Et si notre opération n'est pas d'une importance prépondérante, elle ne contraindra pas l'ennemi à abandonner la sienne. Il faut donc réfléchir mûrement pour ne pas perdre d'un côté plus qu'on ne gagne de l'autre.

Même si les deux provinces conquises sont de valeur parfaitement égale, on perd toujours plus avec celle que l'ennemi nous prend que l'on gagne avec celle que nous lui prenons. Parce que beaucoup de nos forces ainsi immobilisées perdent toute efficacité, comme des *feux froids*[1] en quelque sorte . Mais comme il en va de même pour l'adversaire, ce n'est pas une raison pour se soucier davantage de la préservation de ce que nous possédons

1. En français dans le texte. *(N. d.T.)*

déjà que de la conquête. C'est pourtant bien souvent le cas. On s'attache toujours plus à préserver ce que l'on a et les souffrances infligées à notre propre pays ne seront contrebalancées, et pour ainsi dire neutralisées, que par des représailles promettant des intérêts bien supérieurs.

Cela entraîne la conséquence suivante : une attaque stratégique à objectif limité ne peut pas négliger la défense d'autres points, qu'elle ne couvre pas directement, autant que le fait une attaque dirigée contre le centre de gravité de l'État ennemi. La concentration des forces dans le temps et l'espace ne pourra jamais être aussi poussée. Pour que cette concentration puisse avoir lieu, au moins dans le temps, il faut lancer l'offensive simultanément à partir de tous les points possibles. Cette attaque perd donc l'autre avantage de rester sur la défensive sur certains points en les défendant avec des forces réduites. Ainsi, en poursuivant un objectif moyen on tend à niveler tout le reste. L'acte militaire tout entier ne peut plus être concentré en une seule action majeure menée selon des points de vue supérieurs. Il s'étale davantage, la friction se fait partout plus forte et le hasard y trouve un champ d'action plus vaste.

Telle est la tendance naturelle des choses. Le général y est soumis et elle le neutralise toujours davantage. Plus il connaît sa propre valeur, plus il a de ressources intérieures et de puissance extérieure, et plus il cherchera à s'affranchir de cette tendance qui l'oppresse, pour donner à un point précis une importance prépondérante, même au prix de plus grands risques.

Chapitre 8
Objectif limité. La défense

L'objectif ultime de la guerre défensive ne peut jamais être absolument négatif, comme nous l'avons déjà dit. Même le plus faible doit posséder quelque chose qui le rend susceptible de menacer son adversaire.

Cet objectif pourrait certes consister à épuiser l'adversaire. Celui-ci poursuit un but positif ; même si elle n'a pas d'autres conséquences que la perte des forces employées, toute opération ratée est déjà une retraite. En revanche, les pertes subies par celui qui est attaqué n'ont pas été vaines, car son objectif était de préserver sa possession et cet objectif a été atteint. On pourrait donc dire que l'objectif positif du défenseur réside dans la simple préservation. Cette conception serait valide si l'on était absolument sûr qu'un certain nombre de tentatives infructueuses doit fatiguer l'assaillant et l'amener à abandonner. Mais ce n'est pas nécessairement le cas. Si nous comparons de part et d'autre l'épuisement réel des forces, le défenseur est *désavantagé*. L'attaque affaiblit l'assaillant, mais seulement au sens où il peut y avoir un revirement. Lorsqu'un revirement n'est plus concevable, c'est assurément le défenseur qui s'affaiblit plus que l'assaillant. Tout d'abord parce qu'il est le plus faible, et que si les pertes sont équivalentes, il perd donc plus que l'autre ; ensuite parce que en général l'ennemi lui a pris une partie de son territoire et de ses ressources.

L'adversaire n'a donc aucune raison de relâcher son effort. Nous devons en conclure que si l'assaillant continue à frapper tandis que le défenseur ne fait rien d'autre que de parer ces coups, ce dernier n'est pas en mesure de contrebalancer le danger d'une offensive réussie tôt ou tard.

Même si l'épuisement, ou plutôt la fatigue, du plus fort a déjà souvent conduit à la paix, cela vient des demi-mesures avec lesquelles on mène souvent la guerre, et on ne peut considérer cela d'un point de vue philosophique comme l'objectif général et ultime de la défense. Il ne reste qu'une possibilité : la défense doit trouver son objectif dans le concept d'attente, qui est d'ailleurs sa véritable caractéristique. Ce concept implique une modification des circonstances, une amélioration de la situation ; lorsqu'elles ne peuvent être provoquées par des moyens internes, c'est-à-dire par la résistance elle-même, elles ne pourront alors venir que de l'extérieur. Or cette amélioration venant de l'extérieur ne peut être autre chose qu'un changement d'ordre politique : nouvelles alliances en faveur du défenseur, défection d'anciens ennemis.

Tel est donc l'objectif du défenseur, dans le cas où sa faiblesse lui interdit de penser à une riposte significative. Mais, selon la définition que nous en avons donnée, toute défense n'est pas toujours de cette nature. D'après cette définition, elle est la forme de guerre la plus puissante, et en raison même de cette puissance, elle peut également être employée lorsqu'on voudra préparer une contre-attaque plus ou moins violente.

Il faut immédiatement distinguer ces deux cas, car chacun exerce une influence sur la défense.

Dans le premier cas, le défenseur cherche à rester le plus longtemps possible en possession de son pays et à le garder intact ; car c'est ainsi qu'il gagne le plus de temps, et le gain de temps est la seule voie vers son objectif. Il ne peut pas encore intégrer dans son plan de guerre l'objectif positif, celui qu'il peut généralement atteindre, et qui lui donnerait l'occasion de réaliser son dessein lors des négociations de paix. Dans cette passivité stratégique, les avantages qu'il peut obtenir consistent simplement à parer les coups qui lui sont portés en des points isolés. Il peut transférer sur d'autres secteurs la prépondérance acquise sur ces points, car en général il subit de toute part une pénible pression. S'il n'a aucune occasion d'agir ainsi, il ne lui reste alors souvent que le maigre bénéfice d'avoir forcé l'ennemi à le laisser tranquille pour quelque temps.

Si le défenseur n'est pas trop faible, il peut intégrer dans son système de défense (sans en changer l'objectif ni la nature) de petites opérations offensives, visant moins une possession permanente qu'un avantage provisoire, pour compenser des dommages ultérieurs : invasions, diversions, raids contre des forteresses isolées.

Mais dans le second cas, où un dessein positif est déjà assigné à la défense, elle revêt un caractère d'autant plus positif que la contre-attaque permise par les circonstances est puissante. En d'autres termes : plus la défensive a été délibérément choisie pour assurer le premier coup, plus les pièges que le défenseur doit poser à l'adversaire doivent être audacieux. Le plus audacieux et, s'il réussit, le plus efficace, est le repli vers l'intérieur du pays ; ce moyen est aussi celui qui s'écarte le plus du premier cas.

[...]

Chapitre 9
Le plan de guerre, quand l'objectif est de terrasser l'ennemi

Après avoir caractérisé plus précisément les différents objectifs que peut viser la guerre, nous souhaitons maintenant examiner l'organisation de la guerre tout entière selon les trois degrés que comporte chaque objectif.

De tout ce que nous avons dit jusqu'ici à ce sujet, il ressort deux principes fondamentaux qui englobent l'ensemble du plan de guerre et orientent tout le reste.

Le premier principe est le suivant : concentrer le poids de la puissance ennemie en des centres de gravité aussi peu nombreux que possible, en un seul s'il se peut ; limiter le coup porté contre ces centres de gravité en un nombre d'opérations principales le plus restreint voire en une seule ; enfin, subordonner autant que faire se peut toutes les actions secondaires. En un mot, le premier principe est celui-ci : agir de la façon la plus concentrée possible.

Le second principe est agir aussi vite que possible, sans répit ni détour injustifiés.

Réduire la puissance ennemie à un seul centre de gravité dépend :

Premièrement, de la cohésion politique de cette puissance. Si ces armées n'obéissent qu'à un seul maître, cela ne présente généralement pas de difficulté ; s'il s'agit d'armées coalisées, dont l'une agit en simple alliée sans intérêt propre, la difficulté n'est pas beaucoup plus grande ; s'il s'agit d'alliés poursuivant des fins communes, tout dépend de l'intimité de l'alliance ; nous en avons déjà parlé.

Deuxièmement, de la situation du théâtre de guerre, sur lequel évoluent les différentes armées ennemies.

Si les forces ennemies sont réunies sur un théâtre de guerre en une seule armée, elles forment alors *de facto* une unité, et nous pouvons nous en tenir là ; si elles opèrent sur un seul théâtre mais déployées séparément (chaque armée appartenant à une puissance différente) l'unité n'est plus absolue, mais la cohésion des forces est encore suffisante pour qu'un coup décisif porté contre l'*une des parties* entraîne aussi les autres. Si les armées sont postées sur des théâtres de guerre voisins que ne sépare aucun obstacle naturel important, il peut y avoir encore dans ce cas une influence décisive de l'une sur l'autre ; si les théâtres sont très éloignés les uns des autres, et séparés par des zones neutres, de hautes montagnes, etc., l'influence est alors très douteuse et donc improbable ; si ces armées ont pris position sur les côtés opposés de l'État belligérant, de sorte que les opérations dirigées contre elles se séparent et divergent selon des lignes centrifuges, toute trace de cohésion a alors quasiment disparu.

[...]

Même lorsqu'il est impossible de concentrer en un seul centre de gravité l'ensemble de la résistance ennemie, nous maintenons que le plan de guerre doit poursuivre cette tendance ; y compris dans le cas, que nous avons déjà examiné, où l'on doit mener en même temps deux guerres presque totalement distinctes. Il faut toujours considérer l'une d'elles comme *l'action principale*, vers laquelle il faut orienter en priorité ses forces et son activité.

De ce point de vue, il est logique de n'agir *offensivement* que sur cette action principale, et de rester sur la défensive quant aux autres. Seules des conditions extraordinaires pourront justifier une attaque.

En outre, on mènera la défense sur les points subordonnés avec le moins de forces possible, et on cherchera à utiliser tous les avantages que procure cette forme de résistance.

Cette conception s'applique bien plus encore à tous les théâtres de guerre où évoluent les armées de différentes puissances, mais déployées de telle sorte qu'elles sont toutes frappées par le coup porté sur le centre de gravité commun.

Mais contre *l'*ennemi sur lequel porte le coup principal, il ne peut plus y avoir de défensive sur les théâtres de guerre subsidiaires. Ce coup est la combinaison de l'attaque principale elle-même et des attaques subordonnées conduites selon d'autres considérations. Toute défense sur des points que l'offensive ne couvre pas directement devient superflue. Tout dépend de la décision principale ; elle compensera toutes les pertes. Si les forces sont suffisantes pour rechercher raisonnablement cette décision principale, on ne pourra plus invoquer *la possibilité d'un échec* pour se protéger de dommages survenant sur d'autres points ; car il est très probable que cette attitude *causerait précisément l'échec*, et produirait donc une contradiction dans notre action.

Cette prédominance de l'action principale sur les actions subordonnées vaut aussi pour les différents membres de l'attaque tout entière. Comme ce sont généralement des motifs extérieurs qui déterminent les unités qui doivent se porter de tel et tel théâtre sur le centre de gravité commun, nous voulons seulement souligner ici qu'il faut *s'efforcer de faire prédominer* l'action principale. Plus on y parvient, plus les choses seront faciles et moins elles seront soumises au hasard.

Le second principe concerne la rapidité dans l'emploi des forces armées.

Toute perte de temps, tout détour inutile sont un gaspillage des forces et une abomination pour la stratégie.

Mais le plus important est de se souvenir que l'effet de surprise au début du combat est presque l'unique avantage de l'attaque. Le soudain et l'irrésistible sont ses ailes les plus puissantes, et lorsqu'il faut terrasser l'adversaire, elle peut rarement s'en passer.

[...]

Dès que la grande victoire est remportée, il n'est pas question de se reposer, de reprendre son souffle, de réfléchir, de constater, etc. ; il faut poursuivre, frapper de nouveaux coups là où ils sont nécessaires, prendre la capitale de l'ennemi, attaquer ses armées auxiliaires, et tout ce qui semble soutenir son État.

Si le flot de la victoire nous entraîne devant des forteresses ennemies, la décision de les assiéger dépend de nos forces. Si l'on bénéficie d'une grande supériorité, se serait une perte de temps de ne pas s'en emparer aussi tôt que possible. Mais si nous ne sommes pas certains de notre succès prochain, mieux vaut alors les investir avec le minimum de forces, ce qui exclut un siège soigné. À partir du moment où le siège d'une forteresse nous contraint à interrompre notre progression offensive, c'est *en règle générale* que celle-ci a atteint son point culminant. Il faut donc exiger une poussée de la force principale en une avancée rapide et continue. L'idée de faire dépendre cette progression sur le point principal des succès remportés sur les points subsidiaires a déjà été rejetée plus haut. La conséquence de cette idée, c'est que dans tous les cas habituels, notre armée principale ne conservera derrière elle qu'une étroite bande de territoire qu'elle peut appeler sienne et qui constitue donc son théâtre de guerre. Nous avons déjà exposé comment la force de frappe s'en trouve affaiblie à sa pointe et quels sont les dangers qui en résultent pour l'assaillant. Cette difficulté, ce contrepoids intérieur ne finiront-ils pas par entraver une avance ultérieure ? En effet, cela se peut. Mais, comme nous l'avons affirmé plus haut, se serait une erreur de vouloir renoncer dès le début à cet étroit théâtre de guerre et priver dans ce but l'attaque de sa vivacité. Nous le répétons à présent : tant que le général n'a pas terrassé son adversaire, tant qu'il se croit assez fort pour atteindre son objectif, il doit le poursuivre. Il s'expose peut-être à un danger croissant, mais il accroît ainsi l'ampleur du succès. Lorsqu'il arrive au point où il n'ose plus aller plus loin, où il croit nécessaire de se soucier de ses arrières, de se déployer en largeur à droite et à gauche – il a alors très certainement atteint son point culminant. Son élan est épuisé, et si l'adversaire n'est pas encore terrassé, c'est qu'il ne le sera probablement pas.

Tout ce que fait l'assaillant pour intensifier son attaque, en prenant des forteresses, des cols, des provinces, reste certes une lente progression ; elle n'est que relative et non plus absolue. L'ennemi n'est plus en fuite ; peut-être s'arme-t-il déjà pour une nouvelle résistance ? Bien que l'assaillant progresse encore de façon intensive, il est très probable que pendant ce temps le défenseur reprend chaque jour le dessus. Bref, nous revenons à cette règle générale : après une pause nécessaire, il n'y a plus d'élan pour un second assaut.

Ainsi, tout ce que la théorie exige, c'est d'avancer sans trêve sur l'ennemi tant qu'on a l'intention de le terrasser. Si le général y renonce en estimant que le danger est trop grand, il a parfaitement raison de s'arrêter et de se déployer. La théorie ne le désapprouvera que s'il agit ainsi afin de terrasser l'ennemi plus facilement.

Nous n'avons pas la naïveté de penser qu'il n'existe aucun exemple d'État réduit peu à peu à la dernière extrémité. La thèse que nous avons établie n'est pas une vérité absolue qui ne connaîtrait aucune exception ; elle repose seulement sur l'issue la plus probable et la plus courante. Il faut ensuite déterminer si la chute d'un État s'est produite graduellement au cours d'un processus historique, ou bien si elle fut le fruit immédiat d'une unique campagne. Nous ne parlons ici que de ce dernier cas, car il est le seul où la tension des forces est telle qu'elle écrase le centre de gravité adverse ou qu'elle risque d'être écrasée par lui. Si l'on a acquis dans la première année de campagne un avantage moyen, auquel s'en ajoute un autre l'année suivante, et que l'on progresse ainsi peu à peu vers l'objectif, le danger ne sera jamais éminent, mais réparti en plusieurs points. Tout laps de temps entre un succès et un autre fait espérer à l'ennemi de nouvelles chances. L'effet qu'exercent les succès antérieurs sur les succès ultérieurs est minime, souvent nul, et même parfois négatif, car l'ennemi reprend des forces, s'enflamme en une résistance plus forte, ou encore reçoit de l'extérieur une aide nouvelle. Mais quand tout se fait d'un trait, le succès d'hier entraîne avec lui celui d'aujourd'hui, la flamme s'allume à l'incendie. S'il y eut des États vaincus par des coups successifs, et où par conséquent le temps, ce saint patron du défenseur, lui a été funeste, les exemples où le temps a ruiné le dessein de l'assaillant sont infiniment plus nombreux.

[...]

En ce qui concerne les personnalités des chefs de guerre, tout dépend des individus. Nous ne devons cependant pas omettre de faire une remarque générale : contrairement à ce que l'on a l'habitude de faire, ce ne sont pas les plus prudents et les plus circonspects qu'il faut placer à la tête des armées subordonnées, mais *les plus entreprenants.* Car (nous le répétons une fois de plus) dans une action stratégique séparée, rien n'importe autant que l'efficacité avec laquelle chaque partie travaille et déploie toute la vigueur de ses forces ; les erreurs commises sur un point peuvent ainsi être compensées par des succès remportés ailleurs. Or, pour s'assurer de la pleine activité de toutes les parties, il faut que les chefs soient des hommes entreprenants et vifs, poussés en avant par leur cœur et leur instinct ; car un froid discernement purement objectif de la nécessité de l'action suffit rarement.

Enfin, il reste encore à faire une remarque : quand les circonstances le permettent, les troupes et leurs généraux doivent être employés en fonction de leurs qualités, selon leur mission et la nature du terrain.

En terrain ouvert, les armées régulières, les bonnes unités, une cavalerie nombreuse, des généraux âgés, prudents et intelligents ; dans les pays boisés, montagneux, vallonnés, les milices territoriales, le peuple en armes, la racaille hâtivement rassemblée, des commandants jeunes et entreprenants ; les armées auxiliaires dans les riches provinces où elles se plaisent.

Ce que nous avons dit jusqu'à présent sur le plan de guerre en général, et dans ce chapitre en particulier, avec l'objectif de terrasser l'ennemi, visait un double dessein : mettre en relief le but du plan et indiquer ensuite les principes qui doivent guider l'organisation des voies et des moyens. Nous avons voulu donner ainsi une idée claire de ce que l'on veut et doit faire dans une guerre de ce genre. Nous souhaitions faire ressortir le nécessaire et le général, laisser toute latitude à l'individuel et l'accidentel, mais nous voulions écarter *l'arbitraire*, *l'infondé*, *le fantasque*, *le fantaisiste et le sophisme*. Si nous y sommes parvenu, nous avons rempli notre tâche.

[...]

Bibliographie

Carl von Clausewitz, *Vom Kriege*, Bonn, 1952 (nouvelle éd. 1980), introduction de Werner Hahlweg.

Traductions françaises

De la guerre, traduction du Cl de Watry, Champ libre, 1976.

De la guerre, traduction de Denise Naville, préface de Pierre Naville, Éditions de Minuit, 1955.

De la guerre, traduction de Laurent Murawiec, version abrégée et présentée par Gérard Chaliand, Perrin, 2001.

Traductions en anglais

On War, traduit par Michael Howard et Peter Paret avec la contribution de Peter Paret, Michael Howard et Bernard Brodie, Princeton, 1976.

Sur Clausewitz

Rudolph von Cammerer, *Clausewitz*, Berlin, 1905.

Hans Rothfels, *Karl Von Clausewitz, Politik und Krieg*, Berlin, 1920.

Walter Schering, *Die Kriegsphilosophie von Clausewitz*, Hamburg, 1935.

Werner Hahlweg, *Karl Von Clausewitz,* Bonn, 1957.

Raymond Aron, *Penser la guerre, Clausewitz*, 2 vol., Paris, 1976.

Michaël Howard, *Clausewitz*, Oxford, 1983.

Peter Paret, *Clausewitz and the State, the Man, his Memories and his Times*, Princeton, 1985.

Benoît Durieux, *Relire* De la guerre *de Clausewitz*, Economica, Paris, 2005.

René Girard, *Achever Clausewitz*, Carnets Nord, Paris, 2007.

Benoît Durieux, *Clausewitz en France : Deux siècles de réflexion sur la guerre (1807-2007)*, Economica, Paris, 2008.

Paul Roques, *Le général de Clausewitz. Sa vie et sa théorie de la guerre*, Paris, Éditions Astrée, 2013.

Table

Achevé d'imprimer en juin 2014
sur les presses de Normandie Roto Impression s.a.s
à Lonrai (Orne)
pour le compte des Éditions Payot & Rivages
106, bd Saint-Germain - 75006 Paris
N° d'imprimeur : 1402491
Dépôt légal : avril 2014

Imprimé en France